公務員試験

【高卒程度・社会人】

初級スーパー過去問ゼミ

文章理解・資料解釈

国家一般職［高卒・社会人］

高卒程度 都道府県職員

高卒程度 市役所職員

高卒程度 警察官

高卒程度 消防官

資格試験研究会編

実務教育出版

初級スーパー過去問ゼミ

刊行に当たって

過去問対策の定番として公務員試験受験生から圧倒的な信頼を寄せられている「初級スーパー過去問ゼミ」シリーズ。今回，平成30年度以降の問題を新たに収録し，最新の出題傾向に沿った内容に見直しを図るとともに，紙面デザインなども一新してよりわかりやすく，学習しやすく進化しました。

本シリーズは，高等学校卒業程度（初級）の公務員試験攻略のための，過去問ベスト・セレクションです。**「国家一般職［高卒］および［社会人］」「税務職員」「高卒程度都道府県職員」「高卒程度市役所職員」**試験を中心に，**「高卒程度警察官」「高卒程度消防官（消防士）」**試験などで実際に出題された過去問を使用して作られています。

採用試験の制度が変わっても，「公務員試験を攻略するためには，過去問演習が欠かせない」というセオリーは変わりません。

良質な過去問で演習を繰り返すことで，合格への道はおのずと開けてきます。本シリーズでの学習を通して，どんな出題形式にも対応できる実力を身につけてください。

本書を手に取られたあなたが，新時代の公務を担う一員となれるよう，われわれスタッフ一同も応援します！

資格試験研究会

本書の構成と使い方

本書で取り扱う試験の名称表記について

❶ **国家一般職／税務／社会人，国家Ⅲ種**…国家公務員採用一般職試験［高卒者試験］［社会人試験（係員級）］，税務職員採用試験，国家公務員採用Ⅲ種試験

❷ **社会人，中途採用者**…国家公務員採用一般職試験［社会人試験（係員級）］，国家公務員中途採用者選考試験

❸ **地方初級**…地方公務員採用初級試験（道府県・政令指定都市・市役所・消防官採用試験［高卒程度］）

❹ **東京都**…東京都職員Ⅲ類採用試験

❺ **特別区**…特別区（東京23区）職員Ⅲ類採用試験

❻ **警察官**…警察官採用試験［高卒程度］

❼ **警視庁**…警視庁警察官Ⅲ類採用試験

❽ **東京消防庁**…東京消防庁消防官Ⅲ類採用試験

❾ **地方中級**…地方公務員採用中級試験（都道府県・政令指定都市・市役所）

掲載した問題の末尾に試験名の略称と出題された年度を記載しています。

※注１　平成26年度から，国家一般職の「高卒者試験」と「社会人試験（係員級）」の問題は全問共通となっています。

※注２　平成23年度までは，国家Ⅲ種の中に「行政事務」と「税務」区分があり，問題は全問共通でした。平成24年度以降も，国家一般職と税務の問題は全問共通となっています。

※注３　消防官（消防士）の採用試験は基本的に市町村単位で実施されており（東京都の場合は一部地域を除いて東京消防庁），教養試験に関しては市町村の事務系職種と同じ第一次試験日で試験問題も共通していることが多くなっているため，本書では「地方初級」に分類しています。

本書に収録されている「過去問」について

❶ 試験実施団体により問題が公表されている試験については，公表された問題を掲載しています（平成９年度以降の国家一般職・国家Ⅲ種，平成19年度以降の社会人・中途採用者，平成13年度以降の東京都，平成14年度以降の特別区，平成15年度以降の警視庁，平成16年度以降の東京消防庁）。それ以外の問題は，過去の公務員試験において実際に出題された問題を，受験生から得た情報をもとに実務教育出版が独自に編集し，復元したものです。

❷ 学校教育において教育内容・用語が改訂されたために内容や用語を統一した，年月がたって状況が変わってしまったので現状に合わせた，などの理由で，問題に手を加えている場合があります。大幅な訂正があった問題については「改題」の表示をしています。

本書の構成

❶ 文章理解・資料解釈　攻略のポイント

最近の初級公務員試験の問題を分析して，科目別に最新の出題傾向と効果的な学習方法についてアドバイスしています。今後の学習の指針としてください。

❷ 各テーマの重要度

各テーマ冒頭で，そのテーマがどれくらい重要なのかをバナナの本数で示しています。

バナナ３本 … どの試験にもよく出題される重要なテーマ
バナナ２本 … 比較的重要なテーマ
バナナ１本 … 一部の試験でのみ出題されるテーマ

❸ 重要問題

各テーマのトップを飾るにふさわしい良問をピックアップしました。この「重要問題」と同じような問題が，本試験で何度も出題されていますから，合格のためには必ずマスターしておきたいところです。

確認しよう　復習する際に確認しておきたい事項などについて簡潔に示しています。問題を解いた後に，理解度をチェックしましょう。

問題に関する補足説明や，別の解き方など，一歩進んだ学習ができる知識を紹介しています。

テーマ全体に関するワンポイント・アドバイスや，学習を進めるうえで注意しておきたい点などを提示しています。

❹ 要点のまとめ

これだけは理解したい・覚えておきたい要点をいくつかの「重要ポイント」に分け，見やすい図表などを駆使してコンパクトにまとめています。問題を解く前の知識整理に，また試験直前の確認に活用しましょう。

「重要ポイント」で説明しきれなかった補足知識や，得点アップにつながる発展知識をまとめています。

❺ 実戦問題

各テーマをスムーズに理解できるよう，バランスよく問題を選びました。解説は，「重要問題」と同じように，詳しく丁寧に記述してあります。全部解いて，実戦力をアップしましょう。

また，学習効果の高い問題を選んで のアイコンを付けています。重要問題と の問題を解いていけば，スピーディーに本書をひととおりこなせます。特に，本番の試験まで時間が取れない場合などにご活用ください。

CONTENTS

公務員試験【高卒程度・社会人】

初級スーパー過去問ゼミ

文章理解・資料解釈

第2章 資料解釈

カバーデザイン／cycledesign　書名ロゴ／早瀬芳文　イラスト／アキワシンヤ

文章理解・資料解釈 攻略のポイント

文章理解

ここが出る！ 最近の出題傾向

文章理解は，文章の読解が正確にできるかどうかを試すものであり，公務員試験においては非常にウエートの高い科目である。

出題される文章は現代文，英文，古文の3種類である。内訳は現代文は5問程度，英文は3問程度，古文は1問というところが多い。文章の内容としては，現代文は論評や説明文からの出題が多く，英文ではエッセイや実用的な文章からの出題が多く見られ，古文については高校の教科書などでも取り上げられているような著名な作品からの出題がほとんどである。

問題の形式は主に要旨把握，内容把握，空欄補充，文章整序の4つである。現代文，英文，古文ともに内容把握の問題の割合が一番多く，その次に要旨把握が多い。空欄補充と文章整序の問題は，現代文においては毎年見られるものの，英文と古文においてはあまり見られなくなっている。

ここに注意！ 効果的な学習法

ポイント 1 【現代文対策：論理的な文章を読む習慣をつけよう】

新聞の社説やコラムなど，普段から論理的な文章を読んでおきたい。ただ読み流すのではなく，筆者の主張やキーワードといったところを整理しながら精読する練習を積んでほしい。文庫本や話題の本を積極的に読んでみるのも効果的だ。

ポイント 2 【英文・古文対策：文章全体の趣旨をつかむことが大切】

全訳を求められているわけではないので，あまり細部にこだわらず，文章全体の趣旨をつかむことが大切である。英文では，とにかく大学入試用の副読本や英字新聞の学生版を読むなどして，英文に慣れるようにしておきたい。古文では，有名作品の現代語訳だけでも目を通しておくとよいだろう。

資料解釈

ここが出る！ 最近の出題傾向

資料解釈は，与えられた資料から論理的に導かれる事柄を正しく判断する能力を試す科目である。資料は大きく数表とグラフに分けられ，数表問題が1問，グラフ問題が1問の計2問というパターンが一般的である。

出題の形式としては，選択肢に資料から導かれた結論としてさまざまな記述が与えられ，それらの中から妥当なものを選ばせるという形をとる。数表・グラフともに実数，割合，指数，構成比といったテーマがよく出ており，数的処理の応用といったような問題も見られる。

ここに注意！ 効果的な学習法

ポイント 1【資料の見方をしっかり押さえよう】

資料解釈では，資料を正確に読み取ることが何よりも大事である。数表・グラフの読み方や，指数，構成比，増減率などの数量の特徴をしっかり理解しておこう。

資料には隅々まで気を配り，数値の単位や脚注なども見逃さないようにしないと，思わぬところでミスをしかねない。まずは与えられた資料から判断できるものとできないものを見極める判断力を養いたい。

ポイント 2【要領よく計算するテクニックを押さえよう】

問題を解くスピードを上げるには，いかに面倒な計算を行わないで済ませるかがポイントである。ただひたすら計算をしていくと大幅に時間を取られてしまうので，概算を用いたり，割り算を掛け算で処理したり，計算せずに比較するなどのテクニックが必要となってくる。多くの問題に当たってみて，その要領をつかんでほしい。

第1章

文章理解

テーマ1 現代文―要旨把握

テーマ2 現代文―内容把握

テーマ3 現代文―空欄補充

テーマ4 現代文―文章整序

テーマ5 英文―要旨把握・内容把握

テーマ6 英文―空欄補充・文章整序

テーマ7 古文

テーマ 1 現代文—要旨把握

重要度

重要問題

次の文章を読んで，以下の問に答えなさい。

【東京消防庁・令和元年度】

インターネットの発達などもあり，単に知識を得るだけならば，学校に通う必要性はほとんどない。しかし今の日本で，学校制度自体を廃止せよと思う人は，おそらくほとんどいないだろう。では公教育，特に学校教育制度がなぜ必要なのか，その社会的機能について改めて考えてみるべきだ。なぜ私たちは，わざわざ学校という場に行かねばならないのか。

私たちが生きている以上，社会に出れば他者とかかわる。その訓練の場が学校だという考え方はありうる。確かに情報は溢れているが，知識や技能の獲得も，自分一人でメディア視聴するだけではなく，他者と一緒に活動するとか，ディスカッションすることで理解を深めることも可能だろう。

学校は，同一年齢集団という理由だけで，人々が人為的に集められた不自然な空間である。しかし，そうした人為集団であるがゆえ，価値観も異なる多様な人々と交わり，そこで他者との信頼関係を構築したり，共感や協力をしあったりすることで，一つの社会空間が成立できる。学校は，そうした社会空間構築の練習の場ともいえる。

また個人化が進んだ現代社会では，プライバシー観念の浸透により，個別の事情は見えにくくなっている。未成年の子どもは保護者の庇護（ひご）にあることが建前だが，実際には子どもたち皆がしっかり守られているわけではなく，保護者との関係などによっては，社会のセイフティ・ネットから漏れるリスクも出る。子どもがそのセイフティ・ネットから脱落した場合，人道上重大な問題となるし，社会に再度加わるチャンスを自力で得るのは非常に困難だ。子どもたちを前途ある存在として，社会が彼ら彼女らを包摂することが必要であろう。

学校は，そうした包摂（インクルージョン）の場として存在しうるし，実際にその役割を引き受けるのが現実的である。仮に，子どもたちがプライベートで不利を被っていたとしても，社会として包摂し，掬（すく）い上げることは，その子もこの社会のメンバーと認めているという意思表示になる。

問　この文章の要旨として，最も妥当なのはどれか。

1　学校は子どもたちが社会空間を構築する練習の場であり，また社会のセイフティ・ネットから脱落しないよう包摂（インクルージョン）する場として存在するべきである。

2　日本では学校はその設立当初より，子どもたちが多様な人々と交わることで社会空間を構築するための，訓練の場として存在している。

3　学校は，同一年齢集団という理由だけで人々が人為的に集められた不自然な空間であり，インターネットが普及した現代においては，通う必要性のなくなった場所である。

4　子どもたちがプライベートで不利益をこうむらないように包摂することは，社会全体の役割であり，学校はあくまで教育のみに専念するべきである。

5　今の学校は，子どもたちが社会のセイフティ・ネットから脱落しないよう包摂（インクルージョン）する場として存在しており，それ以外の機能は求められていない。

解説

第1段落で提起された「なぜ，学校に行かねばならないのか」という問題の答えとして，第2・3段落の「社会空間構築の練習の場」，第4・5段落の「包摂の場」という2点に触れた選択肢が要旨として妥当なものになる。それを見抜くには，第4段落の「また」に着目することが大切である。

Step 1　問題形式を確認する

まず，その問題が要旨を問うものなのか内容を問うものなのか，または空欄を補うものなのかといったような問題の形式を初めに確認する癖をつけてほしい。

問題の形式自体が直接本文の理解に影響を与えることはあまりないが，

選択肢を選ぶときには大きな違いが出てくる。まずは，設問で問われている問題形式に印をつけることから始めよう。

Step 2　選択肢から本文の内容を予想する

本文を読む前に選択肢を先に読んで，あらかじめ本文の内容に見当をつけておくとよい。中身の予想ができていれば，本文のどの部分に選択肢が対応し，どのように見極めをすればよいのかがわかる。本問の選択肢を見ると「学校という場が子どもにとってどのような意味を持つのか」について論じた文章だと予想できる。

Step 3　本文を読む

出典は，中澤渉『日本の公教育』

本文の大意は，**＜私たちが学校というものに行かねばならないのは，学校は子どもたちが社会空間を構築する練習の場であり，また社会のセイフティ・ネットから脱落しないよう包摂（インクルージョン）する場であるからである＞**というもの。

第1段落　なぜ私たちは，わざわざ学校という場に行かねばならないのか？［問題提起］
→第2・3段落　他者とかかわる訓練の場　社会空間構築の場　［答え，その1］
［また］
→第4・5段落　包摂（インクルージョン）の場　［答え，その2］

Step 4　正答を見つけ出す

1 ◎　正しい。第1段落の問題提起に対する2つの答えをまとめている。

2 ×　「社会空間構築の練習の場」という第2・3段落で述べられている答えであるが，「学校という場に行かねばならない」という問題に対する答えは第4・5段落にもう一つあり，その点に触れていなければ，要旨としては不適切となる。

3 ×　前半は正しい記述だが，それを理由として，「学校」に「通う必要性がなくなった」とは述べていない。むしろ，「そうした人為集団であるがゆえ」，学校は「社会空間構築の練習の場」として通う意味があるのである。また，第1段落にある「学校に通う必要性はほとんどない」というのは，「単に知識を得るだけ」という仮定の下での議論である。

4 × 第5段落に，学校こそが「包摂（インクルージョン）の場として存在しうるし，実際にその役割を引き受けるのが現実的である」とあるので，「教育のみに専念するべき」とはいえない。

5 × 第2・3段落にあるように，「社会空間構築の練習の場」という機能も指摘されているので，「それ以外の機能は求められていない」とはいえない。

正答 1

文章理解では，思想，文学・芸術，文化論，言語など幅広いジャンルからの出題が多い。できれば何冊か本を読んで，いろいろなジャンルに慣れてほしいところであるが，余裕がなければ，数多く問題を解くだけでも十分読解力はつくはずである。

要点のまとめ

重要ポイント1 要旨把握問題の解き方

Step 1 問題形式を確認する

問題形式が要旨把握，内容把握，下線部把握なのかを確認しよう。

Step 2 選択肢で本文の内容を予測する

実際の試験では，限られた時間の中で問題を解かなければならないので，できるだけ無駄な時間を省いて効率よく問題を解いていかなければならない。そのためには，いきなり本文に飛び込むより，選択肢を概観し，大まかな内容をつかんでから本文を読んでいくほうが理解は早くなる。

Step 3 本文を読む

●話の展開を見抜く…文章は「問題提起」「展開部」最後に「結論」というような論理構成によって話が進められている場合が多い。筆者は自分の言いたいことを抽象的に問題提起として述べることが多いので，最初の文にも注意をする。また，冒頭で述べた主張を「結論」でまとめるので，この点にも注意する。

●キーセンテンスを見つける…筆者の主張を表したカギとなる文（キーセンテンス）を見つけ出すことが重要である。このキーセンテンスの多くは問題提起の部分や「しかし」などの逆接の接続詞の後に出てくる。また，キーセンテンスは何度も言い換えたり，例を用いて解説されているので，表現が難しく，何を主張しているのかがわからなかったとしても，前後の文章をヒントにすることができる。

●接続詞を見つけ出す…接続詞は文章と文章の関係を示したものである。したがって，接続詞をチェックすることで文章の構成は見つけやすくなる。

Step 4 正答を見つけ出す

選択肢を選ぶときには必ず本文にその根拠があるか確認してほしい。自分の考えや一般論などの先入観は入れず，筆者の意図を見つけ出すために，本文中のどこに書かれている内容だったのか再確認しよう。

重要ポイント2 本文の構成を考えながら読む

本文をただ読むだけでは内容を理解することは難しい。特に試験では何度も読み返す時間はないので，キーセンテンスやキーワードといった重要な箇

所には線を引き，接続詞などを参考に文章と文章の関係を矢印などの記号で目で見てもわかりやすいようにする必要がある。理由や説明がいくつかあればそれに番号を振るのもよい。これらは，限られた時間の中，文章を読みながら，その構成を頭に描きつつ理解するために非常に役に立つ。

また，選択肢を選ぶときも，その根拠を本文に求めるのだが，線や矢印があればすぐにどこに何が書かれていたかがわかるので便利である。

それでは，**重要問題**で扱った文章に実際に線や記号を書き入れたものを例示する。これを参考に自分なりの線の引き方を考えてほしい。

インターネットの発達などもあり，単に知識を得るだけならば，学校に通う必要性はほとんどない。しかし今の日本で，学校制度自体を廃止せよと思う人は，おそらくほとんどいないだろう。では公教育，特に学校教育制度がなぜ必要なのか，その社会的機能について改めて考えてみるべきだ。なぜ私たちは，わざわざ学校という場に行かねばならないのか。

答え1

私たちが生きている以上，社会に出れば他者とかかわる。その訓練の場が学校だという考え方はありうる。確かに情報は溢れているが，知識や技能の獲得も，自分一人でメディア視聴するだけではなく，他者と一緒に活動するとか，ディスカッションすることで理解を深めることも可能だろう。

学校は，同一年齢集団という理由だけで，人々が人為的に集められた不自然な空間である。しかし，そうした人為集団であるがゆえ，価値観も異なる多様な人々と交わり，そこで他者との信頼関係を構築したり，共感や協力をしあったりすることで，一つの社会空間が成立できる。学校は，そうした社会空間構築の練習の場ともいえる。

答え2

また個人化が進んだ現代社会では，プライバシー観念の浸透により，個別の事情は見えにくくなっている。未成年の子どもは保護者の庇護（ひご）にあることが建前だが，実際には子どもたち皆がしっかり守られているわけではなく，保護者との関係などによっては，社会のセイフティ・ネットから漏れるリスクも出る。子どもがそのセイフティ・ネットから脱落した場合，人道上重大な問題となるし，社会に再度加わるチャンスを自力で得るのは非常に困難だ。子どもたちを前途ある存在として，社会が彼ら彼女らを包摂することが必要であろう。

学校は，そうした包摂（インクルージョン）の場として存在しうるし，実際にその役割を引き受けるのが現実的である。仮に，子どもたちがプライベートで不利を被っていたとしても，社会として包摂し，掬（すく）い上げることは，その子もこの社会のメンバーと認めているという意思表示になる。

参考 要旨把握は，文章を読んで筆者の主張を正確に把握できたかどうかを確かめるテストである。要点を整理する能力は，仕事をするうえでも必要であり，繰り返し練習することで身につけることができる。

実戦問題

1 **次の文章の要旨として，最も妥当なのはどれか。**

【警察官・平成24年度】

そもそも，本格的な数の概念の獲得は，数を書いたり表現したりすることから始まったのだろう。だから，それは文字の使用と密接な関係にあったはずだ。そして，数を使って計算する行為も，これとほとんど同時に始められただろうと思われる。もちろん，このようなことは憶測にすぎないのであるが，数という概念を抽象し表現するそもそもの動因が，計算することにあったと考えるのは自然なことだ。

数の概念は，個数や量，長さといった自然界の事物事象の属性を，それら事物事象からいったん離れて抽象化したものである。今でも我々は，数をいったん自然から離れて抽象的な記号として計算し，得られた結果を再び自然界の事物事象に適用するという行為を，普段から全く普通に行っている。スーパーマーケットでは，レジが計算して数字という記号で表示してきた金額を，我々は支払っているのだ。実際に計算しているレジにとっては，購入した商品がなんなのかということは全く関係ない。ただ，抽象的な数だけが問題とされている。

実際の商品が何であるかといったことは完全に忘れ去り，その個数や値段という，非常に限られた属性のみを問題とすること。このような，言わば「意図的な健忘」が，抽象化の裏には必ずある。そして，この意図的ということに高い精神活動の一端が垣間見えるわけだ。

1　人間にとっては，数をいったん自然から離れた抽象的な記号として計算することは普段から全く普通に行っている行為だが，スーパーマーケットのレジのような機械でそれを行おうとすると容易ではない。

2　数の概念は，個数や量，長さなどの事物事象の属性を抽象化したもので，その動因は計算することにあったと考えられ，抽象化の裏にある「意図的な健忘」の，意図的という点に高い精神活動の一端が垣間見える。

3　スーパーマーケットでは，レジが計算して数字という記号で表示してきた金額を，我々が頭の中で無意識に抽象化してから支払っているので，買い物をする人にとっては，支払う金額と購入した商品がなんなのかということは全く関係がない。

4　商品の個数や値段という，非常に限られた属性のみを問題とすることは，抽象化にとって必要なことだが，それとは別に，抽象化の障害となる「意図的な健忘」も，抽象化の裏には必ず起こっている。

5　人間は，数の概念を獲得することによって，数を書いたり表現することができるようになり，そこから文字が生まれ，やがては数の概念を使用して計算をすることができるようになったと考えられる。

 次の文章の要旨として，最も妥当なものはどれか。

【警察官・平成21年度】

ヨーロッパにゆくごとに思うのだが，南欧の人人はよく知らないから別としても，スカンディナヴィア，ドイツからオーストリア，スイス，オランダ，といった国々で花瓶に生けてある花の束をみれば，それがどれもこれも，根本的には，十六世紀ネーデルランド画派の天才，ブリューゲル老のあの素晴らしい花の絵にそっくりの構成をもっている。ブリューゲルの花の絵は，後にくる絵画の流れに大きな影響を及ぼし，それにつづく十七，八世紀の画家たち，たとえば花瓶に生けた花束の絵をやたらとたくさん描いたホイスム（Jan Van Huysum）たちの原型となったといってもよいのだろうし，この種の絵は各都市の美術館にゆけばいっぱいある。そうして，現代のヨーロッパ人たちが，まるっきり，こういう絵を見ないで育ったというのは考えられないことだ。ただ，彼らが今花を生けるとしても，そういう絵を思い出してするかどうかは疑わしい。ところが，そうであるにせよ，そうでないにせよ，彼らは花を生けるとなったら，この四百年前のブリューゲルから少くとも二百年前まで連綿とつたわった絵画の伝統にみられる生け方をしてしまうのである。私は，こういった例を外にも数多くあげることができる。しかし，もっと手近の例でいえば，逆に，私たちの国では，有名な料亭はもちろん，ちょっとした郊外の小料理店の片隅をみても，花が生けてあるが，そのスタイルは，ヨーロッパのものとは断然違う審美観と原理によっている。私はこの何世紀も伝ってきたに違いない日本の生け花の原型がどこにあるか知らない。しかしそれが変貌して二十世紀中葉の日本の草月流に至る間の生け花をみても，それはブリューゲル派の華麗にして重層的な生け方とはまるで違う。むしろそれは，少ない材料を巧みに配して，花と茎で輪廓づけてはいるが，本来はその花たちと同じくらい，それがとりのこし，埋め残した空間の拡がりを楽しむためにあるように見られる。もしそれを詩と呼ぶなら，この詩は，語られず，語られ得ないものの存在を暗示するために，僅かな言葉を使って組みたてられた詩である。日本人がこれ以外の花の生け方ができないと言うのではない。日本人なら，いわゆる心得のない人が自己流でやっても，こういう生け方に導かれ，それをみる場合も楽しむことを知っていると言っているのである。そうして，これは，ある時，日本の自然の≪草の根≫を熟視して扱っているうちに，その本質を見抜いた人の手で芸術として純粋化させられて，一つの典型に達し，その後の何世紀にわたる私たち日本人の花の生け方に関する根本的なものを規定し支配しつづけているということを示している，と言いたいのである。

1　一つの文化の生命とは，長い歴史の中で，いろいろな考え方の中から選択された一つが洗練され典型となり，後世文化の規範となって持続するものである。

2　ブリューゲルの花の絵は，後にくる絵画の流れに大きな影響を及ぼし，やがてそれは，ヨーロッパ人の花の生け方のスタイルのもとともなった。

3 日本では有名料亭はもちろん，ちょっとした郊外の小料理店でも花が生けてあるが，そのスタイルは，ヨーロッパとは全く違う審美観と原理によっている。

4 長い歴史の中で選択され，洗練されていった一つの文化の生命とは，その文化に属するすべての人間が納得し，また規定・支配されるものである。

5 日本は明治維新以降，西洋の文化を積極的に取り入れ，その生活と思考法はかなりの部分で和魂洋才のスタイルが定着している。

次の文章の趣旨として，最も妥当なのはどれか。

【警視庁・平成25年度】

「生き物たちも，脚より車輪を使ったほうがいい」という話を学生にすると，必ず返ってくる“標準的な”反論がある。私には不満なその反論とは，次のようなものだ。

「車輪がその性能を発揮できるのは，平坦な面だけである。生き物の生活環境は凸凹で，段差もある。ときには木に這い登る必要があるが，車輪では登れない」

「車輪はその半径よりも大きな段差は乗り越えられない」

「チータは意外に闘いには弱く，木に登って身を守る必要がある」

一見したところ，理論的にも整合性の取れた意見に思えるし，実際には，これらの答えが正しい状況も少なくない。私が不満を覚えるのは，このような反論が工学の可能性を狭めるからだ。読者のみなさんが必ずしも工学の専門家を目指しているわけではないことは承知しているが，それでもなお「可能性を狭める」ことのリスクを認識していただきたい。

一般に言われていること——それも，いかにももっともらしい説明を根拠にして言われていることを，頭から鵜呑みにしてしまうのはあまりにももったいない。万に一つでも秘められているかもしれない「新たな可能性」の芽を，完全に摘んでしまうことになるからだ。

車輪機構ははたして本当に凸凹道（不整地走行）に向かないのか？　もしチータが車輪で移動する動物だったら，木に登ることは決してできないのか？　車輪の半径よりも大きな段差は本当に登れないのか？

少しだけ視野を広げて，根本に立ち返って考える姿勢を堅持していれば，既存の理論や理屈の範囲を乗り越えられるときがある。科学や技術は，そのようにして発展してきたのだから。

1 一般に言われていることを鵜呑みにせず，視野を広げ，根本に立ち返って考える姿勢を堅持することによって，既存の理論や理屈の範囲を乗り越えられる可能性がある。

2　「生き物たちも，脚より車輪を使ったほうがいい」という話に対しての，「チータは意外に闘いには弱く，木に登って身を守る必要がある」という反論だけは，一見して理論的でなかった。

3　学生と話をしていると，実際には正しくない反論が多く，全員が工学の専門家を目指しているのではないと承知していても，不正確な意見が目立つことは不満である。

4　科学や技術は，もっともらしい説明に対して，根本に立ち返って既存の理論にもとづいた根拠をあげ反論することにより，発展してきた。

5　工学の議論をしていて気づくのは，一見して理論的に整合性が取れていないと思える反論は，工学の可能性を狭めるリスクをもたらすということである。

4　**次の文章の趣旨として，最も妥当なのはどれか。**

【警視庁・平成27年度】

日本の歴史は，外とふかく交流した時代をもっている。卑弥呼の時代，倭の五王の時代，遣唐使の時代，ついで宋と明と，中国大陸の歴代王朝との交流があった。さらに，ポルトガルとスペインと，イベリアの両国との交流があった。開国といえば，そのような状態もある。けれども，それまでの開国の状態は，その一方が交流を必要としなくなった時に消滅する。徳川幕府が外との交流の遮断――正確には極小化を望めば，これを実現することができた。いわゆる鎖国である。

十九世紀の西洋列強が日本に強要した開国とは，ただ単に，外との交流をもつというだけの状態を指すのではない。日本が一個の構成単位として国際社会に参加すること，これが十九世紀の開国の意味の内容であった。国際社会の構成単位は主権国家である。以下，主権ならびに主権国家の概要をごく単純に図式化すれば，次のように言えるだろう。

主権であるか否かは，権力の強弱つまり量ではなくして，質の問題である。ここで主権とは，抽象化され分割することの不可能な権力，というほどの意味である。そうした意味での主権が，君主に帰着しているか国民に所属しているかは，まずは問う必要はない。

主権は，所与として存在する諸々の団体，封建諸侯・都市・村落または職業や学問や宗教そして血縁の諸々の団体のさまざまな権力を吸収し，それぞれから自らを超出させていく過程のなかで形成をとげる。形成された主権は，一定の地理上の空間における唯一の権力である。唯一の権力である主権の及ぶ地理上の空間が，国土である。国土の外線が，国境ということになる。その国土に住む人間は，潜在的にではあれ，国民としての資格をもつ。

十九世紀の西欧列強の開国要求は，その一面において，主権国家を構築することの要請でもあった。もしも主権国家の構築がなされなかった場合には，植民地として国際社会に組み込まれる。

1　徳川幕府が西洋列強から要求された開国は，鎖国体制を解き外界と交わりをもつという幕府始まって以来の画期的な出来事であった。

2　19世紀までの日本は国家国民が不在であり，主権国家が確立されていない時代において，国家国民は存在しえなかった。

3　西洋列強が徳川幕府に要求した開国とは，国際社会への参加を求めるものであり，それを拒否すれば植民地化の危機をもたらすものであった。

4　西洋列強による開国強要の意味は，すでに主権国家であった日本に対して，国の有り様の改変やその要求というものではなかった。

5　西洋列強による開国強要の意味は，鎖国をやめなければ，国際社会から放逐するということを示唆するものであった。

❺ 次の文の主旨として，最も妥当なのはどれか。

【特別区・平成19年度】

われわれの行動はすべて過去の記憶から導き出されます。記憶の長さに長短があるだけで，すべては過去の記憶に依存しています。

歩いていて，足の裏に何かがささると，痛い！　と飛び上がってしまいます。これは反射と呼ばれる現象のひとつです。痛みの神経情報が神経系に入り，痛みから遠ざかる方向に運動指令が出されるのです。反射は名の通り，鏡に当たった光が跳ね返るのと同じノリでつけられた言葉です。「いま足の裏が送ってきた感覚は痛みかな？　熱さかな？　冷たさかな？　どうも痛みらしいな。じゃ足を引くか」などと考えているわけではありません。考えるより前に足が反応します。その決まりきった，すばやい反応を反射と呼んでいます。

しかし，反射も記憶です。本人が生まれてから覚え込んだ記憶ではありませんが，神経系が進化する過程で，障害から身を守るために必要な行動として獲得され，神経回路に記憶として残されてきたものです。動物が哺乳類（はにゅうるい）や爬虫類（はちゅうるい）などと枝分かれする前からの遠い遠い記憶です。

悲しくなると泣けてきます。嬉（うれ）しくなると笑えてきます。これは情動反応と呼ばれています。情動反応も遠い記憶です。昔，昔，太古の昔，まだ言葉も生まれなかったころ，怒りや恐怖や悲しみや喜びの行動，表情は仲間同士の結びつきに大いに役立ったはずです。同じ行動，同じ表情を共有することで，おたがいの仲間意識が大いに高まったものと思われます。

1 われわれの行動はすべて過去の記憶から導き出される。

2 反射は名の通り，鏡に当たった光が跳ね返るのと同じノリでつけられた言葉である。

3 反射は，障害から身を守るために必要な行動として獲得され，神経回路に記憶として残されてきたものである。

4 悲しくなると泣け，嬉しくなると笑えてくる情動反応も遠い記憶である。

5 同じ行動，同じ表情を共有することで，おたがいの仲間意識が大いに高まったと思われる。

6 次の文章の要旨として，最も妥当なのはどれか。

【地方初級・平成20年度】

制度や思想が伝統的で，一般に伝統を重んずるといわれる点で，イギリスと日本は似ているであろうか。

日本はある意味で伝統の国といえそうである。特にその習俗や生活の文化といったものには，よかれあしかれ，一つの永い継続がある。しかし，日本という国は，つねに外からの文化の流入を受入れる運命にあったので，それによって新たに生活を豊富にすることができたと同時に，伝統を中断することも余儀なくされてきた。近いところでは，明治維新とこんどの敗戦であるが，どちらの場合にも，切り替えと発展とが同時に起った二重の運動を考えてみるだけで，そのことは如実にわかろう。要するに，進歩にしろ，変化にしろ，その波のうねりが大きい。国民生活が一本の大きな河として，小さな支流の水を少しずつ集めてさらに大きくなってゆくといった調子とは，少し違うものが感じられるのである。

1 日本の伝統は，習俗や生活の文化を重んじてきたことからイギリスとまったく同様であり，両者は似通っている。

2 日本という国は，つねに外からの文化の流入を受入れる運命にあったので，伝統といえるものは何もない。

3 日本は永い伝統をもっていたが，明治維新とこんどの敗戦により伝統が中断され，生活も貧しくなってしまった。

4 日本は外からの文化の流入を受入れることで，発展と同時に伝統が中断することも余儀なくされながら成り立ってきた。

5 日本の伝統は，一本の大きな河として，小さな支流の水を少しずつ集めてさらに大きくなってゆく調子でつくられてきた国である。

7 次の文章の要旨として最も妥当なものはどれか。

【警察官・平成15年度】

社会保障・社会福祉は，個人の生活の安全保障を目的とする社会の共同事業である。先進国の社会保障・社会福祉の目的は「弱者救済」ではない。先進国の社会保障・社会福祉は，国民のすべてにたいして安心を保障することを目的とする事業である。必要が生じたときに必要な社会的支援を必ず受けることができるという「社会的支援にたいするアクセス（利用）の権利」を普遍主義的に保障することが必要である。

個人の生活の安全保障を個人の努力にゆだねるのか，それとも社会的共同事業である社会保障・社会福祉にゆだねるのかという問題は，理念やイデオロギーや価値判断の問題ではなく，不確実性に対処する方法についての合理的な計算の問題である。どちらがより少ない費用でより大きな安心を確保することができるかという問題であり，費用と効果の冷静な分析の問題である。

病気に備えたり老後に備えたりするという問題は，基本的には不確実性に対処するという問題である。個人にとって老後の生活がどうなるかは不確実性がきわめて大きい。どれだけの預貯金を用意しても，どのような私的保険の契約を結んでも，不安は消えない。仮に「80歳を越えて生きる確率は10％しかない」といわれたとしても，80歳までの生活費を用意しておけば安心ということにはならない。「要介護状態になる確率は20％」といわれたとしても，要介護状態になったときに必要とされる費用の20％を用意しておけばいいということにはならない。介護サービスを供給するために必要な物的・人的資源の蓄積が不十分であれば，費用をどれだけ積んでも必要は満たされない。

他方，社会全体として将来の老年人口がどのくらいの大きさになり，そのなかのどのくらいの比率のものが要介護状態になるかを推計することは，不可能ではない。将来人口推計の誤差に見られるように社会全体の動向を予測することも決して容易でないが，個人の確率を論ずるよりは信頼性が高い。この種の問題にたいしては，個人的解決ではなく社会的・集合的解決を用意するのが賢明である。私的貯蓄や任意の私的保険に依存するよりも強制的な社会的保障に依存したほうが，個人の情報の不完全や判断の誤りを避けることができるし，生活の安全保障の制度としての信頼性が高い。

1 社会保障・社会福祉サービスはすべての社会構成員に必要だから，信頼性が高い公共部門の責任において実施すべきである。

2 社会保障・社会福祉は個人の生命の安全保障の問題ではあるが，集団的に対応したほうが確率的な信頼性が高いので合理的である。

3 社会保障・社会福祉を充実するか，個人の安全保障は自己責任に委ねるかは，合理的で冷静な議論で結論を導くべきである。

4 社会保障・社会福祉は今日の先進国において，社会的弱者に限らず，すべての構成員に対して普遍的に安全を保障している。

5 社会保障・社会福祉のように構成員の個人的な努力では十分に対応しきれない課題は，原則的に社会的な解決が必要である。

8 次の文の主旨として，最も妥当なのはどれか。

【特別区・令和2年度】

ものごとを，ていねいに，念入りに，点検しつくしたうえにもさらに点検して，万全のスキなく仕上げるということは，これはいかなる場合にも大事である。小事をおろそかにして，大事はなしとげられない。どんな小事にでも，いつも綿密にして念入りな心くばりが求められるのである。

しかし，ものごとを念入りにやったがために，それだけよけいに時間がかかったというのでは，これはほんとうに事を成したとはいえないであろう。むかしの名人芸では，時は二の次，それよりも万全のスキなき仕上げを誇ったのである。

徳川時代の悠長（ゆうちょう）な時代ならば，それも心のこもったものとして，人から喜ばれもしようが，今日は，時は金なりの時代である。一刻一秒が尊いのである。だから念入りな心くばりがあって，しかもそれが今までよりもさらに早くできるというのでなければ，ほんとうに事を成したとはいえないし，またほんとうに人に喜ばれもしないのである。

早いけれども雑だというのもいけないし，ていねいだがおそいというのもいけない。念入りに，しかも早くというのが，今日の名人芸なのである。

1 ものごとを，丁寧に，念入りに点検して，万全のスキなく仕上げることは，いかなる場合にも大事である。

2 小事をおろそかにして大事は成し遂げられず，どんな小事でも，いつも綿密にして念入りな心配りが求められる。

3 昔の名人芸では，時は二の次であり，それよりも万全でスキのない仕上げを誇った。

4 悠長な時代ならば，余計に時間が掛かったとしても心のこもったものとして人から喜ばれるが，今日は一刻一秒が尊い。

5 念入りな心配りがあって，しかも今までよりも更に早くできるというのでなければ，本当に事を成したとは言えない。

9 次の文章の要旨として，最も妥当なものはどれか。

【警察官・平成18年度】

哲学的な問いへ誘い込むには，時間とりわけ「過去」について考えてもらうのがいちばんよいようです。現在の科学的世界像と常識のすべてをもって，大脳を含めて私たちが観察するすべての出来事は「現在」起こっている。大脳を含めこの宇宙のどこにも過去という時間性格をもつ出来事は発見できません。物質はすべて現在存在しており，その複雑な作用すべてが現在生じていることです。そして，過去へ至る道であると了解されている想起作用ですら，やはり現在想起しているのです。では，それにもかかわらず，なぜわれわれは過去の出来事を想起できるのでしょうか。現在「過去を想起する」とはいかなることなのでしょうか。これは，真剣に問うべき問いです。

生理学者は，記憶を保存する特定の「記憶物質」というものをもちだしますが，どう考えてもそれ自身現在という時間性格をもった物質が，過去という時間性格をもった出来事を「保存」することはできません。物質はすべて現在存在しており，大脳の中に特別な記憶物質を認めることができたにせよ，この物質が文字通り過去に存在しているわけではない。この物質は，それがなければ想起作用がなくなるというかたちで，われわれの想起を可能にする条件にすぎないのです。心理学者や生理学者が記憶物質と呼んでいるものの正体はただそれだけです。

1　現在の科学的世界像と常識のすべてをもって，大脳を含めて私たちが観察するすべての出来事は過去に起こっている。

2　物質はすべて現在存在しており，それは大脳の中に特別に認められる記憶物質と関連している。

3　ある物質が過去の想起には必要であるが，それはちょうど眼が「見る」ことに必要であることと変わらない。

4　過去へと至る道であると了解されている想起作用によってしか，過去という時間性格をもつ出来事は発見できない。

5　現在存在する物質が，いかにして過去へと至る能力をもっているのかは全くの謎である。

実戦問題●解説

1 この問題の選択肢を見ると「数の概念」「抽象化」というキーワードがあるのに気がつく。「数の概念について数を抽象化した記号としての面から考えた文章」だろうというイメージがつかめると思う。

大意は**＜数の概念は，計算をするために，事物事象を抽象化し，数字という記号を生み出すことで獲得されたと考えられる。そして，その抽象化には，そのものが実際何であるかということは完全に忘れ去られ，個数や値段という限られた属性のみを問題にするという意図的な健忘が裏にあり，この意図的という点に高い精神活動の一端が見える＞**というものである。

出典は，加藤文元『物語数学の歴史』

数の概念　数を言ったり表現したり
数を使って計算するため
事物事象
↓　離れて，抽象化　↑
個数，量，長さ
例　スーパーマーケット
商品とは関係なく，表示された数字をレジが計算
商品
↓　忘れ去り，意図的な健忘，高い精神活動
個数，値段，限られた属性のみ

1 × スーパーマーケットのレジは，実際のものを数字に抽象化して計算し，その結果を再び実際のものに適応するという普段から普通に行っていることの例として挙げられ，本文中には「スーパーマーケットでは，レジが計算して数字という記号で表示してきた金額を，我々は支払っているのだ」とあるので，「機械でそれを行うとすると容易ではない」とはいえない。

2 ◎ 正しい。数の概念は，計算のための抽象化であること，その抽象化の裏に「意図的な健忘」があることが述べられている。

3 × ここでの抽象化とは，実際の商品が何であるかをいったん離れ，記号とすることであり，レジの表示した金額を頭の中で抽象化することではない。また，「支払う金額と購入した商品がなんなのかということは全く関係がない」のは「買い物をする人」ではなく「レジ」である。

4 ×「意図的な健忘」が抽象化の障害になるという記述はない。

5 ×「それは文字の使用と密接な関係にあったはずだ」とあるが，数を書いたり表現することから文字が生まれたという記述はない。

正答 2

2 選択肢を見ると，「文化について花を例に論じた文章」だと予想できる。

大意は＜ヨーロッパの人々が花を生けると16世紀のブリューゲル老の花の絵のような生け方をする。日本人も日本の審美眼で日本的な生け方をする。文化にはある時，それぞれの文化の本質を見ぬいた人の手で純化され，典型に達したものが後世の規範となり影響を与えるのである＞というものである。

出典は，吉田秀和『ソロモンの歌』

スカンディナヴィア，ドイツ・・・
花の生け方 ← 16世紀ブリューゲル老の花の絵
思い出しているか疑わしいが，
連綿とつたわった絵画の伝統にみられる生け方をする
しかし，逆に，手近な例
日本の生け方 ← ヨーロッパとは違う審美眼
これ以外ができないと言うのではない
ある人の手で芸術として純粋化させられて，一つの典型に達し，その後の何世紀にわたり日本人の花の生け方に関する根本的なものを規定支配

1 ◎ 正しい。ヨーロッパと日本の花の生け方の例から導き出された結論の部分をまとめたもの。

2 × 内容としては正しいのだが，要旨としては，文化には伝統的に根本的なものを規定する典型があるという点に触れている必要がある。

3 × **2**と同様，内容的には正しいのだが，要旨としては不十分である。

4 ×「その文化に属するすべての人間が納得し」という記述はない。

5 × 日本が「西洋の文化を積極的に取り入れ」たという記述は本文中にはない。

正答 1

3　第1，2段落で，学生が必ず返す「標準的な反論」に対して疑問を投げかけ，第3，4段落で，その「標準的な反論」に対する筆者の不満について説明し，第5段落で工学を学ぶ姿勢について述べている。要旨は最後の第5段落の内容となる。

出典は，鈴森康一『ロボットはなぜ生き物に似てしまうのか』

本文の大意は，**＜生き物たちも脚より車輪を使ったほうがいいと学生に話すと必ず標準的な反論があるのだが，それは工学の可能性を狭めるものである。一般論を鵜呑みにせず，視野を広げ，根本に立ち返って考える姿勢を堅持することによって，既存の理論や理屈の範囲を乗り越えられる可能性がある＞**というもの。

「生き物たちも，脚より車輪を使ったほうがいい」
⇕
“標準的な”反論　←私には不満
①　車輪では木に登れない
②　車輪は半径よりも大きな段差は登れない　　一般論
③　チータは木に登って身を守る
一見，整合性取れ，正しい
⇕
「可能性を狭める」，「新たな可能性」の芽を摘む
①　車輪は本当に凸凹道に向かない？
②　チータが車輪で移動したとすると木には登れない？　　筆者の主張
③　半径よりも大きな段差は本当に登れない？
視野を広げ，根本に立ち返って考える姿勢を堅持していれば，既存の理論や理屈を乗り越えられるときがある。

1 ◎　正しい。第5段落を中心に筆者の主張をまとめた文章である。

2 ×　チータについての反論は具体例の一つで，要旨としては適切ではない(**テーマ2要点のまとめの重要ポイント**④参照)。また，この反論だけが理論的ではないという記述は本文中にはない。

3 ×　「学生」の反論は「理論的にも整合性の取れた意見」で「これらの答えが正しい状況も少なくない」とあるので，「不正確」とはいえない。また，筆者の主張は，一般論を鵜呑みにせず，新たな可能性を見るという点にある。

4 ×　「既存の理論にもとづいた根拠をあげ反論」するのではなく，「既存の

理論や理屈の範囲を乗り越えて｜発展している。

5 × 工学の可能性を狭めるリスクがあるのは「一見したところ，理論的にも整合性の取れた」「標準的な反論」であり，選択肢のように「一見して理論的に整合性が取れていないと思える反論」ではない。

正答 1

4 選択肢を見ると「西洋列強による開国要求と主権国家についての文章」だと予想できる。

＜日本は歴史的に外国との交流はあったが，鎖国のように遮断できるような状態であった。19世紀に西欧列強が強要した開国は，主権国家として国際社会に参加することで，できなければ，植民地として国際社会に組み込まれる＞というもの。

日本の歴史　外とふかく交流
けれども
外との交流の遮断，鎖国
↕
19世紀の西洋列強が日本に強要した開国
➡日本が一個の構成単位として国際社会に参加すること，
主権国家になること

主権：諸々の団体のさまざまな権力を吸収し，それぞれから自らを超出させていく過程のなかで形成をとげる。
一定の地理上の空間における唯一の権力
主権の及ぶ地理上の空間が，国土。国土の外線が，国境。
国土に住む人，国民。

開国要求＝主権国家
もしも主権国家の構築×　➡　植民地

1 × 第2段落にあるように西欧列強の要求は，鎖国体制を解き外界と交わりをもつということではなく，「主権国家」として国際社会に参加することである。また，外界と交わりをもつことが幕府始まって以来の画期的な出来事という記述は本文中にはない。

2 × 19世紀までの日本は国家国民が不在だったとする明確な記述は本文中にはない。また，要旨としては，列強の要求が，日本に対して主権国家として国際社会に参加すること，拒否すれば植民地化の危機があることに触れる必要がある。

3 ◎ 正しい。

4 × 「主権国家を構築することの要請」から，まだ日本が筆者のいう「主権国家」ではなかったという解釈が成り立つので，「すでに主権国家であった」が不適切。また，「主権国家を構築することの要請」は国の有り様の改変やその要求であると解釈できる。

5 × 列強の要求は主権国家として国際社会に参加することで，できなければ，「植民地として国際社会に組み込まれる」だけで，放逐を示唆してはいない。

正答 3

5 問題提起で述べたキーセンテンスの例として「反射」と「情動反応」について解説しているという構成になっている。

大意は＜われわれの行動はすべて過去の記憶から導き出される。すばやい反応である反射も人に進化するずっと以前の記憶であり，情動反応もまた遠い記憶である＞というものである。

われわれの行動はすべて 過去の記憶 から導き出される。
例1　反射 ＝すばやい反応
　しかし，反射も記憶
　神経回路に残された遠い 遠い記憶
例2　情動 反応
　遠い 記憶
　まだ言葉も生まれなかったころ，仲間意識が高まった

1 ◎ 正しい。冒頭にあり，本文のキーセンテンスに当たる。

2 × 第2段落に書かれた内容ではあるが，過去の記憶から導き出される行動の例の一つである「反射」について述べただけなので，要旨としては不適切である。

3 × 第3段落に書かれた内容ではあるが，**2**同様，例の一つとして挙げられた「反射」について述べただけなので，要旨としては不適切である。

4 × 第4段落に書かれた内容ではあるが，過去の記憶から導き出される行

動のもう一つの例である「情動反応」について述べただけなので，要旨としては不適切である。

5 × 第4段落に書かれた内容ではあり，本文の最後の部分にあるため結論ではないかと思われるかもしれないが，本文のキーセンテンスは「われわれの行動はすべて過去の記憶から導き出される」というもので，第4段落はその例である「情動反応」について述べられているだけである。

正答 1

6 選択肢を見ると「日本の伝統」の特徴について論じた文章だと予想できる。

大意は**＜日本の習俗や文化は一つの永い継続があるが，つねに外からの文化流入を受け入れ，それによって新しい生活を豊富にすると同時に伝統を中断せざるを得なかった。この切り替えと発展の二重運動は他の国とは少し違う＞**というものである。

伝統を重んずるという点でイギリスと日本は似ているか？
日本：ある意味で 伝統 の国
しかし
つねに外からの文化流入 → 生活を豊富に
同時に
伝統の中断
例　明治維新，敗戦 ← 切り替えと発展の二重運動
要するに
進歩／変化のうねり大きい，他と少し違う

1 × 「イギリスと日本は似ているであろうか」と述べただけなので「両者は似通っている」とはいえない。

2 × 伝統の中断はあったが，「ある意味で伝統の国」とあるので，「伝統といえるものは何もない」とはいえない。

3 × 明治維新とこんどの敗戦だけではなく「つねに外からの文化の流入」はあった。また，それにより「生活を豊富にすることができた」とある。

4 ◎ 正しい。

5 × 最終文の内容であるが，日本の伝統は，そのような「調子とは，少し違うものが感じられる」としている。

正答 4

7 選択肢より「社会保障・社会福祉」がどうあるべきかを論じた文章であることが予想できる。

大意は＜**社会保障・社会福祉は個人の生活の安全保障を目的とする社会の共同事業であり，不確実性に対処するためには，社会的・集合的に解決するほうが信頼性が高い**＞というものである。

出典は，正村公宏『改革とは何か』

社会保障・社会福祉

個人の生活の安全保障を目的とする社会の共同事業

国民のすべてにたいして安心を保障

↑

個人の努力にゆだねるか，社会的共同事業とするか

→不確実性に対処するには，費用と効果の冷静な分析が必要

例：老後の生活についての確率を個人と社会全体との比較

↓

個人的解決ではなく，社会的・集合的解決のほうが賢明

個人的な情報の不完全や判断の誤りを避けられるし，

信頼度が高い

1 × 「すべての社会構成員に必要」だからではなく，社会的・集合的解決のほうが不確実性に対処できるからである。また，信頼性が高いのは「公共部門」ではなく，「社会全体の動向を予測すること」においてである。

2 ◎ 正しい。

3 × 内容としては正しいのだが，筆者は個人的解決ではなく，社会的・集合的解決のほうが賢明だという結論まで出しているので，この選択肢の内容では不十分である。

4 × この選択肢は，社会保障・社会福祉の目的について述べているが，筆者は，これらを個人的に解決するか集合的に解決するか議論している。

5 × 筆者は，社会保障・社会福祉について確率的な信頼性を根拠に集合的解決を提案しているが，そのような「課題」について「原則的に社会

的な解決が必要」とは述べていない。

正答 2

8 本問の選択肢は，それぞれ本文の一部分を切り取って作られている。第2段落の「しかし」で第1段落を否定し，第3段落の「だから」で筆者の主張を述べる構成になっている点に注目する。

大意は〈昔と違い，一刻一秒の尊い今日では，念入りな心くばりがあって，しかもそれが今までよりもさらに早くできるというのでなければ，本当に事を成したとはいえない〉というもの。

出典は，松下幸之助『道をひらく』（PHP研究所）

ものごとを，ていねいに，念入りに，スキなく仕上げる
小事でも念入りな心くばり
↕ しかし
時間がかかった×
むかしの名人芸では時は二の次
↕ 悠長な時代…喜ばれもしようが，
今日は一刻一秒が尊い
だから，念入りな心くばりでしかも早く（今日の名人芸）

1 × 第1段落で述べられている内容であるが，第2段落で「時間がかかったというのでは，これはほんとうに事を成したとはいえない」と否定されている。

2 × 選択肢1同様，第2段落で否定されている。

3 × 昔の名人芸の記述としては適切だが，筆者は今日に重きを置いているので，要旨としてはその点に触れる必要がある。

4 × 第3段落で述べられている今日の状況についての記述であるが，要旨としては，現状を踏まえどのようにしたらよいのかについて触れる必要がある。

5 ◎ 正しい。

正答 5

9 選択肢を見ると「過去」の想起について論じた文章だと予想できる。

大意は＜**私たちが観察するすべての出来事は「現在」起こっているにもかかわらず，過去を想起することができるのはなぜかという問いに「記憶物質」というものをもちだすが，それは想起を可能にする条件にすぎない**＞というものである。

哲学的な問い＝「過去」について考える
私たちが観察するすべての出来事は「現在」起こっている
過去という時間生活をもつ出来事は発見できない
→ 想起作用ですら，現在想起
↓ それにもかかわらず
現在「過去」を想起するとは？
「記憶物質」← 想起を可能にする条件にすぎない

1 × 「大脳を含めて私たちが観察するすべての出来事は『現在』起こっている」とある。

2 × 「記憶物質」は過去の保存に関してもちだされた考えで，それを「物質」と直接関連して述べてはいない。

3 × 「眼が『見る』こと」についての記述は本文中にはない。

4 × 「想起作用ですら，やはり現在想起している」とあるように想起作用であっても「過去という時間性格をもつ出来事は発見」できない。

5 ◎ 正しい。

正答 5

テーマ2 現代文―内容把握

重要問題

次の文の内容と合致するものとして最も妥当なのはどれか。

【国家一般職／税務／社会人・平成30年度】

封建時代の末期から，農業生産力の増大，交換形態の発達，交通の拡大が始まりますが，これによって小さな封建的地域社会が瓦解（がかい）し，商業ブルジョアジーが勃興し，村落共同体レベルから現在の国民国家レベルでの市場が成立していきます。市場における個人の自由な活動によって「良き社会」が実現できると考えられていました。そこで，私人間の取引（売買，賃貸借，消費貸借などの契約）につき，当事者の自由な意思の合致でおこなわれる限り，それに法的効果を認める制度が確立されたのです（契約自由の原則）。

他方，市場にも限界があります。私人間の自由な取引だけでは，どうしても解決することのできない公共的問題が社会には存在するからです。共通の通貨があって初めて自由な取引が可能になります。また道路，河川，港湾，公園，公共の広場などのインフラの整備や管理は本来，個人間の契約に委ねて済ますわけにはいきません。つまり，社会におけるインフラの整備などの公共的な問題を処理し，「良き社会」を作るためには，どうしても「国家」が必要です。

確かに初期資本主義の時代には，アダム・スミスが考えたように市場（社会）は「神の見えざる手」（自由な競争）に委ねておけばよく，国家の役割はせいぜい社会内の秩序を維持し外敵から社会を防衛するだけで事足りました。

しかし，資本主義の発達とともに，自由競争に委ねるだけでは市場はうまく機能せず（市場の失敗），ときに暴走しかねないことが明らかになってきました。国家は市場（社会）に積極的に介入して自由競争を確保したり，自由競争に敗れた敗者に救済の手を差し伸べたりする必要がでてきました。これを国家（行政）介入といいますが，その手段として登場したのが行政法であり，資本主義の発達とともにその役割が重要性を増してきました。資本主義の発達は国により時代により違いがありますから，その介入の態様や手法に相違があるのはもちろんです。

「法の支配」の原理の下では，国家と社会におけるそれぞれの法律関係は，「意思自治原則」の下に整理することができます。

すなわち，意思自治原則の社会（あるいは私法）における発現形態が「私的自治＝契約自由の原則」であり，国家（あるいは行政法）における発現形態が「法律に基づく行政の原理」です。

1 国民国家レベルでの市場が形成されたことにより，交換形態が発達し，交通が拡大された。

2 国家があることで，市場の限界とされる公共的な問題が処理され，良き社会が作られる。

3 アダム・スミスは，社会を神に委ね，公共的な問題も私人間の取引で済ますことを説いた。

4 行政法の役割が重要性を増してきた背景には，市場の失敗が明らかになってきたことがある。

5 資本主義は，意思自治原則の社会では初期状態のままであり，行政があって初めて発達する。

解説

第3段落の「確かに」と第4段落の「しかし」に注目し，自由市場の発達はしたが，公共問題の解決のためには国家の介入が必要だという展開に気がつくかがポイントである。

Step 1 問題形式を確認する

問題形式は内容把握である。要旨把握のように全体をまとめている必要はなく，選択肢の内容が本文の内容と合っていれば正解となる。

Step 2 選択肢から本文の内容を予想する

この問題の選択肢をみると「アダム・スミス」「市場」「公共」「行政」というキーワードがあることから，「アダム・スミスの自由な市場という考えと公共や行政といった国家の視点」について議論した文章だと予想できる。

Step 3 本文を読む

出典は，大浜啓吉「『法の支配』とは何か　行政法入門」

本文の大意は**＜封建時代から資本主義へと発達し，自由な意思に委ねられた市場（契約自由の原則）によって良き社会は実現できると考えられてきたが，私人間の自由な取引では解決できない公共的問題を処理するためには国家（行政法）が必要となる＞**というもの。

農業生産力の増大，交換形態の発達，交通の拡大　　第1段落

↓

封建的地域社会の瓦解・・・

現在の国民国家レベルでの市場

　➡市場における個人の自由な活動，取引…「良き社会」

他方，公共的問題　　第2段落

　つまり，「良き社会」のために「国家」が必要

確かに，初期は自由な競争に委ねる　　第3・4段落

しかし，市場の失敗→国家（行政）介入

「法の支配」の原理の下　　第5・6段落

　・意思自治原則の社会（私法）→「私的自治＝契約自由の原則」

　・国家（行政法）→「法律に基づく行政の原理」

Step 4　正答を見つけ出す

1 ×　第1段落にあるように，「交換形態の発達，交通の拡大」によって，封建的地域社会が瓦解（崩れ落ちる）し，「市場」が成立したのであり，因果関係が逆である。

2 ×　第2段落にあるように「公共的な問題を処理し，『良き社会』を作るためには，どうしても『国家』が必要」であるが，「国家」があることで「良き社会」が作られるわけではない。

3 ×　第3段落にあるように，「アダム・スミスは「市場（社会）は『神の見えざる手』（自由競争）に委ねておけば」よいと説いただけで，「公共的な問題も私人間の取引で済ますことを説いた」という記述はない。

4 ◎　正しい。第4段落にある内容。

5 ×　第4段落に「資本主義の発達とともに，自由競争に委ねるだけでは市場はうまく機能せず」，行政の介入が必要になったとあるので，「資本主義」は「行政があって初めて発達する」とはいえない。

正答 4

近年，内容把握問題は，要旨把握問題よりも出題数が多く，重視される傾向にある。本文を大まかにとらえるのではなく，どこに何が書かれているか的確に答えられる能力が求められている。

要点のまとめ

重要ポイント 1 筆者の主張を見つけ出す

文章理解の問題では，筆者の主張が理解できなければ一歩も先に進めない。しかし，文章理解の問題として引用される文章では，「ここが筆者の主張を表している部分かな」と思っても，それが抽象的に書かれているため，何を意味しているのかがよくわからないという状況に陥ることがある。これは，文章を一文一文で理解しようとし，文脈を無視した読み方をしているからである。

筆者は自分の主張を読者に伝えたいために文章を書く。なんとか読者が理解できるようにと，言い換え，具体例を挙げ，引用をし，一般論を出し，自分とは反対の意見を引くなどして自分の主張を展開していくのである。だから，ある一文の意味がわからずとも気にせず，その文章の前後からヒントを得ていけば，自ずと筆者の考えはわかるのである。

筆者の主張 ←―― 言い換え，具体例，引用，一般論，反対意見

重要ポイント 2 筆者の意見とその反対意見

筆者は自分の意見を強調するために，自分のものとは正反対の一般論や考えを引いてくることがある。このときには必ず，どちらが筆者の意見なのか，また，反対のものなのかを区別できるように印をつけるとよい。

その際には，「しかし」「だが」，といった逆接の接続詞の後には筆者の言いたいことがくる，一般論は筆者の主張とは反対の内容である場合が多いということを覚えておくとよい。

一般論 ←→ しかし（逆接の接続詞），筆者の主張 ←→ 一般論

重要ポイント 3 選択肢の選び方

文章理解は，筆者の言いたいことを理解することが最も重要な課題であるが，その際には正しい選択肢を選び出すというテクニックも必要である。ここでは，選択肢を選ぶ際に気をつけてほしい点をいくつか挙げることにする。

①必ず選んだ根拠を本文中に求める。「本文のここにこう書いてあるから選択肢はこれになる」という理由を必ず見つける。自分の思い込みが選択肢に影響しないようにするためにも必要である。
②選択肢を選ぶときには消去法を使う。選択肢は正しいものを選ぶより，間違ったものを除いていくほうが素早く正答を見つけられることが多い。
③極端な選択肢は避ける。「絶対」「必ず」「いつも」など，本文中の内容を断定的に述べた選択肢は間違っていることが多いので，見直してみよう。
④要旨把握なのか内容把握なのかをもう一度確認する。内容把握であれば正答となる選択肢も要旨把握では間違いになることもあるので注意してほしい。

重要ポイント4 要旨把握と内容把握の違い

要旨把握とは，文章全体をまとめ，筆者が一番言いたいことは何かを把握する問題である。試験では，「趣旨」「主旨」「筆者の主張は何か」という問われ方もする。この要旨把握では，筆者の主張として要旨をまとめている部分と，具体例，引用，比喩など，筆者の主張をわかりやすく理解してもらうためにある説明部分とを区別する必要がある。なぜなら，この説明部分をまとめただけでは「要旨」とはならないからである。

これに対して，**内容把握**は，文章全体をまとめる必要はなく，本文中のどこかに書かれたことであれば，内容が一致しているということで正解となるので，引用，具体例，比喩などを細かく読み込んでいく必要がある。

	要旨把握	内容把握
種　類	要旨，主旨，趣旨，筆者の主張	内容一致，下線
特　徴	本文のまとめ	本文の一部と一致
注意点	筆者の主張とそれを補強するための説明部分を区別	本文に書いてある内容ならよい

参考 内容把握は，本文に書いてあることであれば正解となるので，要旨把握より平易だと思われるかもしれないが，どこに何が書いてあるか正確に理解するためには，細かく読み込んでいく必要がある。

実戦問題 1基本問題

1 **次の文章の内容と一致するものとして，最も妥当なのはどれか。**

【地方初級・平成20年度】

人に物を与え，渡すことを敬意をこめて言うには，日本語では，物を上にあげ，下にくださるという言葉を使う。それは日本人の社会の構造が，絶えず上下関係に深い注意を払う社会である結果である。子供はそれを，アゲル，クダサルという言葉とともに，知らず知らずのうちに理解する。子供は自分で言葉を作ることも，稀にあるが，それよりも，すでに出来ていて，大人によって受けつがれて来た言葉の体系を教え込まれ，その言葉全体のワクの中に入れられて，それが使いこなせるようにと仕向けられる。その結果，子供はその単語や文法のワクに従って，自然界や，人間界の，あらゆる物事を区別し，判断するようになる。

この言葉のワクは，どこの国でも同じというわけではない。例えば，日本語では，「子供が申しますには……」と「子供が言いますには……」とで，はっきり違う。「子供が申しますには……」という言葉から，人々は，母親が先生と話している場面を想像する。「子供が言いますには……」と母親が先生と話しているなら，その母親は言葉に対する心づかいが細かくないということになろう。しかし，この「申す」と「言う」の相違にぴったりあたる言い方を，英語・ドイツ語に求めても，それを引き出すことはできない。英語・ドイツ語には，日本語にあるこの区別が無く，「申す」も「言う」も一つの単語で表現する。それは，英語・ドイツ語の社会に「申す」と「言う」にあたる観念の区別がないからである。

1　英語やドイツ語に，「申す」，「言う」の相違にあたる言葉が無いのは，外国に，言葉に対する心づかいがないからである。

2　日本の社会構造が絶えず変化することにより，子供は自分で言葉を作ることが多くなっている。

3　母親が先生と話す場合に「子供が言いますには…」と話してしまうのは，先生に対する心遣いよりも，先生に対する親近感が先にきてしまうからである。

4　日本語が「申す」，「言う」というように言葉を区別するのは，日本人の社会の構造が，絶えず上下関係に深い注意を払う社会であるからである。

5　子供は，大人によって受けつがれて来た言葉の体系を教え込まれ，その言葉全体のワクに従って物事を区別し，判断するが，この言葉のワクはどこの国でも共通するものである。

2 **次の文の内容と合致するものとして最も妥当なのはどれか。**

【国家一般職／税務・平成28年度】

「暗黙知」とともに，失敗を防ぐ大きな力となるのが「山勘」です。その語源のせいか「山勘なんてでたらめだ」とばかにする人がいますが，そういうことを言う人はおそらく，経験から何も学んでいないのです。本当に自分で責任を持って行動し，失敗をして危険な思いをしながら経験を積んできた人なら，自分の体の中にしみこんだ感覚，体感を持っているはずです。「暗黙知」と同じように言葉や数字，図式に表すことはできなくても，頭の中にはできあがっていて，意識しなくてもきちんと失敗を避けられるようにできている回路，それが山勘です。つまり，山勘というのは，もはや「知」でもなく，その人がやってきたすべての経験や行動の結果体得した，状況さえ入れれば答えが直接出てくるような超高速の判断回路のことなのです。

ひとつの仕事を自分で全責任を持ってやり，そのなかで賭けをしたり，決断を下すという経験をしたことのある人，つまり「真のベテラン」の「山勘」は最も信用できる判断で，失敗を防ぐ上で非常に重要な役割を果たします。逆に単に在籍年数ばかりが長くて，経験はたくさんあるのに，そこから何も学んでいない人は「偽ベテラン」で，彼らは「山勘」を持っていないか，持っていても全く当てになりません。

こうした「山勘」は，本人がはっきり自覚しているわけではなく，そのときに自然に考えがひらめいたり体が動いてしまうので「なぜ，そういう勘が働くのか」と他人に聞かれても説明できません。そんなこともあって本人は「山勘ですから」と卑下するのですが，実はそれは非常に的確な判断であることがほとんどです。その的確さは，その人の経験に裏打ちされています。「なぜ，これがこうなっているのか」というようなことをきちんと考えて検証し，自分はどう行動すればいいのかを分析し，実際にそのとおりに行動をするといった経験を積んでいるからこそ，的確な判断を下すことができる。これが，「山勘」の正体なのです。

物を設計したり，作ったりする人は，この山勘を持っています。「なんだかこんな気がする」とか「これはなんだかおかしい」という勘が頭の中にいっぱい入っていて，それを実際の作業に役立てているのです。

1 「暗黙知」はベテランからの知識の伝承によってしか体得することができないが，「山勘」は自らの経験を通して体得することができる。

2 「山勘」を持っていれば，「暗黙知」と同様に，自ら体得したものを言葉や数字，図式にして，他の人に伝えることができる。

3 ひとつの仕事を長くやり経験が多い人の「山勘」は，最も信用できる判断であり，失敗を防ぐ大きな力となる。

4 「なぜ，そういう勘が働くのか」を他人に説明できるくらいの「山勘」を持っている人は，的確な判断を下すことができる。

5 的確な判断を下すことができる「山勘」を持っているのは，検証・分析や行動を伴った経験を積んできたからである。

3 次の文の内容と合致するものとして最も妥当なのはどれか。

【国家一般職／税務・平成24年度】

「には（わ）」ということばを考えてみましょう。その語源はまちまちですが，それらに共通している意味は，そのままの自然空間とは異なり，人間の生活が中心になって何かを行う別の空間ということです。ニワは「見てニッコリする場」が縮まってできたことばだという語源説がありますけど，科学的にはあまり信じがたい説だとしても，感じとしては，いかにももっともらしい気がします。庭とは見てニッコリ笑うことができる空間なのです。それと区別された外の場所とは，不安でとてもニッコリなどできない漠然とした空間なのでしょう。

「にわ」という概念に含められている意味を正確に捉えるためには，何よりも「にわとり」という面白いことばを考えてもらいたいのです。むずかしい言語学者に登場願わなくとも，「にわとり」は，にわ（庭）の鳥，すなわち人間と同じ空間で生きてゆく家禽のことです。とすると，庭の鳥と対応される鳥とは，庭の外，人間が直接支配していない自然の場で自由に飛んでいる鳥です。その翼が人間にではなく，空に向かって開かれている野生のままの鳥と，一定の囲いに閉じ込められて自分の種族の繁殖のためでなく，人間の食卓のためにタマゴを産んでいる鳥との関係。外の自然と庭の自然も，それと同じものなのです。ニワトリが人のための鳥，つまり「人為の鳥」のように，庭に取り入れた自然も「人為的な自然」になるのです。

鳥と同じように，狼が庭に入れば犬となり，猪が庭に閉じ込められれば豚になる。庭に取り入れるということは，手なずけるということであり，支配するということであり，変わったものにするということです。庭木は木が庭に入って来たのです。もはやそれは自然の木ではありません。庭木とはそれ自身の美しさを失わぬように，しかも行儀作法を身につけるように家庭教育を受けた木であり，それは他の樹木とは違ったものだと，ある庭研究者がいっています。自然において庭とはもっとも恐ろしい落とし穴ですけれども，人間によっては，とてもニッコリせずにはいられない楽しい自然の場なのです。

ですから，日本の庭文化が自然の見方に対して根本的な差異を感じさせるのは当然なことなのです。

1 「にわ」という言葉の語源はまちまちだが，その中にある自然は人為的なもので，見てニッコリできるものである。

2 「にわとり」という言葉の意味を正確に捉えていけば，庭の自然と外の自然は同じものであることがわかる。

3 人は，庭の中では自然を支配するという充足感を感じるので，庭を見てニッコリ笑うことができる。

4 庭に入った犬や木は，行儀作法を身につけるように家庭教育を受けてしまうため，自身の美しさを失ってしまう。

5 庭文化を大事にする日本人にとって，庭の外の自然はもっとも恐ろしい落し穴であり，不安な空間である。

4 次の文の内容に合致するものとして最も妥当なのはどれか。

【国家Ⅲ種・平成14年度】

この間「日本の文様」というテレビ番組を見ていておもしろく思ったことは，お寺などの，屋根と屋根との間の部分の美しさである。つまり，一つのいらかと他のいらかとの輪郭によって切りとられた空のかたちの美しさである。

いわゆる「汎神論[注1]」と「一神教」との関係は，発展段階の相違というより，陰画と陽画との関係なのではなかろうか。「汎神論」では，地の部分が価値のかがやきをもっている。今かりに価値を白，無価値あるいは反価値を黒によって象徴するならば，一神教とは，黒い画面に白い絵のかいてある世界であろう。「神」によって意味づけられた特定の行為，特定の存在だけが価値をもつので，人がただ生きていること，自然がただ存在することそれ自体は無価値であるか，あるいはむしろ罪深いものである（ルネッサンスの「自然の発見」などについては，後に位置づけされるであろう）。「汎神論」では反対に，画面全体がまっ白にかがやいていて，ところどころに黒い陰影がただよっている。日常的な生活や「ありのままの自然」がそのまま価値の彩りをもっていて，罪悪はむしろ局地的・一時的・表面的な「よごれ」にすぎない。真空の中に物体がある古典力学の世界ではなく，空間そのものが無数の粒子の散乱によって充たされている現代物理学の世界である。賢治や白秋の宇宙感覚，小津安二郎や木下恵介[注2]の抒情性，スナップ写真や日記への嗜好などをもち出すまでもなく，日本文化論のレギュラー・メンバーとなっている俳句や和歌や私小説はつねに，生活における「地の部分」としての，日常性をいとおしみ，「さりげない」ことをよろこび，「なんでもないもの」に価値を見出す。――「奥の細道」の旅路そのものが問題であって，到達点としての松島自体は，実はどうでもよかったのではなかろうか。

注1：神と世界とが一体であるとする論

注2：映画監督

1 汎神論を信ずるわれわれ日本人が旅に求めているものは，松尾芭蕉の「奥の細道」の旅と同じように，日常的な生活からの脱却である。

2　汎神論では自然は人間に従属するものであり，人間に都合のよいように自然の中に神々を造り上げた。

3　一神教を信じる人々は，日常的な生活において，自分がただ存在するだけでなくどのように輝くかということに価値をおいている。

4　どの民族においても最初の宗教は一神教であり，その後社会の発展につれて汎神論へと変化していく傾向がある。

5　汎神論と一神教のように宗教観が異なると，対象が同じであってもどの部分に価値を見出すかの違いが生じる。

5　**次の文の内容に合致するものとして最も妥当なのはどれか。**

【国家Ⅲ種・平成14年度】

竜安寺の有名な枯山水を思い浮かべてみましょう。白い砂利の上に3つの石群が7・5・3個ずつ配置されています。入口でもらったパンフレットの説明文によれば，苔に覆われた石が15個あるはずです。しかし，方丈に座って数えてみても，すべての石を同時に見ることはできません。そのすべてを見るためには，普通のポジションとは全く異なる視野が，つまり視野の転換が必要となります。ところが，この石庭の中に入ることは普通の観光客には禁じられているのですから，15個の石の配置を正確に知るためにはその鳥瞰図を得る以外にありません。

鳥瞰とは，言うまでもなくものを遠くから眺めるということです。われわれに自明の，馴染みの文脈から距離をおいて，それをもっと高い次元で，より広いコンテクストに埋め込むということです。この視点によってそれまで当りまえと思われてきたものが新しい姿をとって現れ，疑う余地のなかった知覚や知識が揺り動かされてきます。そうなると，「これは正しい」，「これは間違っている」とか，「これは良い」，「これは悪い」などのプラスとマイナスの価値判断では事は片付きません。逆にそのような判断の基準そのものを問題にしなければならなくなります。確かに，目の高さで近い視野から，「ああ，なんてきれいなのだろう」と感嘆された竜安寺の石群を航空写真で（あるいは高空から）見るならば，その美しさは遠い距離のためにかえって消えてしまいます。しかし，そのかわり初めて見えてくる実際の石の数がいったいどういう意味をもつのだろうかとか，7・5・3からなる石群の組成が日本文化の他の分野で知られている数字の組合わせとどのように関連しているのだろうかというような問題意識が可能になります。

1　竜安寺の美しさは，視野を転換して方丈に座って見ることでより正確にわかる。

2　竜安寺はプラス，マイナスという価値基準を拒絶する美しさを有している。

3 遠くから眺めるということで，竜安寺に対する新しいものの見方を喚起できる。
4 石の配置を正確に把握したとしても竜安寺の美しさは損なわれることはない。
5 竜安寺は，日本文化の他の分野にはない固有の視点から研究されなければならない。

6 **次の文の内容に合致するものとして最も妥当なのはどれか。**

【国家Ⅲ種・平成14年度】

あるテクストを読んでいて，突然，ある語句，ある表現の前に釘付けになったように立ち止まってしまうということがあります。まるで，思いもかけないところから差し込んできた光に不意に照らし出されたかのように，何気ないと思われた言葉がなにか重要なことを言わんとしている。すぐにはそれがなにか理解できないけれど，いや，むしろそれだからこそ，それが心を揺さぶって離れない，そういうことがあります。

もし読むということが単に情報を受け取るだけではなく，未知の世界へと開かれることであるのなら，結局，そのような出来事が起こらない限りはほんとうにはなにかを読んだということにはならない。テクストの端から端までただ隈なく読んだというだけでは，たとえそこに書かれていることがすべて明快に分かったのだとしても，それだけではまだ読むということの本質的な豊かさからは遠いのであって，むしろすべてが易々と分かったということほど，読むことを貧しくしてしまうものはありません。それでは，わたしとテクストとのあいだに結び目ができない。新聞記事のようにさらさらと情報が流れていくだけで，わたしはその言葉，その他者，その未知なものとほんとうには出会っていないということになります。

結び目は，つねになにか不可解な，謎めいたものを含んでいます。すべてが理解可能な（intelligible）わけではない。いや，第一義的にはすべてが理解可能であるにもかかわらず，しかし同時に――たとえば一輪の花のように――その簡明さがまた曖昧（obscure）であり，さらには神秘的（mysterieux）ですらある。そういうものと出会うということが，出会いなのです。そして，そういう出会いから出発してはじめて，自分にとって真に意味のある理解が可能になる。われわれはその謎めいた結び目を解きほぐそうとし，そうしながら未知の他者に触れ，同時に自分を開いていく。その経験の連続が，おそらくテクストを，とりわけ広い意味での文学的テクストを読む幸福にほかならないのではないでしょうか。

1 新聞のように情報を得る目的で読むテクストと本質的な読書の豊かさを得るために読むテクストは区別するほうがよい。
2 自分にとって真に意味のある理解が可能なテクストとより多く出会いたいもの

であるが，そのようなことはごくまれである。

3 読書の本質的な豊かさは，テクストの中で謎めいた結び目と出会い，それを解きほぐしていくという過程の中にある。

4 読み進むうちにたくさんの理解不可能な結び目が出てくるテクストほど，自分を読書から遠ざけることとなる。

5 まずテクストを隈なく読むということが，未知の他者に触れたり，同時に自分を開いていくことを可能にする。

次の文の内容に合致するものとして最も妥当なのはどれか。

【国家Ⅲ種・平成14年度】

「嘘をつく」ということは，一種の「自己否定」であると言えるだろう。多くの生物たちにとっての「嘘」である擬態は，その天敵に対して，「私は私じゃないよ」ということを言っているのだ。しかし，この点が問題なのであるが，どんな生物たちも「私じゃない」ことをさらにつきつめ，逆に「何でもなくなる」ことは出来ない。常に「私ではない別の何かに似ている」ことしか出来ないのである。従って「嘘をつく」ということは，一種の「自己否定」でもあるが，同時に「擬似解答」であるとも言える。つまり「擬似解答」による「自己否定」というところであろうか。

或る種の尺取り虫は，天敵である鳥に食べられまいとして，「木の小枝」のふりをする。言ってみれば，「木の小枝」という「擬似解答」によって，「尺取り虫」たる「自己」を否定しているというわけだ。天敵である鳥は，決して「木の小枝」を食べてみようなどとは考えないから，その「擬似解答」も，当然それ以上大きく振りまわされることはない。つまりこの場合，「木の小枝」であるという「擬似解答」が，その天敵である鳥の危険度と，過不足なく見合っていることに，我々は気付くであろう。

そして実は，「嘘をつく」ことの快感は，この「過不足なく見合っている」ことと無縁ではない。言ってみれば，「嘘」はそれをつく相手がその「嘘」によってこちらを誤解する範囲内に，ピタリと納まっていなければならないのである。その範囲内からはずれてしまったら，もはや「嘘」は「嘘」ではなくなるし，何よりも，その「嘘」をついた自分が自分でなくなってしまう。尺取り虫が，「木の小枝」以外の，もっと「途方もないもの」のふりをしないのは，そのせいであろう。

ところで，「嘘をつく」ことの中に，このような法則性が潜在すると気付いたとき，それらしい天敵を見失った人間が，にもかかわらず存在するかもしれない天敵を探り出そうとして，逆にこちらから一方的に「嘘をつく」ことをしてみる，とは考えられないだろうか。つまり，ことさら「かくれんぼ」なんかしていないのに，ひとまず隠れてみて，もしかしたら追いかけてくるかもしれない鬼を，見届けようというものである。

1　人間は天敵を見失った現在も，多くの生物と同様に，天敵に対し本能的に擬態を示そうと「嘘」をつき，誤解を生じさせようとする習性がある。

2　尺取り虫が鳥という天敵に対し，木の小枝になるという擬似解答によって自己否定を行うのは，天敵の危険度が大きい緊急時に限られている。

3　人間は多くの生物と異なり，自然界の天敵を認識する能力と擬態の能力をすでに失った生物であり，その代わりに「嘘をつく」能力を獲得している。

4　生物は擬態という「嘘」をつくが，この「嘘」は天敵が誤解する範囲内に納まっていることが必要であり，その範囲を逸脱すれば「嘘」は成立しない。

5　いまや自然界の存在を超え，「途方もないもの」となった天敵を探り出すために，人間のほうから一方的に「嘘をつく」ことが試みられている。

実戦問題●解説　1基本問題

1 この問題の選択肢を見ると「日本語」「社会構造」「言葉のワク」「外国」というキーワードがあるのに気がつくであろう。「日本語について，社会構造，言葉のワクという視点で外国語と比較している」文章である。

大意は＜**子供は代々受けつがれてきた言葉の体系を知らず知らずのうちに理解し，その言葉のワクの中であらゆる物事を区別，判断する。そういった基準となる観念は言語によって違う**＞というものである。

敬意を表す→ 例　あげる，くださる　←上下関係に注意を払う社会
↓
子供は知らず知らずのうちに理解
（自分で言葉を作ることも稀にあるが）
言葉全体のワクに入れられ，使いこなせるように仕向けられ，
ワクに従って物事を「区別し，判断する」
言葉のワクはどこの国でも同じではない
例　日本語：「申す」「言う」と言う
英語・ドイツ語：一つの単語　←区別のための観念なし

1 ×「心づかい」がないのではなく，「申す」と「言う」を区別し，上下関係に注意を払うという観念がないだけである。

2 ×「子供は自分で言葉を作ることも，稀にあるが」とある。

3 ×「親近感」についての記述は本文中にはない。

4 ◎ 正しい。社会観念が言葉に影響するのである。

5 ×「この言葉のワクは，どこの国でも同じというわけではない」とある。

正答 4

2 この問題の選択肢を見ると「暗黙知」「山勘」「的確な判断」というキーワードがあることから，「山勘を暗黙知と比較して定義し，それが的確な判断につながる」という内容の文章だと予想できる。

本文の大意は＜**「山勘」は，「暗黙知」のように言葉や数字，図式化できなくとも，経験として頭の中にはできあがっていて，意識しなくても失敗を回避できる回路である。「真のベテラン」はこの「山勘」により的確な判断をすることができる**＞というものである。

「暗黙知」：失敗を防ぐ
「山勘」：失敗を防ぐ　経験による感覚　超高速の判断回路

「真のベテラン」：「山勘」は信用できる判断
「偽ベテラン」：経験から学ばず，「山勘」当てにならず

「山勘」：説明できない。経験に裏打ち

物を設計したり，作ったりする人➡山勘を作業に役立てている

1 ×「暗黙知」は「言葉や数字，図に表」せるが，ベテランからの知識の伝承により体得するという記述は本文中にない。

2 ×「『暗黙知』と同じように言葉や数字，図式に表すことはできな」いとある。また，「『なぜ，そういう勘が働くのか』と他人に聞かれても説明できません」とある。

3 × 経験がたくさんあってもそこから学ばない人は「偽ベテラン」で，その人の「山勘」は当てにならないとある。

4 × 選択肢**2**同様「山勘」は他人には説明できない。

5 ◎ 正しい。

正答 5

3 「にわとり」の例から，「庭」がそのままの自然と区別され「人為的な自然」であるということに気がつくかがポイント。

大意は＜**庭とは，そのままの自然とは異なり，にわとり，犬，豚のように，木が人間の生活中心の空間に入ってきたものなので，「人為的な自然」である**＞というものである。

出典は，李御寧「『縮み』志向の日本人」

「には（わ）」：そのままの自然空間とは異なり，
人間の生活が中心になって何かを行う別の空間
「見てニッコリする場」↔外の場所＝不安

例　にわとり：人間と同じ空間で生きてゆく家禽
↕　人為の鳥→庭も「人為的な自然」
人間が直接支配していない自然の場で自由に飛んでいる鳥
狼→犬　猪→豚　木→庭木
日本の庭文化が自然の見方に対して根本的な差異を感じさせるのは当然

1 ◎ 正しい。

2 × 「にわとり」という言葉から，自然の中に飛ぶ鳥と「人為の鳥」とを区別するように，庭に取り入れた自然も「人為的な自然」として，本来の自然と対比するので，庭の自然と外の自然は同じだとはいえない。

3 × 自然を支配することに充足感を感じるという記述は本文中にはない。「外の場所とは，不安でとてもニッコリなどできない漠然とした空間」とあることから「ニッコリ笑うことができる」のは安心感からと考えられる。

4 × 「庭木とはそれ自身の美しさを失わぬように」家庭教育を受けた木とある。

5 × 日本人にとって庭の外の自然が落し穴なのではなく，「自然において庭とは恐ろしい落とし穴」だと本文中にある。

正答 1

4 選択肢を見ると「汎神論」と「一神教」についての文章だと予想できる。

大意は＜一神教と汎神論との関係は陰画と陽画との関係のようであり，汎神論は，地の部分に価値を見出し，日本文化もこのなんでもないものに価値を見出している＞というものである。

日本の文様
　間の部分の美しさ
汎神論と一神教との関係≒陰画と陽画
　一神教　：「神」によって意味づけられた特定の行為，
　　　　　　特定の存在だけが価値をもつ
　汎神論　：日常的な生活や「ありのままの自然」が価値
　　日本文化の例

1 × 日本人が汎神論を信ずると明言している部分はない。また，奥の細道も「『さりげない』ことをよろこび，『なんでもないもの』に価値を見出す」ものとあるので，「日常的な生活からの脱却」とはいえない。

2 × 汎神論では，「『ありのままの自然』がそのまま価値の彩りをもつ」としているので，「人間に都合のよいように自然の中に神々を造り上げた」とはいえない。

3 × 一神教は「『神』によって意味づけられた特定の行為，特定の存在だけが価値をもつ」のであるから，人間が自分で輝くことが価値とはみなされていない。

4 × 一神教が汎神論へと発展していったという記述は本文中に見られない。

5 ◎ 正しい。「陰画と陽画との関係」である。

正答 5

5 選択肢より「竜安寺」の「美しさ」について論じたものだと予想できる。

大意は<**竜安寺の枯山水の石群を例にして，視野を変えることで知覚や知識に変化がもたらされ，新たな問題意識が生まれる**>というものである。

竜安寺の枯山水

方丈に座ってみてもすべての石は見えない

→すべての石を見るためには視野の転換が必要
そのために鳥瞰図を得る以外にない

鳥瞰＝馴染の文脈から距離をおいて，それをもっと高い次元で，より広いコンテクストに埋め込む

↓

当たりまえなものが新しい姿をとって現れ，疑う余地のなかった知覚や知識が揺り動かされる

↓

プラスとマイナスの価値判断できず，判断基準そのものが問題に

距離があると美しさは消える

↕しかし

違う問題意識が生まれる

1 × 「方丈に座った」視野は「普通の観光客」のものであり，「すべての石

を同時に見ることはでき」ず「視野の転換」はできないので，竜安寺の美しさをより正確に把握できるとはいえない。

2 × プラスとマイナスという「判断の基準そのものを問題にしなければならない」とあるが，竜安寺の美しさが価値基準を拒絶しているとは述べられていない。

3 ◎ 正しい。石群の数字の組合わせといったような「問題意識が可能になる」のである。

4 × 航空写真によって石の配置を正確に把握することで，「その美しさは遠い距離のためにかえって消えてしまいます」とある。

5 × 「日本文化の他の分野で知られている」視点から研究する可能性について論じている部分はあるが，「固有の視点」についての言及はない。

正答 3

6 選択肢より「テクスト」の「読み方」について論じたものだと予想できる。

大意は**<読み手とテクストとのあいだの結び目を解きほぐしていく経験をしないと，本質的に豊かな読み方は経験できない>**というものである。

例： テクスト を 読ん でいて
　突然，ある語句，ある表現の前に釘付けになる
もし 読む ということが…未知の世界へと開かれることなら
そのような出来事が起きなければ，読んだことにはならない
↓
わたしとテクストのあいだの結び目
↓
すべてが理解可能ではない。そういうものとの出会い
↓
自分にとって真に意味のある理解が可能
結び目を解きほぐす経験の連続
||
テクスト を 読む 幸福

1 × 本文に「新聞記事のようにさらさらと情報が流れていくだけで」とあるが，「本質的な読書の豊かさを得るために読むテクスト」との区別についての言及はない。

2 × 「自分にとって真に意味のある理解が可能なテクストとより多く出会

いたい」ということも，それが「まれ」だということも本文中では述べられていない。

3 ◎ 正しい。第3段落にある内容である。

4 × むしろ逆で，「すべてが易々と分かったということほど，読むことを貧しくしてしまうものは」ないとしている。

5 × 「隈なく読んだというだけでは」「読むということの本質的な豊かさからは遠い」とある。

正答 3

7 選択肢を見ると「嘘をつく」ことを生物と人間という視点で論じていると予想できる。

大意は＜「**嘘をつくこと**」**とは自己否定と同時に擬似解答であり，その相手の誤解がこちらの想定の範囲内で過不足なく見合うことが必要だとする法則性を明らかにし，その法則に逆の方向からアプローチするところに人間の特質がある**＞というものである。

嘘をつく

一種の「自己否定」でもあるが，同時に「擬似解答」でもある
例：尺取り虫
「擬似解答」がその天敵である鳥の危険度と，
過不足なく見合っている

「嘘をつく」ことの快感
「嘘」はそれをつく相手がその「嘘」によってこちらを誤解する範囲内に，ピタリと納まっていなければならない。
↓ところで，
法則性が潜在すると気付いたとき
人間→一方的に「嘘をつく」とは考えられないか

1 × 人間は「存在するかもしれない天敵を探り出そうとして，逆にこちらから一方的に『嘘をつく』ことをしてみる」が，これは他の生物とは異なるやり方である。

2 × 尺取り虫の「擬似解答」が「危険度の大きい緊急時」だけという限定

はない。

3 × 「人間が天敵を見失った」とはあるが，「擬態能力」を失ったか否かについては述べられていない。

4 ◎ 正しい。第2・3段落にある内容である。

5 × 人間の天敵が「自然界の存在を超え，『途方もないもの』となった」という記述はない。

正答 4

実戦問題 ②発展問題

8 次の文の内容と合致するものとして最も妥当なのはどれか。

【中途採用者・平成22年度】

森は，その中に踏み込んだ人間に，容易に観察者の立場に立つことを，許さない。森の全体を観察しようと思ったら，小高い山にでも登り，木々の高さをこえでて，あたり一面を眺望できる場所に立つことをしなければならないだろう。観察者は，こうして，森の全体像を手に入れることができる。ここから彼は，森の一般理論などを，考えだすかもしれない。しかし，そのとき，もはや森の中にいない観察者は，小さな谷の襞（ひだ）や，山の上からは見分けることもできないほどちっぽけな小川の中でおこっている，不思議にみちた生命の世界を知ることができなくなっている。彼は，ますます一般理論にむかっていくだろう。だが，生命の真実は，鳥瞰（ちょうかん）する者にはけっして見ることのできない，微細な襞や谷や湾曲部の中に，隠されていってしまう。

そこで，彼はふたたび山を降りて，森に入っていくことに決める。おびただしい木々が彼を覆う。前方の見通しさえ，なかなか開かれてこない。道はまがりくねり，突然水しぶきをあげる滝が，眼前に出現する。動物が，木々の陰から，こちらをうかがっている気配がする。さて，この森の中で，どこから観察をはじめるか。森の中からでは，鳥瞰はできない。したがって，森の全体を，ひとつの像としてとらえることは，放棄しなければならない。それに，彼が動けば，動物はかすかな足音を立てて去り，足の下では，未知の植物が，彼によって踏みしだかれていく。ここでは，観察者は自分もまた，森の一員として，その大きな全体の中に，深く巻き込まれてしまっていることに，気づかざるを得なくなるのだ。

そのときである。彼の中になにかの決定的な変化がおこるのだ。観察の行為が，彼の中で意味を変化させていく。彼は森を内側から生き，呼吸するようになる。彼は周囲にひろがる生命の世界を，自分から分離してしまうことができないことを，知るようになる。ほの暗い森の奥にどんな世界が秘められているのか，彼には知ることもできないが，その闇の中に隠されてあるものもまた森であり，彼自身もまた森の一部なのだから，それはもはや分離された外部などではなく，森の奥に隠されたものと彼の生命は，いまやひとつながりになっていることが，深く自覚されるようになる。このとき，森は自分の本質を，観察者の立場を放棄した彼の前に，おもむろに開くのだ。

1 森の生命の真実を知りたいと願うならば，森の中に入る前に，小高い山から森全体を鳥瞰するとよい。

2 人間が森の不思議に魅入られると，小さな谷の襞や小川の中に隠れた生命の真実を観察できなくなる。

3 森に入った観察者は，自身が森の一員であり，森の奥に隠された生命の世界とつながっていることに気づく。

4　観察者が自身の本質をあらわにすることにより，森の奥に秘められた不思議にみちた生命の世界を知ることができる。

5　観察者の立場をいったん放棄して，森の外側へ出ることにより，森の本質が理解できることがある。

9 **次の文の内容と合致するものとして最も妥当なのはどれか。**

【中途採用者・平成19年度】

感性とは，環境と自己との相関を捉える総合的な情報処理機能とわたしは捉える。この情報処理の対象のなかに，自己の「配置」と「履歴」というものが含まれる。「配置」と「履歴」とは，自己が環境とどのような関係にあるかということに関する空間的・時間的情報である。この関係は必ずしも言語的表現によって与えられるとは限らない。たとえば茶の湯で，床の間と炉，亭主と客の空間的配置，そしてその配置にいたる時間的経緯としての履歴を把握するために，人間のもつ全感覚が動員される。しかも，この情報処理機能には，環境と自己との最適な関係への価値判断も含まれている。この判断は，固定的に捉えられた環境のなかでの最適な判断ではない。環境とつねに変動する関係をもちながら行為するものとして自己を捉え，最適なルールの理念を捉える判断である。このような行為をささえるのは，与えられたルールのもとで自分の欲望の充足だけを最適化するために行為する近代的合理性ではない。

環境と自己との相関性を捉える総合的な情報処理は，組織や社会，さらに自然環境全体へと，つねに配置をめぐらしながら，幾重にも重なる状況のなかで新しい価値理念を発見する。価値理念は，組織のなかの個人によっても気づかれるであろう。組織がそのアイデアを許容するならば，組織は自己革新にそのアイデアを生かすことが可能である。しかし，硬直した組織は，そのようなアイデアを異端視し排除する。せっかくの自己変革の契機を見失ってしまう。

いま，組織のなかに生まれた異端的なアイデアをどう生かすかが組織に求められている。ダイナミックに変動する組織，社会，環境の構造のなかで，新しいビジョンを描き，それを表現し，サポートし，実現へのプロセスにもたらすことのできる人材が必要である。この変革のプロセスでは，創造性と能動性が重要な役割を果たす。創造性と能動性は，ルールに従属する能力ではなく，ルールを変更する力をもつものでなければならない。旧来のルールに寄りかかり，その価値基準に縛られていては，このような力を得ることはできない。人間が環境，社会，組織のなかで多面的な存在であることに気づくこと，これが組織に多面性を備えるための第一歩である。

1 空間的・時間的情報が言語的表現で得られないと，感性という環境と自己との相関を捉える総合的な情報処理機能は働かない。

2 情報処理機能には，環境と自己とのあるべき関係への価値判断が含まれており，近代合理主義に基づいて最適な解を求める必要がある。

3 変動する環境のなかで発見された新しい価値理念を，異端的アイデアとせず許容することにより，組織は自己革新に役立てることが可能である。

4 組織のなかで生まれた異端的アイデアは，変動する環境構造に合わないことが多いので，積極的に排除する必要がある。

5 創造性や能動性によるルールを変更する力に加え，旧来のルールを尊重することで人間の多面性をもつことができる。

10 次の文の内容と合致するものとして最も妥当なのはどれか。

【国家Ⅲ種・平成18年度】

人類の歴史を振り返ってみると，社会の経済的な豊かさと政治体制というものは，決して無関係ではない。

狩猟や採集に頼っていた原始社会では，食料の貯蔵が比較的困難なため，富が少数の人物に集中するということがなかった。ところが農耕文明が始まり，食料を生産する社会が始まると，次第に食料を貯蔵・管理する必要が生じ，それと共に社会を統率する「リーダー」が出現した。リーダーは共同体の意思を代表するものとして権力を握り，ここに支配者と被支配者という関係が生じる。

近代以前の国家は，専制君主と一部の特権階級が統治し，一般の民衆が自らの権利を主張することができなかった。しかし，産業が発達し社会全体が富を蓄え始めることにより，市民社会が成立し，民衆は次第にさまざまな権利を獲得するようになる。近代国家において，人民が政治的権利の平等を要求し獲得してきた背景には，人民の主権者意識の芽生えがある。社会が豊かになるほど，より多くの人が主権者としての素養を身につけるチャンスが増えるのである。

かなり単純化した図式ではあるが，人類の歴史を巨視的に見れば，産業の発展によって社会が豊かになると共に，社会自体の政治的な民主化も進展したという点は，異論がないところであろう。やや視点を小さくとって，現代国家の経済的な豊かさと政治体制との関係についても，この説明はある程度当てはまりそうである。

現在，民主的といわれる国々は，独裁政権が支配する国にくらべて，工業化・産業化が進展し，経済的な繁栄をみていると言ってよいだろう。GNPが高くなれば，ただちに政治的民主化が進展するとは言えない。しかし，さまざまな要因が介在する可能性があるにせよ，産業の進展はその国の政治的民主化にとって，一つの重要な要因となりそうである。

1　狩猟や採集に頼っていた原始社会では，食料の貯蔵が困難であったため，富の集中が起こらず，近代よりも民主的な政治が行われていた。

2　産業の発展は，単に社会が豊かになることを意味するだけではなく，民主化が進展する要因の一つでもあると考えられる。

3　近代社会では，社会が経済的に豊かになっても，富が少人数の人物に集中しがちであり，経済的格差の拡大が問題になっている。

4　主権者としての素養は，いかに政治的権利の平等を要求し，獲得していったかということを通して見ることができる。

5　近代社会において，GNPが高くなったとしても，経済的な豊かさと政治的体制とは無関係のため，民主化の進展には結びつかない。

11　**次の文章の内容と一致するものとして，最も妥当なのはどれか。**

【警視庁・平成24年度】

生物はそれぞれ囲い込まれた環境に適応して生きています。特定の環境下で生き抜くために，多くの生物が身体器官や機能の一部を特定の用途に応じるように変化させてきました。たとえば，鳥は空を飛ぶために前足を翼に変えていますし，モグラは地中で暮らすために前足をスコップにしています。氷河期を生きたマンモスは身体を厚い体毛で覆っていました。生活環境に変化がおきた場合には生物は生存の条件のある場所に移動するか，あるいは新しい環境のもとで生き抜くために進化する――姿かたちを変える――ほかはありません。両方とも不可能だった場合，その生物は絶滅してしまいます。地球上ではこれまでじつに多くの生物種が絶滅してきました。そしてまたじつに多くの亜種も現れてきました。生物は新しい環境のもとで生きていくために，常に進化を遂げてきたのです。地球上の多くの生物は，これからも環境の変化に応じて世代交代を繰り返す中で，諸器官の能力・機能や形態を変化させながら生き延びていくことになるでしょう。

ところが，人間についてみると，人間は地球上に現れて以来，進化していません。上述のような生物学の一般的法則から逸脱してしまった生物種なのです。

どうしてそういうことが起きたのでしょうか。じつは人間は文化を手に入れることによって，進化する必要がなくなった特異な生物なのです。たとえば，氷河期になるとそれまで共生していた多くの動物たちは暖かい地方に移っていきました。しかし人間は毛皮の衣服を着て寒い地域にとどまり，マンモス狩りをしていたわけです。マンモスは環境に適応して長い毛で身体を覆っていますが，人間は服を着たり火を燃やして暖をとったり，寒さを防ぐ住居を造ったりすることによって自らの身体を変える必要から逃れていたのです。人間は身体器官の能力・機能や形態を変えることによって生活環境の変化に順応したり新たな環境に進出したりするような生存のしかたを止め，環境のほうを自分の都合に合わせて変えながら生き続けることができる動物となったわけです。すなわち進化をやめて進歩することになったのです。

1　人間も他の多くの生物と同様，生物学の一般的法則にしたがって変化してきたが，氷河期になると法則から逸脱して独自の進化を遂げるようになった。

2　多くの生物は，特定の環境下で生き抜くためにあるいは新しい環境のもとで生き抜くために，身体器官や機能の一部を特定の用途に応じるように進歩させた。

3　人間は身体器官の能力や機能や形態を変えることで生活環境の変化に順応する生存のしかたを止めて，環境のほうを人間の都合に合わせて変えながら生き続けられるようになった。

4　氷河期，マンモスは長い毛で身体を覆うことで急激に寒くなった環境に適応し，モグラは前足をスコップにして地中で過ごすことで氷河期の環境に適応した。

5　服を着たり火を燃やして暖をとったり寒さを防ぐ住居を造ったりすることで，人間は外敵から身を守り生きながらえてきた。

12 **次の文の内容と合致するものとして最も妥当なのはどれか。**

【国家一般職／税務／社会人・令和2年度】

後悔を理解するうえで，重要な視点が，**現在バイアス**である。夏休みが始まる前は，宿題を早めに片付けてしまおうと我慢強い計画を立てるのに，実際に夏休みが始まり，現在の問題となると先延ばしにしてしまうことは多くの人が経験したことであろう。先の選択であれば，長期的な視点で将来を重視する計画を立てることができても，それが今の選択になると現在を重視してしまい，ついつい目先の誘惑に手が伸びてしまうというわけである。時間の経過の中で生きている私たちにとって，時間を通じた選択は常に直面し続けなければいけない問題ともいえる。言い換えれば，「1か月先」の話は，1か月経てば「目先の」話として，私たちに選択を迫ってくるのである。現在バイアスは，誰もがもつものではあるが，誘惑に弱く，先延ばし傾向の強い人もいれば，バイアスがあってもその対策を打てるという意味で自己コントロールの得意な人もいる。先延ばし傾向の強い人は，長期的な利益を達成するための対策を立てても，実際は実現できないので，こんなはずではなかったと後悔しやすい。そのため，重大な後悔をしたくない選択であればあるほど，選択自体を先延ばしにしてしまい，さらに大きな後悔を経験することもある。

そして現在は，いつか過去になる。誰でもわかりきっているはずのこの事実ではあるが，私たちは時にあたかも「現在」の視点で，「過去」を評価する。ダニエル・ギルバートが示した通り，「現在」は確固たるもので重要だと判断されやすいため，そのバイアスに気が付きにくい。選択の時点では想定しえなかった事実が把握できている「現在」の視点で，「過去」を思い返し，「やっぱり，そうなると思った！」「本当はそう思っていたのに！」と感じるのは，このためである。この現象は，**後知恵バイアス**と呼ばれ，物事が起きてから，それが予測可能だったと考え，当時の選択の基準が，現在の基準によって引き上げられることになってしまうので，ネガティブな事象のすべてが，過去の何らかの行動による結果と解釈されてしまい後悔が無数に生まれてしまうことになる。

1　先延ばし傾向の強い人は，現在バイアスや後知恵バイアスの存在を意識して行動することで，後悔を減らすことができる。

2　自己コントロールの苦手な人は，長期的な目標を達成することは難しいので，現在を重視した短期的な目標を立てることが効果的である。

3　重大な選択が一度先延ばしにされると，時間の経過の中で再度選択される際にも，その時点での「現在」が最も重要だと判断され，先延ばしにされることが何度も繰り返される。

4　計画を達成できなかったことへの後悔よりも，選択自体を先延ばしにしたことへの後悔の方が大きいのは，過去の出来事が予測可能だったと考えるためである。

5　後知恵バイアスは，現在の視点で過去を評価することで起こり，悪い出来事を引き起こしたと考えられる自らの過去の行動に対する後悔を生む。

13 次の文の内容と合致するものとして最も妥当なのはどれか。

【国家Ⅲ種・平成23年度】

科学者の自伝ほど面白いものはない。なぜなら，科学者は自分の専門領域を素人（しろうと）（つまり読者）にわからせようと，必死にかみくだいて説明するからである。そこに盛りこまれるエピソード，自らの辿（たど）りついた人生観などが実に正直に書かれるからである。

われわれには妙な錯覚があって，科学者は科学的合理性を身につけて生きてきたのだろうと考えている。しかし，当の科学者自身，われわれが考えているほど科学的な人生を送ったわけではない。歴史上語り継がれる科学者をみてもそれは容易にわかる。

ニュートンは万有引力の法則を発見することによって，近代物理学の扉を開けたといわれるが，80年余の人生の後半は，神秘思想にとり憑（つ）かれていたし，錬金術に熱中していた。パスカルは思想家であり，数学者でもあるが，確率論の基礎を考えたのは，友人の博奕（ばくち）打ちから意のままにサイコロの目をだせないかと相談をもちかけられたのがきっかけである。ダーウィンにしても，医学，神学から博物学に関心をかえ，船乗りとして世界を歩き，そして『種の起源』をまとめたのである。

科学者の非科学的な日常を知ると，われわれはほっと胸を撫（な）でおろす。そこに人間のナマの顔を見るためだ。科学は人間の副産物であり，人間は科学の従属物ではなかったのだとわかるからである。

こういう考えをもとに，日本の科学者の自伝，自分史を読んでいくと，いくつかの不満が出てくる。

昭和前期（昭和20年まで）の科学者の自伝のなかには，栄達への足跡や学識の誇示の回顧録といったものが見られるからだ。無理もないことかもしれない。あの時代には，社会のヒエラルヒーが厳然として存在し，科学者もそこに身を置く以外になかったからだ。いかに帝国大学の学問向上に一役買ったかが，とくとくと語られるに至っては，科学者の自伝というより，成功者の自慢話に堕（お）ちてしまう。

科学者の大半は，小学校時代から優等生で秀才の誉れが高い。帝国大学卒業後は，海外に留学し，帰国してからは大学教授となり，外国の文献を紹介する学究生活を送る。ここから独創的な研究は生まれるわけがなく，人間的なドラマなど抽出したくてもできない。

1　科学者の自伝が面白いのは，科学的な人生を送ってきた科学者の人生観がわかりやすく書かれているからである。

2　歴史上語り継がれる科学者の科学的成果には，非科学的な日常のできごとをきっかけとして生まれたものもある。

3　科学的合理性を身につけることで，われわれは科学者の素顔を知ることができる。

4　昭和前期の科学者の自伝は，エピソードが中心で，科学的な説明が不十分なところがある。

5　子どもの頃に優等生で秀才といわれたような科学者から，独創的な研究が生まれることはない。

次の文中の下線部　<u>思いがけない新局面</u>の説明として，最も妥当なものはどれか。
【警察官・平成22年度】

特権階級どころか，いまや誰でも文字を読みとばし，書きとばしながら毎日を送っている。消費されていく新聞雑誌類の途方もない量。ワープロで作成され，コピーされ，蓄積されていくビジネス文書。よくみるとそれぞれ違っているのだが，遠くから眺めると皆のっぺり同じようで，どうも没個性的な感じがする。人間と同じだ。

つまり端的にいえば，現代日本社会において，もはや文字はすっかり脱神秘化され，世俗化されつつあるということだろう。文字が“情報”と呼ばれるとき，それは文字が太古から保ってきた霊力の消滅をあらわしているのかもしれない。

とはいえ，である。物事には両面がある。情報化時代に文字が上のような変化をこうむるのは確かだが，もう一つ，思いがけない新局面も現れてきたのだ。（中略）

一九九〇年代半ばから始まったインターネットの一般社会への浸透はめざましい。インターネットの一大特徴は，地球上の誰もが，手軽にしかも信じられないほど安い料金で，地球上の誰とでも交信できるという点にある。こういう国際ネットワークはこれまで存在しなかった。

今のところ国境をまたがるインターネット交信はほとんど英語で行われているが，英語での交信を「唯一のグローバルスタンダード」とみなすのは情けない浅見だ。人間が歴史的存在である以上，英語に加えて他の言語，他の文字によるインターネット交信が活発になってこそ，二十一世紀文明は豊饒なものとなっていく。

幸い，このための基礎技術は刻々と築かれつつある。地球上の多種多様な文字を入力し表示するための技術，国際共通文字コード体系，外国語の意味理解や作文を支援するためのソフトなどが研究開発されているのだ。

かつて西欧の文化は活字出版という技術によって地球上の各地へ発信され，波及していった。こうして近代がつくられた。二十一世紀にはインターネット経由で，アジア・アフリカからも大いに情報発信がなされていくだろう。

やがて見たこともないような不思議な文字が，パソコン画面に現れてくるかもしれない。そのとき，われわれは再びあのふしぎな文字霊に出会うのではないだろうか。

1　見たこともないような不思議な文字の出現
2　インターネットの一般社会への浸透
3　文字の没個性化・脱神秘化
4　他の言語によるインターネット交信の活発化
5　文字が太古から保ってきた霊力の消滅

8 この問題の選択肢を見ると「森」「観察者」というキーワードがあることから，「森と観察者の視点について」論じた文章だと見当がつく。森の観察をするときの視点には3つあり，それぞれの特徴を整理して理解できたかがポイントである。

大意は＜森は，その中に踏み込んだ人間にはその本質を見せてくれない。だからといって，森の全体を見ようと森の外から鳥瞰的な視点で観察しようとすると，内部で起きている不思議にみちた生命の世界を知ることができない。そこでふたたび，森に入って行くと観察者は自分も森の一部だと気がつく。森とひとつなぎになることで，観察者の前に森は本質をおもむろに開くのである＞というものである。

出典は，中沢新一『森のバロック』

①森に踏み込む ➡ 容易に観察者の立場に立つことを許さない
↕
②鳥瞰 ➡ 森の全体像，森の一般理論。
しかし，不思議にみちた生命の世界を知ることはできない。
↕
③ふたたび森へ ➡ 森の一員
↓そのとき，大きな全体の中に深く巻き込まれる
決定的な変化。森の内側から生き，呼吸する
ひとつながりであることを自覚
↓そのとき
森は自分の本質を，観察者の立場を放棄した彼の前に，おもむろに開くのである。

1 × 「生命の真実は，鳥瞰する者にはけっして見ることのできない…」とあることから，森の生命の真実を知るために小高い山から森全体を鳥瞰するとよいとはいえない。

2 × 隠された生命の真実を観察できなくなるのは，「鳥瞰する者」である。

3 ◎ 正しい。第3段落に述べられた内容である。

4 × 観察者が「森の一部に」なり，「観察者の立場を放棄」することで，森の生命の真実を知ることができるのである。

5 × 森の外に出るのではなく，「森に入ってい」き，自らも森の一部であることを自覚することが必要なのである。

正答 3

9 選択肢を見ると「環境と自己との関係，そしてその価値判断」について論じた文章だと予想できる。

大意は<**環境と自己との相関を捉える情報処理機能には，最適な関係への価値判断も含まれ，またそれは環境とつねに変動する関係にある。組織のなかの個人によって生まれた新しい価値理念を組織の自己変革に生かすにはルールを変更する力を持つ創造性と機能性が重要で，人間が多面的であることに気がつくことが大切である**>というもの。

出典は，桑田敏雄『理想と決断』

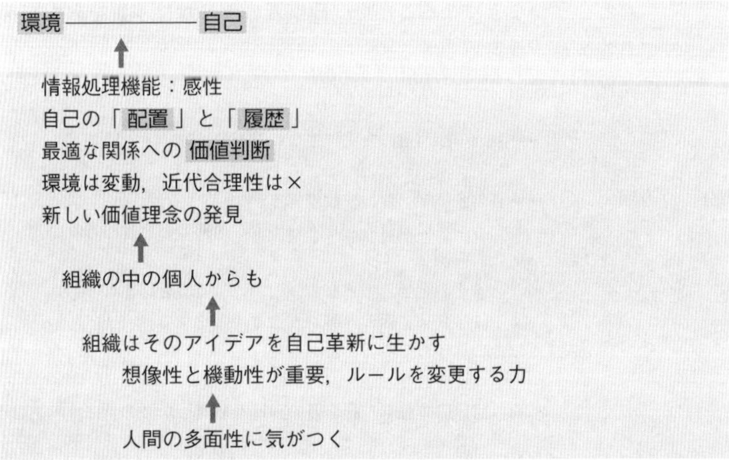

環境――――自己

↑

情報処理機能：感性

自己の「配置」と「履歴」

最適な関係への価値判断

環境は変動，近代合理性は×

新しい価値理念の発見

↑

組織の中の個人からも

↑

組織はそのアイデアを自己革新に生かす

想像性と機動性が重要，ルールを変更する力

↑

人間の多面性に気がつく

1 × 第1段落で「この関係は必ずしも言語的表現によって与えられるとは限らない」と述べられている。

2 × 第1段落で「このような行為をささえるのは・・・近代的合理性ではない」と述べられている。

3 ◎ 正しい。第2・3段落に書かれた内容である。

4 × 第3段落で，「組織のなかに生まれた異端的なアイデアをどう生かすかが組織に求められている」と述べられている。

5 × ルールはむしろ変更されなければならないとある。

正答 3

10 選択肢を見ると「経済の豊かさと政治体制」について論じた文章だと想像できる。

大意は**＜経済的な豊かさと政治体制には関係がある。産業が発展すれば，ただちに民主化が進展するとは言えないが，一つの重要な要因ではある＞**というもの。

出典は，豊田秀樹，前田忠彦，柳井晴夫『原因をさぐる統計学―共分散構造分析入門』

経済的な豊かさ と 政治体制 は無関係ではない
原始社会：富の集中なし
↓
農耕文明：リーダー
近代以前の国家：民衆は権利を主張しなかった
↓
近代国家：人民の主権者意識の芽生え
産業の発展 → 社会が豊か → 政治的な民主化
民主的な国は独裁政権より，経済的に繁栄
産業の進展は政治的民主化の一つの重要な要因

1 × 原始社会が近代よりも民主的であったかどうかの記述はない。

2 ◎ 正しい。第5段落に書かれた内容である。

3 × 近代社会では，人民の主権者意識が芽生えてきているので，「富が少人数の人物に集中しがち」とは言えない。

4 × 「社会が豊かになるほど，より多くの人が主権者としての素養を身につけるチャンスが増える」とあるように，主権者の素養を「政治的権利の平等」の獲得を通して見てはいない。

5 × 経済的な豊かさは民主化の一つの重要な要因と述べられている。

正答 2

11 環境に応じて自らを変化させる生物と，環境を自分に適するように変える人間を比較して考えられたかがポイント。

大意は<**生物は環境に変化が生じた場合は，生存が可能な場所に移動したり，器官や機能の一部を特定の用途に応じ変化させるなどして，進化することで環境に適応しながら生き残ってきた。しかし，人間は文化に手を入れることで環境を自分に合わせて変え，進歩することで生き続けている**>というものである。

出典は，田嶋一『やさしい教育原理』

> **生物** は環境に適応して生きている
> 　身体器官や機能の一部を特定の用途に応じるように変化
> 　　（たとえば）　鳥　モグラ　マンモス
> 　生活環境が変化→移動，姿かたちを変える→不可能なら絶滅
> ところが，
> **人間** は文化によって進化する必要がなくなった
> 　　（たとえば）　衣服　火を燃やす　住居
> 環境のほうを自分の都合に合わせて変える＝進化をやめて進歩する

1 × 文末に，人間は他の生物とは違い「環境のほうを自分の都合に合わせ」る，つまり，「進化をやめて進歩することになった」とある。

2 × 身体器官や機能の一部を特定の用途に応じるように変化させるのは「進歩」ではなく「進化」である。

3 ◎ 正しい。後半部分の内容。

4 ×「モグラは地中で暮らすために前足をスコップにし」たという記述はあるが，そのことで氷河期の環境に適応したという記述はない。

5 × 人間は暖をとる工夫をすることで，外敵から身を守り生きながらえてきたわけではなく「自らの身体を変える必要から逃れていた」のである。

正答 3

12 後悔を理解するうえで，重要な視点である「現在バイアス」と「後知恵バイアス」の定義を理解できたかどうかがポイントである。

大意は＜現在バイアスとは，先の選択であれば，長期的な視点に立って計画が立てられるのに，今の選択になると現在を重視し目先の誘惑に負けてしまい，後悔をすることであり，後知恵バイアスとは，過去についての評価を選択の時点では想定しえなかった事実が把握できている「現在」の視点でしてしまい，後悔が無数に生まれるというもの＞である。

出典は，大竹文雄・平井啓編『医療現場の行動経済学』

後悔を理解するうえで，重要な視点
①現在バイアス
　先の選択であれば，将来を重視する計画を立てるが，
　今の選択になると現在を重視し，目先の誘惑に手が伸びる
　先延ばし傾向の強い人もいれば，自己コントロールの得意な人もいる
　重大な選択であればあるほど，選択自体を先延ばし，大きな後悔
②後知恵バイアス
　選択の時点では想定しえなかった事実が把握できている「現在」の視点で
　「過去」を評価
　後悔が無数に生まれる

1 × 本文の範囲では「後悔を減らす」ことについての記述はない。

2 × 自己コントロールの苦手な人に対して「現在を重視した短期的な目標を立てる」ことに効果があるという記述はない。

3 ×「先延ばし」によってさらに後悔するとあるが，「先延ばしにされることが何度も繰り返される」という記述はない。

4 ×「計画を達成できなかったことへの後悔」と「選択自体を先延ばしにしたことへの後悔」を比較する記述はない。

5 ◎ 正しい。第2段落で述べられている内容である。

正答 5

13 選択肢を見ると,「科学者の自伝」について書かれた文章だと予想できる。

大意は**<科学者の自伝は，盛り込まれるエピソードや人生観など，科学者の非科学的な日常を知ることができ，科学は人間の副産物であることがわかり面白い。しかし，日本の科学者の自伝は栄達の足跡や学識の誇示の回顧録などが見られ，自慢話に堕ちてしまう。このような自伝からはどのように独創的な研究が生まれたのか伝わらないのである>**というもの。

出典は，保坂正康『自伝の人間学』

科学者の自伝 は面白い
　素人にわからせようと必死にかみくだいて説明
　エピソード，人生観などが正直に書かれている
科学者は思うほど科学的な人生を送っていない
　例　ニュートン，パスカル，ダーウィン
　　←非科学的な日常にほっとする。ナマの顔を見る
　　科学は人間の副産物，人間は科学の従属物ではない
　　↕
日本の科学者の自伝
　栄達への足跡や学識の誇示の回顧録　自慢話
　← ここからは独創的な研究は生まれない
　　人間的なドラマなど抽出できない

1 × 「われわれが考えているほど科学的な人生を送ったわけではない」「科学者の非科学的な日常」とあるので,「科学的な人生を送ってきた科学者」とはいえない。

2 ◎ 正しい。第3段落の内容をまとめたもの。

3 × 「科学者は科学的合理性を身につけて生きてきた」とわれわれが錯覚するとあるが，それをわれわれが身につけることで科学者の素顔を知るわけではない。

4 × 昭和前期の科学者の自伝は「栄達への足跡や学識の誇示の回顧録」とあるが，科学的な説明が不十分という記述はない。

5 × 子どもの頃に優等生だった科学者から独創的な研究が生まれることがないのではなく,「栄達への足跡や学識の誇示の回顧録」のような自伝を読んでも「独創的な研究」が生まれた「人間ドラマ」を抽出できないのである。

正答 2

14 下線部の説明問題である。「もう一つ『思いがけない新局面』」なので，下線部以降に書かれた内容になる。選択肢を見ると本文は「インターネットに関する文章」だと予想できる。

大意は＜いまや文字は情報として氾濫し，脱神秘化され，世俗化されつつある。情報化時代が文字に起こした変化はあるものの，他方，思いがけない新局面もある。インターネットの一般社会への浸透である。今後は英語に加え，他言語，他文字で交信が活発になれば，再び，霊力を持った文字に出会うかもしれない＞というもの。出典は，西垣通『文字』

誰でも文字を読みとばし，書きとばしながら毎日を送る
→文字も没個性的
脱神秘化され，世俗化される
文字が情報と呼ばれるとき→霊力の消滅 …①
→情報化時代に文字が上のような変化をこうむる
↕ 物事には両面ある
もう一つ，思いがけない新局面
||
インターネットの一般社会への浸透 …②
かつては活字出版が近代をつくった
二十一世紀はインターネット経由でアジア・アフリカからも大いに
情報発信 → ふしぎな文字霊に出会うのではないだろうか

1 × 不思議な文字の出現は，さまざまな言語によるインターネットの交信が進んでいくと二十一世紀に起こるかもしれないことである。

2 ◎ 正しい。「思いがけない新局面」とは情報化時代がもたらした2つのもののうちの1つで，それは，下線部の後にある「インターネットの一般社会への浸透」である。

3 × 「思いがけない新局面」は，文字の没個性化・脱神秘化のほかに起きたことである。

4 × 他の言語によるインターネット交信の活発化はインターネットの一般社会への浸透の後起こるだろうとある。

5 × **3**同様，「思いがけない新局面」は，文字が太古から保ってきた霊力の消滅のほかに起きた局面である。

正答 2

現代文―空欄補充

重要問題

次の文の空所A，Bに該当する語の組合せとして，最も妥当なのはどれか。 **【特別区・令和2年度】**

独創性を得るためには，考え方や生き方を［　A　］にして，なにかの枠の中におさめないことが大事です。世の中のことというのは，どのようにも考えられるんですよ。どのように考えてもいいどころじゃない。どのようにでも考えなくてはいけない。それが鍵（かぎ）です。

人はなにかにとらわれていて，その視野の中だけでやるから，新しいものが生まれないんです。視野の中だけでやっているのは，詩でも芸術でもないです。詩とか芸術というのは範囲が無限だから表現できるんです。これは別に詩や芸術に限ったことではありません。

決まりきった筋の中でやっていれば，必ずマンネリズムに陥り，おさまるところが決まってくる。それでは新しいものをつくる必要はありません。いままでの既製品ですみます。クリエイトするということは，ないものをつくることです。既にあるものをただつくるのは，［　B　］ですよね。人の考え方や生き方も同じことが言えます。

［　B　］の人生を生きるのであれば，マニュアル本などのお手本のようにやっていればいい，そういうことですよね。お手本を少し参考にしたり，一部使うということはいいでしょうね。でも，基本的には［　A　］な気持ちで，さまざまなものと接する。なにかにとらわれて，その範囲でやっていると，いいものまで見えなくなってしまう。それだけですよ。［　A　］な視点を持っている，つねに持ち続ける，ということです。

	A	B
1	自由	盗作
2	自由	複製
3	柔軟	盗作
4	柔軟	偽物
5	身軽	複製

解説

空欄A．Bは複数箇所あるので，それぞれの箇所の前後に注目する。本問では，空欄Aで選択に迷う可能性が高いので，空欄Bを特定してから空欄Aを選択するほうがよい。

Step 1 問題形式・空欄の位置を確認する

この問題は空欄補充である。空欄Aは冒頭に1か所と最後の段落に2か所の計3か所，空欄Bは本文の中ごろに2か所ある。

Step 2 選択肢を確認

本文に入る前に選択肢を先に見ておこう。空欄Aの「自由」と「柔軟」は意味が類似しているので，選択が難しい。空欄Bの「盗作」「複製」「偽物」を先に特定するとよい。

Step 3 本文を読む

本文の大意は＜**独創性を得るためには，考え方や生き方を自由にして，なにかの枠の中におさめないことが大事**＞というもの。

出典は，篠田桃紅『百歳の力』

独創性を得るためには，考え方や生き方を［A］にして，なにかの枠の中におさめない
　どのようにも考えられる
　どのように考えてもいい
　どのようにでも考えなくてはいけない
詩とか芸術というのは範囲が無限
決まりきった筋の中→マンネリズム
既にあるものをただつくるのは，［B］
［B］の人生を生きるのであれば，マニュアル本などのお手本のように
でも，基本的には［A］な気持ち
　なにかにとらわれて，その範囲でやっていると見えない
［A］な視点

Step 4 正答を見つけ出す

Bを先に特定し，次にAを検討する。

B：空欄前の「既にあるものをただつくる」より，「複製」が適切である。ここで選択肢は2・5に絞られる。

A：それぞれの空欄の前後には「どのように」「枠の中におさめない」「範囲が無限」とあることから，Aの状態は，型にとらわれず，変化すると考え

られるので「自由」が適切である。「柔軟」も「自由」に類似しているが，「一つの考えにこだわらず，その場に応じた処置・判断ができるさま」をあらわしているので，「枠」や「範囲」から外れるとまではいえない。迷うところではあるが，空欄Bが**2**か**5**となることから，空欄Aに入る語句は「自由」か「身軽」しかなく，空欄Aには「自由」が入ることとなる。よって，「自由」と「複製」の組み合わせである**2**が正しい。

正答 2

空欄補充の問題は，例年1問出題されるという試験区分が多い。内容把握・要旨把握に比べると重要度は低いが，よく出る問題形式であるので，十分に問題演習をこなし，空欄補充という問題形式に慣れることが重要になる。

要点のまとめ

重要ポイント1 空欄補充問題の解き方

空欄の前後だけを見て答えを出すのではなく，本文全体から空欄を考えよう。

Step 1 問題形式・空欄の位置を確認する

必ず問題形式は確認する。その際に，本文中のどこに空欄があるのかチェックしておくとよい。文章を補充する問題で，空欄が文末にある場合は，本文の結論，まとめをしている場合が多い。

Step 2 選択肢から本文の内容を予想する

空欄を補充するのが言葉や文章の場合は，本文の内容を予想し，本文を構成している話題のどこに空欄が入っているのか注意する。

Step 3 本文を読む

文の前後だけでなく，文章全体の流れの中で空欄を補充する。

Step 4 正答を見つけ出す

すべての空欄を補充したあと，必ずもう一度読んで確認してみる。

重要ポイント2 接続詞

空欄補充として，空欄に接続詞を入れる問題は近年ほとんど出題されていないが，空欄の位置，役割を理解するためには重要であり，文章理解には不可欠なものなので，ここでしっかりと押さえよう。

並立	ならびに，および，また
選択	または，あるいは，もしくは，それとも，ないしは
言い換え	すなわち，つまり
説明	というのは，つまり，なぜなら
要約	要するに，つまり，このように
ただし書き	ただし，もっとも
例示	たとえば，なかんずく
添加	また，そして，しかも，そのうえ，それから，なお
順接	すると，それならば，それで，だから，したがって，かくして，ゆえに，よって
逆接	しかし，しかしながら，ところが，だけど，けれども，それなのに
転換	ところで，さて，そもそも

実戦問題

1 **次の文章の空所に入る語句として最も妥当なものはどれか。**

【警察官・平成19年度】

フランスの文学者アンドレ・モーロワは，第二次大戦でヒトラーのドイツに敗れフランスが崩壊した理由を論じ，特に次の二つを強調した。第一に，当時のフランスに決定的に欠けていたもの，それは「道徳心」や「精神価値」の重視であったと言う。民主主義は国民の道徳が崩れると成り立たない制度であり，モーロワの言葉を借りれば「国民は祖国の自由のためには，いつでも死ねるだけの心構えがなければ，やがてその自由を失う」のである。自己犠牲の精神が顧みられなくなると，自由も民主主義も主権も平和も守れない，と言う。

二つ目は［　　　　］の大切さである。モーロワは言う。「自らの思想を擁護するのは，それ自体間違っていない」。自らの主義，主張，持論，信念であれば，それでいい。「しかし，その思想のゆえに外国から金をもらうのは犯罪である」と。当時のフランスには，ナチスから金をもらい，「ドイツは攻めて来ない」「ヒトラーの言い分を聞くことがヨーロッパの平和につながる」などと言いつづけた人々が山のようにいたのである。

1　「自立できるだけの経済力をもつこと」
2　「対抗できるような武力を備えること」
3　「国民同士の結束する連帯感」
4　「外国との条約を守ること」
5　「外国の影響から世論を守ること」

2 **次の文の［　　　　］に当てはまるものとして最も妥当なのはどれか。**

【国家一般職／税務／社会人・令和2年度】

さて，ここであらためて認識しなくてはいけないことがある。日本での農民とは，歴史を通じて大勢でみれば，［　　　　　　　　］ということである。

ふりかえってみれば，日本の農業は，もともと兼業の経営形態を中心に成りたっていたはずである。もっとも，近世に新田開作を進めて稲作中心の集約型農業を行なった東北・北陸各地の穀倉平野部における農業形態などは，そのかぎりではない。それと，戦争などの非常時における一億一心の食糧増産体制も，除外すべきである。

再認識しなくてはならないのは，日本の農業は水田稲作にかぎったものではない，ということ。もちろん，ところによって水田と畑の面積比は異なるが，農家は畑も相応に所有しているのだ。標準的な中山間地域をとりあげてみると，水田と畑はほぼ半々の割合である。「五反百姓」といっても，実際は，水田五反に畑五反を加えてはからなくてはならないのである。

そして，日本の農家は，専業にかぎったものではない。農閑期には，さまざまの出稼ぎが常習化もしている。いうなれば「多角経営」こそが，日本の農業，日本の農家の基本的な経営の「型」というものだったのである。

しかも，田の一枚ごとにイネの品種をかえて栽培したり，畑の一畝ごとに違う種類の野菜を栽培する。そのうえに，合間に狩猟や漁撈（ぎょろう）をしたり，こまごま手間稼ぎをして小銭を得る。作間稼ぎ，農間稼ぎといわれた類の副業である。その意味では，「小規模多角経営」というのがふさわしい。そういう型の伝統があった，という実態を無視してはならないのである。

もっというならば，日本列島において穀倉地帯といわれる平野部はかぎられており，日本の農村集落のほとんどは，山地や丘陵を背景に立地している。あるいは，山峡の地にあり，島嶼（とうしょ）にある。山林面積がいまだに国土の60パーセント以上を占める世界でも冠たる山国日本では，村里のなりたちを考えると，それは当然のことであった。河川の氾濫を防ぐ土木工事の本格的な発達は，江戸時代になってからのことで，それまでは，河川から離れて集落が形成された例が多いのである。そこでは，必ずしも稲作に依存した農家経営がなされていたわけではないということも，また，当然といえば当然のことであった。私どもの祖先は，自然地形にあわせて田畑を開き，またそれにあわせたほどよい農業経営を行なってきたのである。

1　広大な水田や畑を有する土地所有者である
2　多角経営により利益を上げる商人でもある
3　稲作よりも畑作を中心とする農業従事者である
4　山地や丘陵の居住者であり，平野の居住者ではない
5　農業従事者ではあるが，農業専従者ではない

③ 次の文章中の［　　　］に入るものとして最も妥当なのはどれか。

【国家Ⅲ種・平成13年度】

ふだん，私たちはよく，会話の中で，「われわれは社会の中で生きているのだ」とか，「社会の壁は厚いよ」とか，「社会も変わったものだ」とか，「君も，これからは，社会の荒波を乗り切っていかなければならないよ」といったことを口にする。そして，そのとき，このようなことを口にする人も，それを聞いている人も，あたかも「社会」という実体がわれわれ人間とは別に存在するかのように考えているし，実体としての社会があることをとりわけ不思議とも考えてはいない。また，私たちは，「子どもが変わったのは社会が変わったからだ」とか，「このような社会では人類は生きていけない」と言い，だから，「早急に社会を変えなければならな

い」などとも言う。そのときも，そう言い，それを聞くわれわれが頭の中で思い浮かべているのは，社会の仕組みだとか，組織や制度や法律だとか，教育の内容だとかであって，個々の人間を思い浮かべてはいない。

しかし，少し冷静になって考えてみれば，社会という実体が，［　　　　］ことにすぐ気がつくはずである。ここにこういう社会があるとか，あそこにああいう社会があるといって指し示してみせられる社会などはないのである。社会が実体として存在するとしたら，それは生きて生活している人間そのものであって，人間以外に社会の実体をなすものはない。社会の実体であるかのように思い込んでいる組織とか制度とか法律なども，人間が社会生活を営む過程で，社会生活を円滑にするための便宜として，暫定的に作った作り物や作り事であって，われわれ生きている人間と離れて，客観的に存在しているものではない。だから，制度や法律などは，われわれが生活していく上で不要と考えたら，いつでもなくせるものであり，不都合なら，いつでも都合のいいものに変えることができるものなのである。社会について考える場合，まず，このことをしっかり頭の中に入れてほしいと思う。

1　人間の生活に影響を与えている
2　人間と離れて存在してはいない
3　論理的に説明されてはいない
4　勝手にひとり歩きしている
5　驚くべき速さで変化している

次の文のAおよびBに入る語句の組合せとして最も妥当なのはどれか。

【国家Ⅲ種・平成17年度】

表音記号としてのアルファベットということで，もうひとつ記憶にあるのは，フランス人の同僚が着任したての頃に漏らしていた学生の能力についての感想である。彼女にいわせると，他のヨーロッパ人の学生に比較して，日本人の学生は驚くほどフランス語の綴り（つづ）を正確に書くことができるのだそうだ。動詞の活用などでも，テストをやると日本人はダントツで必ずトップになるという。ところが，口頭で発表させると愕然（がくぜん）とするほど能力が低い。この落差はなんなのかというのが日本に来たてのフランス人教師の疑問だった。

これに対して，私は二つの仮説を披露してみせた。一つは日本における読み書き重視の外国語教育法の伝統の影響。もう一つは日本における文字というものの本質から来る影響である。前者については説明不要だが，後者にかんしては少々，解説しておかなければならない。

日本語の文字にも表音文字のひら仮名とカタ仮名があるが，中心となるのは漢字である。ところで，この漢字という表意記号は，眺めていただけでは記憶にとどまらない（このことはワープロを使うようになると漢字が書けなくなることからも明らかである）。その結果，小学校の国語の学習では，漢字の書き取りがかなりのウエートを占め，小学生は字を「書いて」覚えることになれる。逆にいえば，書かないと覚えないという癖がつく。

だから，中学校で英語の学習が始まっても，この伝で，発音などより，字を書くことにばかり神経が向かう。教師も同じ教育法で育ってきたから，この傾向を妨げるどころか助長する。外国語は口で発音するだけにとどめるべきで，綴りを覚えてはいけないという教師はひとりもいない。ひとことでいえば，上の第一の仮説は第二の仮説から説明できるわけである。つまり日本人はその使用文字の本質からして，「（　A　）」な学習を得意とし，いささかも「（　B　）」ではないために，必然的に外国語学習も「（　A　）」になってしまうのである。日本人の学生がアルファベットでフランス語を綴っていても，それは本質的には漢字の書き取りの延長にすぎないのである。動詞の活用がよくできるのは頭脳に蓄積された漢字の書き取りのノウハウを活用しているからなのだ。

	A	B
1	論理的	直観的
2	伝統的	現代的
3	視覚的	聴覚的
4	思索的	活動的
5	現実的	理想的

5 **次の文の［　　］に入る語句として最も妥当なのはどれか。**

【国家Ⅲ種・平成14年度】

ギリシャ文化にはもう一つの特徴がある。それは［　　］である。これはまだほとんど日本にははいっていない。文化がはいっていないということは，その文化の基調になっている情操がわかっていないということにほかならないが，ぜひこれはとり入れてほしいものだと思う。知性に，他のものの制約を受けないで完全に自由であるという自主性を与えたのはギリシャだけだった。インドでも中国でも知性の自主性はない。これらの国で科学が興隆しなかった理由がそこにある。数学史をみても，万人の批判に耐える形式を備えたものはギリシャに由来するものだけで，したがってギリシャ以前は数学史以前と呼ばれている。知性は理性と同一ではなく，理想を含んだものだと思うが，はっきりと理想に気づいたのもギリシャ文化が初めてだった。これを代表しているのがプラトンの哲学である。

1　知性の自主性　　2　理性の自主性　　3　情操
4　理性　　5　理想

6 次の文の空所A，Bに該当する語または短文の組合せとして，最も妥当なのはどれか。　【特別区・平成24年度】

シンプルという言葉がよく使われる。すっきりしていて潔い風情か，あるいは簡潔でまとまりのいい状況を指し，大概においては良い意味に用いられることが多い。シンプルライフとか，シンプル・イズ・ベストなどはもはや［　A　］化している。頭がシンプルと言われて喜ぶのは多少お人好しかもしれないが，それでも混乱したりもつれたりしている頭よりはましかもしれない。

しかし，この「シンプル」という言葉，あるいは概念はいつ生まれたのであろうか。つまり，価値観や美意識としての「シンプル」が社会の中に良好な印象として定着したのはいつのことだろうか。誤解を恐れずに言うなら，シンプルは百五十年ほど前に生まれたのだと僕は考えている。何の根拠があってそう考えるのか，少し話をしてみたい。

ものづくりがまだ複雑ではなかった頃，すなわち人類がまだ複雑な意匠や紋様を生み出す以前，物はシンプルであったのだろうか。たとえば，石器時代の石器はそのほとんどが単純な形をしている。物の見方としてこれを「シンプル」と形容することもできる。しかしながら，それをつくった石器時代の人々は，これらを決してシンプルとは捉えていなかったはずである。なぜなら，シンプルという概念は，それに相対する複雑さの存在を前提としているからである。初期の石器は確かに比較的単純な形をしているように思われるが，当人たちは，簡素さやミニマルを志向してその形をつくっていたわけではない。［　B　］状況での単純さは，シンプルというよりプリミティブ，すなわち原始的，原初的と呼ぶべきである。つまりシンプルとは，複雑さや冗長さ，過剰さとの相対において認識される概念である。そう考えると，シンプルは，長い人類史のずっと後の方まで，その登場を待たなくてはならない。

	A	B
1	日本語	複雑な形を作り得ない
2	日本語	複雑な形を志向しない
3	日本語	簡素さを志向した
4	日常	複雑な形を志向しない
5	日常	複雑な形を作り得ない

7 **次の文の空所A，Bに該当する語の組合せとして，最も妥当なのはどれか。**

【特別区・平成28年度】

わたしってだれ？

じぶんってなに？

だれもがそういう爆弾のような問いを抱えている。爆弾のような，といったのは，この問いに囚(とら)われると，いままでせっかく積み上げげ，塗り固めてきたことがみな，がらがら崩れだしそうな気がするからだ。あるいは，崩れるとまではいかないにしても，なにか二度と埋められないひびや亀裂が入ってしまいそうな気がするからだ。この問いには，問う者じしんをあやうくするところがある。

だれもが，人生のなかで何度も何度もこの問いを口にする。あるいは，ひとりごちる。あるいは，そのような問いの切迫を，それと意識することなく感じている。そして，そのように問うことじたいが，どうやらこの問いのうちに潜んでいる［ A ］をあおりたてることになっているらしいことも，うすうすは気がついている。

〈わたし〉への問い。それはふつう，わたしに［ B ］なもの，つまり他人になくてわたしにだけあるようなものはなにかと問いかけるものだ。そのように問うじぶんに対して，である。そしてじぶんのなかを探りだす。

	A	B
1	不安	固有
2	不安	必要
3	不満	固有
4	不満	必要
5	欲望	固有

8 **次の文章の空所に当てはまる語句として，最も妥当なのはどれか。**

【警視庁・平成26年度】

最近，一ヶ月ほどスイスのチューリッヒにあるユング研究所で，日本の神話について講義をしてきた。三年ほど以前に，国際的なビジネスマンの集りで，日本人の宗教性についての講演を依頼されたこともあるが，世界の日本に対する関心が高まるにつれて，日本のことについて講演や講義をするように依頼されることが増えてきて，私もそのために海外から招待されることが多くなってきたと思う。

このような点から，日本人は素晴らしいと喜ぶ日本人が増え，なかには，日本人のよい特徴として，いろいろなことをあげながら，このようなことはちょっと外国人にはわかるまい，という言い方をする人も多く見受けられる。

日本は他の国に対して優れた点をもち，これは簡単に真似（まね）はできない。あるいは，あなた方の理解をこえる，と言われたのでは，これは聞いている方としてはどうしようもないのではなかろうか。

このような考えに対する反撥（はんぱつ）もあってか，自分は国際的な人間であって，人間というものはそもそもすべて同じだから，日本人とか何とか意識することはない，どの国とも同じようにつき合い，理解し合うようにしていると主張する人もある。

この考えも，はじめにあげた考えと同様，極端にすぎるのではなかろうか。このことは，個人のレベルに移しかえてみると理解しやすいと思われる。

ある人が自分がいかに他に対して優れているかを述べたあとで，そのような点は本質的にはあなた方には理解できないでしょう，とか，真似はできないでしょうと言われると，あまりその人とはつき合う気がしないのではなかろうか。さりとて，私は常に皆さんと一緒です，というので，何らの特徴も独自性も示さず，一般的傾向に従っているような人に対しても，排除する気は起こらぬにしても，特につき合ってゆこうという気も起こらないだろう。

日本人の特徴を述べても，(　　　　) 他の国の人々にも通じるように話さねばならない。

1　それはどこかで人間全体の普遍的なものにつながるものとして，
2　それが，日本が島国であるという地理的独自性と切り離せないことを，
3　それはどこかで人類全体の平和と幸福につながるものとして，
4　それは抽象的に語られるのではなく，あくまでも具体的に
5　それはむしろ理解されないことを前提としたうえで，なおかつ

9 **次の文中の空欄に入る語句として，最も適切なものはどれか。**

【地方初級・平成12年度】

世間に「産学協同」という言葉がある。それは一般的には大学が産業から資金を得て研究・教育をするという狭い意味にとられているが，より広く考えれば，現在の大学は，その存立の根拠からして，産業との協同関係のなかにおかれているといってよい。

このことを裏がわからみれば，単科的な知識およびそれに相応するインテリジェントという存在をどういうものとして把握し解釈するかという知的なプロセスが，現在の大学から排除されているということでもある。

たしかにこれまでは各大学にいわゆる教養学部とよばれるものがあり，それは，教養の名において，［　　　］をいかに一つにまとめ上げて理解するかということを趣旨としていた。しかしそうした教養学部の試みは，日本においてのみならず全世界的に衰退の一途をたどっている。(中略)。

言い換えると，自分の専門以外のことについて知識を得たり思考を巡らしたりすることは，単なるディレッタンティズム（衒学主義(げんがく)）だとみなされているということだ。「ディレッタント」ということのもともとの意味は知識を「愛好すること」という意味であり，それはすなわち「哲学」ということにほかならない。なぜならば，哲学というのはフィロソフィであるが，フィロは「愛する」，ソフィは「知識」，すなわち「知識を愛する」ということにほかならないからである。

つまり，おのれの単科的な知識を愛するがゆえに，その知識が他の単科的な知識とどういう連関にあるかということを調べるフィロソフィを，すなわち愛知の構えを放擲(ほうてき)すること，それが現代の大学がやっていることであり，それが同時に産業社会からの要求ともなっているのである。

1　多様な価値観

2　さまざまな単科的専門知

3　現代人の英知

4　認識的根拠

5　多種多様な機能

実戦問題●解説

1 ドイツに敗れフランスが崩壊した理由の中で特に強調したことの二つ目が空欄となっている。あとに続くモーロワの引用から考えるとよい。

大意は<**アンドレ・モーロワがドイツに敗れフランスが崩壊した理由から論じたことは二つある。一つめは，「道徳心」や「精神価値」は重視すべきだということ。二つ目は外国の影響から世論を守ることが大切だ**>というものである。

出典は，中西輝政「『美醜の感覚』を失うべからず」

ドイツに敗れフランスが崩壊した理由から考えたこと
　1．「道徳心」や「精神価値」の重視が欠けていた
　2．［　　　　　］の大切さ
　　自らの思想を擁護するのは間違っていない
　　「思想のゆえに外国から金をもらうのは犯罪」

モーロワの引用より，思想を守るために外国からお金をもらうのはいけないという内容であることがわかる。「思想」「外国」という語句のある選択肢を選ぶことになるので，**5**の「外国の影響から世論を守ること」が世論を思想の言い換えと考えると正答となる。**1**の経済力，**2**の武力，**3**の連帯感，**4**の条約は「その思想のゆえに外国から金をもらうのは犯罪」という引用から外れている。

正答 5

2 第1段落に「歴史を通じて大勢（おおよその形勢，世の成り行き）でみれば」とあり，第2段落以下で日本の農家について歴史的，地形的に説明しているので，空欄には，日本の農民の特徴をまとめたものが入る。

大意は<**日本での農民とは，歴史を通じて，自然地形に合わせて，水田稲作に限らず，畑や狩猟，漁労など多角経営をしている**>というものである。

出典は，神崎宣武『江戸の旅文化』

日本での農民とは，歴史を通じて大勢でみれば［　空欄　］
ふりかえってみれば，日本の農業は，もともと兼業の経営形態を中心
日本の農業は水田稲作にかぎったものではない
専業にかぎったものではない
いうなれば「多角経営」

「小規模多角経営」
➡自然地形から見て，当然のこと

1 × 水田や畑を所有していることについては，第3段落に述べられているが，歴史を通して農民について表現するならば，出稼ぎや副業もする「多角経営」である点に触れる必要がある。

2 × 稲作の合間に畑や狩猟，漁労をするとはあるが，「商人」であるという記述はない。

3 × 畑作を中心としているのではなく，畑作などの副業も行っているのである。

4 × 「農村集落のほとんどは，産地や丘陵を背景に立地している」とあるが，日本の農民の特徴は農業以外の副業をしているという点にある。

5 ◎ 正しい。「兼業」「専業にかぎったものではない」「多角経営」などから，「農業専従者」といえないことがわかる。

正答 5

3 空欄は逆接の「しかし」のあとに続く文にあり，前段落の内容と逆になるような語句が入ることになる。

大意は＜**社会という実体が人間とは離れて存在するかのように考えられることがよくあるが，人間以外に社会の実体をなすものはないことを忘れてはならない**＞というものである。

「社会の中で生きている」…
↑
あたかも「社会」という実体が人間とは別に存在するかのように
「子どもが変わったのは社会が変わったから」…
↑
社会の仕組みだとか…個々の人間を思い浮かべてはいない
↕ しかし
社会という実体が，［　　　　］
人間そのもの，人間以外に社会の実体をなすものはない
組織や制度も作り物
↓ だから
制度や法律など不要と思ったらなくせる

1 × 空欄の後に「社会が実体として存在するとしたら，それは生きて生活している人間そのもの」だと明言しているので，人間とは別の実体として「人間の生活に影響を与えている」とはいえない。

2 ◎ 正しい。「しかし」に続く文であるので，前文の「個々の人間を思い浮かべてはいない」と反対になる内容となっている。

3 × 前半の「実体としての社会があることをとりわけ不思議とも」思わず，「個々の人間を思い浮かべ」ることがないという考えを否定した文章であるが，前半部分の説明には一応の論理性が認められるから，空欄に説明の論理性についての表現を入れるのは不適切である。

4 × 次の文で，「ここにこういう社会があるとか，あそこにああいう社会があるといって指し示してみせられる社会などはない」とあり，そういう社会が「勝手にひとり歩き」するとはいえないので誤り。

5 × 変化の速さについて，本文はまったく触れていないので，社会の実体の説明として速さを持ち出すのは誤りである。

正答 2

4 日本語と外国語という対比から，空欄AとBの対比がわかれば解答を導き出すことができる。

大意は＜**日本語は表意記号であり，書いて覚えると教えられているため，英語学習に際しても書くことが重視され，話すことは不得意となってしまう**＞というものである。

出典は，鹿島茂『セーラー服とエッフェル塔』

フランス人の同僚による日本学生の能力についての感想
綴りは正確　ところが，　口頭発表は能力低い
↑
仮説１　読み書き重視の外国語教育法
仮説２　表意記号である日本語
↑
書いて覚える　→ 外国語も書くこと重視
仮説１は仮説２より説明できる
つまり
言語の本質から，［ A ］な学習は得意，いささかも［ B ］ではない
外国語学習も［ A ］になってしまう

外国語学習に関して，AとBは対比された語句が入ることになる。

A：日本語の特徴から得意な学習方法が入る。日本語は「書いて」覚えるのであるから，**3**の「視覚的」が入る。**4**「思索」は筋道を立てて考えをめぐらすことの意。

B：反対に，不得意な学習法は発音，口頭発表なので，「聴覚的」が入る。

正答 3

5 空欄は冒頭の部分にあり，筆者の主張を抽象的に述べたキーセンテンスである。言い換えの文があとに続くのでそれらをヒントにするとよい。

大意は**＜知性に他のものの制約を受けない，完全な自由であるという自主性を与えたことはギリシャ文化の特徴である＞**というものである。

> ギリシャ文化にはもう一つの特徴
> それは［　　　］ ほとんど日本にははいっていない
> 知性に，他のものの制約を受けない…自主性を与えたのは…
> インドでも中国でも知性の自主性はない
> 知性は理性と同一ではなく，理想を含んだものと気づいたのもギリシャ文化が初めて

1 ◎ 正しい。「知性に，他のものの制約を受けないで完全に自由であるという自主性を与えたのはギリシャだけ」から判断できる。

2 × 「知性は理性と同一ではな」いし，「知性に……自主性を与えたのはギリシャだけだ」としているので，ギリシャ文化の特徴を「理性の自主性」と記述するのは誤り。

3 × 「情操」は美しいものや崇高なものに感動する豊かな心のことだが，それはそれぞれの「文化の基調」になっているもので，「わかっていない」からといって「ほとんど日本にははいっていない」とはいえない。

4 × 空欄に「理性」を入れると，日本にはほとんど「理性」がはいっていないという主張になり，日本人には論理的に考え，物事を判断することができないことになるが，本文中の内容だけではそこまで断定することはできない。

5 × 最後のほうに，「はっきりと理想に気づいたのもギリシャ文化が初め

て」と述べているが，空欄のあとに「これはまだほとんど日本にははいっていない」とあるので，「理想」を入れると，日本に「理想」がはいっていないことになるので，誤り。

正答 1

6 前半は，シンプルという言葉がよく使われていることを述べており，後半でシンプルは複雑に対比し，その対比がなければシンプルという概念はないという構成になっている。そのうえで，Bは，プリミティブとはどのような状態かわかれば解答を導き出せる。

大意は＜**シンプルという言葉はよく使われているが，その概念は，150年ほど前に生まれたのではないだろうか。シンプルという言葉の概念は，相対する複雑さの存在が前提で，石器のような単純なものは，複雑なものが作り得ない状況で作られたものなので，プリミティブとなるのである**＞というものである。

出典は，原研哉『日本のデザイン—美意識がつくる未来』

シンプル　よく使われる。すっきりしていて潔い，簡潔の意味
　例　シンプルライフ，シンプル・イズ・ベスト→ [A] 化
シンプルの概念はいつ生まれたのか？
　→150年前？
ものづくりがまだ複雑でない頃の物はシンプル？
　例　石器時代の人々はシンプルとは考えていない
　　シンプル ↔ 複雑
　　簡素さを志向してない [B] 状況での単純さ
　　→プリミティブ
　シンプル ↔ 複雑さ，冗長さ，過剰さ
　　└→長い人類史のずっと後

A：「シンプルライフとかシンプル・イズ・ベスト」という言葉がどのような状況なのかを表す言葉が入る。冒頭の「シンプルという言葉がよく使われる」から，Aには「日常」が入る。

B：空欄Bは石器時代の状況を表す内容が入る。直前の文章に「簡潔さやミニマルを志向してその形をつくっていたわけではない」とあることから，**3**の「簡素さを志向した」とはならないので選択肢**1**，**2**，**4**，**5**が

残る。「志向しない」を入れると，複雑にできるのにあえて「志向しない」ことになり，旧石器時代のプリミティブな状況には合わないので，「作り得ない」が入る。

以上より，選択肢**5**が正答となる。

正答 5

7 Aは「不安」「不満」「欲望」から選ぶ。マイナスなイメージの語句ばかりだということにも注意しよう。Bは「固有」「必要」のどちらかを選ぶ。空欄Bではあとにある「つまり」に気がつくかがポイント。

大意は＜「わたしってだれ？」という問いはだれもが感じるものだが，この問い自体に，問う者じしんを不安にさせる危険が潜んでいる。この＜わたし＞への問いは，じぶんのなかを探り出し，わたしに固有なものは何かと問うものなのだ＞というものである。

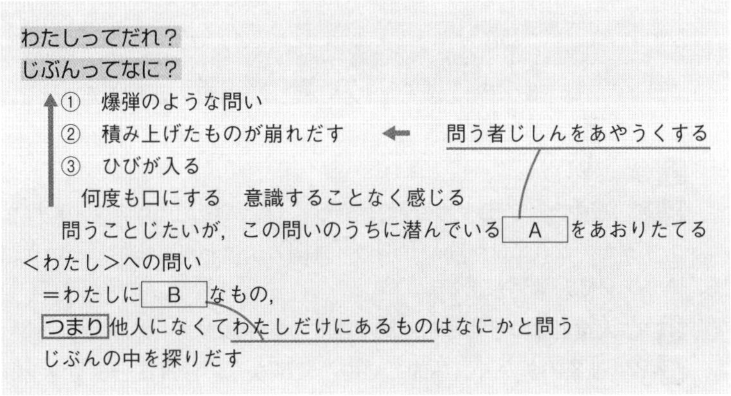

わたしってだれ？
じぶんってなに？
① 爆弾のような問い
② 積み上げたものが崩れだす ← 問う者じしんをあやうくする
③ ひびが入る
何度も口にする 意識することなく感じる
問うことじたいが，この問いのうちに潜んでいる［A］をあおりたてる
＜わたし＞への問い
＝わたしに［B］なもの，
［つまり］他人になくてわたしだけにあるものはなにかと問う
じぶんの中を探りだす

A：前半部分で「わたしってだれ？」という問いがあやういものだと述べられており，空欄後の「あおりたてる」につながる語句として「不安」が入るとわかる。ここで選択肢は**1**か**2**となる。

B：空欄Bのあとの「つまり他人になくてわたしにだけあるようなもの」から「固有」が入るとわかる。

したがって，正答は**1**となる。

正答 1

8 日本人の特徴を他国の人に話す際，真似できないだろうというのも，人間はすべて同じだからと独自性を述べないというのも両方とも極端でよくないとし，筆者がその中庸になるようにどのようにふるまえばいいのか提案している内容が空欄に入る。

大意は＜**日本について話す際に，日本の素晴らしさを挙げ，あなた方には真似できないと言ってしまっては相手はどうしようもない。また，国際人だからみな同じであるとして独自性を示さないのも極端に過ぎる。日本人の特徴を述べても，それはどこかで人間の普遍的なものにつながるように話さなければならない**＞というもの。

出典は，河合隼雄『こころの処方箋』

日本についての講演
1. 日本の素晴らしさ ➡ 外国人にはわかるまい
　　↑ 聞いている方としてはどうしようもない
2. 国際的な人間だから，人間は同じ→独自性を示さない
　　↑ 1も2も極端
個人のレベルでも同じ

日本の特徴を述べても，どこかで人間全体の普遍的なものにつながるように話さなければならない

1 ◎ 正しい。

2 × 島国であるという地理的独自性についての記述は本文中にはない。また，これでは，極端な例の「外国人にはわかるまい」という態度と同じになってしまう。

3 × 人類全体の平和と幸福についての記述は本文中にはない。

4 × 「抽象的」か「具体的」なのかではなく，独自性を示しつつ相手にも理解できるように話すことが大切というのが筆者の意見である。

5 × 筆者自身が日本人のことは理解されないということを前提にしているような記述は本文中にはない。「世界の日本に対する関心が高まる」とあることから，外国人は日本を理解しようとしていると筆者は考えているので，選択肢のような前提は不適切。

正答 1

9 空欄前後で従来の大学の教養学部のあり方が述べられている点に注意する。

大意は<産学協同がおのれの単科的な知識を愛するがゆえに，その知識が他の単科的な知識とどうかかわるのか考えることを放棄させている>というものである。

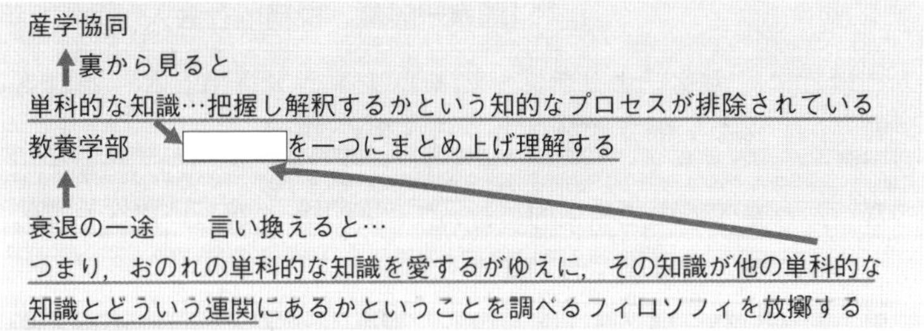

産学協同
↑裏から見ると
単科的な知識…把握し解釈するかという知的なプロセスが排除されている
教養学部　［　　　］をーつにまとめ上げ理解する
↑
衰退の一途　　言い換えると…
つまり，おのれの単科的な知識を愛するがゆえに，その知識が他の単科的な知識とどういう連関にあるかということを調べるフィロソフィを放擲する

空欄後の2つの段落では，「言い換えると」「つまり」があるように空欄のある段落の言い換えをしているので，その部分にヒントがある。**1**，**3**～**5**の語句についての記述は本文中にないが，「おのれの単科的な知識を愛するがゆえに，その知識が他の単科的な知識とどういう連関にあるかということを調べるフィロソフィを，すなわち愛知の構えを放擲（放っておくこと）」していると述べられていることから，従来の大学が単科的専門知をまとめようとしていたのに対して，現在の大学はそれをしようとしないのであるから，**2**の「さまざまな単科的専門知」が当てはまる。

正答 2

テーマ4 現代文―文章整序

重要問題

次の□と□の文の間にA～Eを並べ替えて続けると意味の通った文章になるが，その順序として最も妥当なのはどれか。

【国家一般職／税務／社会人・令和2年度】

> 最近は，オリジナリティーのあるアイデアを出せと言われることが，どんな業種でも多くなっているようです。

A　これを頭の中で積極的に行って，解決策や新しい提案を探っていくのが，この段階で有効な「考えるプロセス」です。

B　しかし人と違うことを言ったり考えたりするには，人とは違う情報が入ってこないと，なかなかできないものです。でも，それは実際問題として簡単ではありません。

C　しかし，これもなかなか難しい場合も多いと思います。会社の企画会議や戦略会議でも，「人と違う角度からものを見て，斬新な企画を出すべきだ」という言葉が飛び交っているかもしれませんが，言うは易しで，それが簡単にできれば苦労はしません。

D　ならば，入ってくる情報が同じでも，視点を人と違わせてみるというのが，まず考えられる対応策です。人が真正面からしか見ていなかったとすると，それを後ろにまわって見てみると違った見え方になったり，外側からしか見ていなかったら中をのぞいてみたり，ということです。

E　実は，目線や視点を変えるための有効な方法が，違う情報をくっつけたり，思いがけない組み合わせを考えることなのです。多くの人がくっつけようとは思ってもみないものを組み合わせてみたり，最終的には組み合わさらなくても，組み合わさらないかと思うことで，自然に視点が変えられるようになります。

> つまり，自分の中で印象に残っている，つまり思考の骨組みになった情報を，かたまり同士，あるいはかたまりと新しい情報を積極的に結びつけて，解決策を導き出すプロセスです。

1 B→D→C→E→A
2 B→E→C→A→D
3 C→D→B→A→E
4 E→A→C→D→B
5 E→C→D→B→A

解説

オリジナリティーのあるアイデアを出すためには「情報」ではなく,「視点」を違わせるという流れに気がつくかがポイントである。繰り返されるキーワードと「これ」「しかし」「ならば」「まず」「実は」に注目することが大切である。

Step 1 問題形式の確認

本問は最初と最後に囲みがあるので,導入と結論が確定しており,話の流れがつかみやすい問題である。

Step 2 文章を読み,内容を把握する

出典は,柳川範之『東大教授が教える知的に考える習慣』

まずは,順序がバラバラのままの文章を読んでみる。「違う情報」「違う視点」「プロセス」などのキーワードから,「オリジナリティーのあるアイデアを出すために,人とは違った『情報』や『視点』という面から考えるプロセスを探る」という内容であると予想できる。

Step 3 接続詞や指示語などをチェックする

A「これ」,B「しかし」,C「しかし」「これも」,D「ならば」「まず」,E「実は」,最後の囲みの「つまり」から,文章のつながりを見つけ,小さなグループに分けていくとよい。

Step 4　内容面からグループを作り，つなげていく

冒頭の囲み：オリジナリティーのあるアイデアを出せ
A：これを頭の中で積極的に行っていく「考えるプロセス」

B：しかし，人とは違う情報が入ってこないとなかなかできない

C：しかし，これも難しい。人と違う角度からものを見て，企画を出すのは簡単ではない

D：ならば，入ってくる情報が同じでも視点を人と違わせてみるというのが，まず考えられる。

E：実は，目線や視点を変えるための有効な方法が，違う情報をくっつけたり…自然に視点が変えられるようになる
最後の囲み：つまり，…解決策を導き出すプロセス

　キーワードや接続詞などによって小さなグループに分け，選択肢をヒントにそれらをつなげていく。

（グループ分け）
B，D，E：情報
C，D，E：違う角度，視点
A，最後の囲み：プロセス
（並べ替え）
冒頭の囲み→B：Bの「しかし」は冒頭の囲みの「オリジナリティーのあるアイデアを出せ」に対して，簡単ではないと反論している。
B→D：Bの「違う情報が入ってこないとできない。でも簡単ではない」からDの「ならば」，「入ってくる情報が同じでも，視点を人と違わせてみるというのが，まず考えられる」と展開する。
D→C→E：Dの違った視点で見るという策に対して，Cの「しかし」で「これも」難しいと反論している。Eでは，D→Cの「違った視点」を持つことは，「実は」有効な方法があると新たな解決策を提案している。
E→A：Aの「これ」はEで述べた解決策を指す。
A→最後の囲み：最後の囲みの「つまり」はAの「考えるプロセス」の言い換えとなる。

Step 5 選択肢と照合する

小さなグループができたり，確実につながる組み合わせがわかったりした時点で選択肢を絞り，その順で正しいかどうか読んでみる。

Step 6 選んだ選択肢の順で読んでみる

囲み→B→D→C→E→A→囲みの選択肢**1**の流れは適切かどうか読んで確認をしてみる。

正答 1

文章整序は，指示語や接続詞，繰り返されるキーワードから大まかな文章の流れがつかめると並べ替えやすい。

要点のまとめ

重要ポイント 1 文章整序問題の解き方

Step 1　問題形式を確認する

まずは，設問を読んで問題形式を確認する。

Step 2　文章を読み，内容を把握する

順序がバラバラのままで文章をざっと読み，内容を把握し，内容面から順序を判断するためのヒントを得る。

Step 3　接続詞や指示語をチェックする

接続詞や指示語により，文章の前後関係が特定できるので，接続詞や指示語に線を引く。接続詞であれば，どの部分とどの部分を結んでいるのか，あるいはそれらがどういう関係となり文章を構成しているのかを読み取り，指示語であれば，どの部分のことを指しているのかを把握する。

Step 4　並べ替えできるものから並べ替える

接続詞や指示語あるいは内容から順序がわかるものを並べ替える。小さなグループをいくつか作って，それから全体をまとめていくとよい。

Step 5　選択肢と照合する

自分の順序と一致する選択肢を探す。一部の順序しかわからない場合には，その順序を含む選択肢を選ぶ。順序の見当がつかないときは，逆に選択肢を利用し考えることもできる。なお，自分の順序と同じ選択肢がない場合には，自分の順序は間違いなので考え直す。

Step 6　選んだ選択肢の順序で読み返す

選んだ選択肢の順序で読み返し，矛盾点や違和感がないか確認する。

重要ポイント 2 指示語

ここでは，文章整序に必要な指示語について整理する。なお，接続詞については，テーマ3の要点のまとめ（P.73）を参照。

指示代名詞	これ（ら），それ（ら），あれ（ら），ここ，そこ，あそこ
連体詞	この，その，あの，かかる
副詞	こう，そう，ああ
形容動詞	こんな，そんな，あんな
複合語	このような（に），あのような（に），そのような（に）

実戦問題

1 **次の短文A～Fの配列順序として，最も妥当なのはどれか。**

【特別区・平成17年度】

A　聖徳太子は同時に七人の言い分を聞き分けることができたとか，ナポレオンは同時に七つのことができたといわれているが，それが事実かどうかは今となっては調べるすべはない。

B　そして選択されたものに対して一生懸命になるというのが集中するということなのである。

C　しばらくの間は両方ともできるが，間もなく時計の音を聞くために本を読むのをやめてしまうか，読書に夢中になってしまい，時計のことなど気にかけなくなってしまうかのどちらかであろう。

D　かたわらの机の上に時計を置き，その音に耳をすませながら本を読んでみよう。

E　このように，注意というのは意識が知覚されるものの中から，ある一つのものを選択し，他のものを抑制する働きである。

F　しかし，こんな簡単なテストはできるだろう。

1　A－D－C－F－B－E
2　A－D－F－E－B－C
3　A－E－F－D－C－B
4　A－F－C－D－E－B
5　A－F－D－C－E－B

2 **次の短文A～Eの配列順序として，最も妥当なのはどれか。**

【特別区・平成19年度】

A　遺伝子資源を守り，より良い環境を積極的に再生することは，人間の命の共生者であり，生態系の主役である生きた緑をどう回復，創造するかにかかっている。

B　せいぜい今の環境状況を維持するのがやっとといったところであろう。

C　環境問題に関して，現在，日常生活の中で省エネ，ゴミ処理などいろいろ対策が考えられ，実施されている。

D　この最も基本的で重要なことを，実は市民のみなさんは本能的に理解していると思われる。

E　しかしどんなに努力しても，電気や車の使用をすべてやめたり，ゴミをゼロにすることはできない。

1　A－B－E－D－C
2　A－C－D－E－B
3　A－D－B－C－E
4　C－B－A－E－D
5　C－E－B－A－D

3　**次の［　　　］の文の後に，A～Fを並べ替えて続けると意味の通った文章になるが，その順序として最も妥当なのはどれか。【国家Ⅲ種・平成14年度】**

人々の欲望は様々だから，背反する欲望があることは仕方がない。

A　道徳や倫理や法律というのは，実は欲望を調停するための道具なのである。
B　欲望を解放するためには，人殺しをしてもかまわないという世の中は，ごく一部の人にとっては善い世の中かも知れないが，大多数の人々にとっては余り住みよい世の中ではないだろう。
C　そこで，様々な欲望の間の調停をしなければならなくなる。それは，この世の中に，社会というものが存在する理由でもある。
D　すると道徳や倫理を守ることこそが，社会や人生の目的になってしまう。これはやっぱり，おかしなことだと私は思う。
E　それをそのまま放っておいたら，人々は自分の欲望を解放するために手段を選ばなくなる恐れがある。
F　ところが，人間のよくある思考法のくせとして，目的と道具をひっくり返してしまうことが，しばしば起こる。

1　B→C→E→D→A→F
2　B→E→F→D→C→A
3　C→D→F→A→E→B
4　C→F→D→B→E→A
5　E→B→C→A→F→D

4 次の［　　］と［　　］の文の間に，A～Eを並べ替えて続けると意味の通った文章になるが，その順序として最も妥当なのはどれか。

【国家一般職／税務・平成28年度】

多くの植物は，春か秋に，花を咲かせる。

A　だから，夏の暑さ，冬の寒さがくる前の季節，春と秋に，花を咲かせる植物が多いのだ。春か秋に花を咲かせば，夏の暑さ，冬の寒さがくるまでに種子をつくることができる。ということは，植物は，夏の暑さ，冬の寒さの訪れを，春や秋に，前もって知らねばならない。

B　「なぜ，春と秋に，花を咲かせる植物が多いのか」と考えてほしい。この疑問に対し，「春と秋は，暑くもなく寒くもなく，過ごしやすい気温だから，植物が花を咲かすのにいい季節なのだろう」と，思う人がいるかも知れない。

C　暑さに弱い植物は，種子となって夏を過ごす。寒さに弱い植物は，種子となって冬を過ごす。種子は，植物の姿では耐えられないような暑さ，寒さをしのいで，生きられるからである。しかし，種子をつくるためには，月日がかかる。

D　魚の回遊や鳥の渡りなどは，その代表例である。しかし，植物は，夏の暑さ，冬の寒さを逃れて移動しない。

E　しかし，植物たちが花を咲かせるのは，そんなに気楽なものではない。動物は，夏の暑さ，冬の寒さを逃れて移動する。

そのために，葉っぱが時を刻んで，夜の長さをはかるのだ。夜の長さをはかれば，暑さ，寒さの訪れが前もってわかるのだ。

1　B→C→A→E→D
2　B→E→D→C→A
3　C→A→B→E→D
4　C→B→A→E→D
5　C→E→B→D→A

5 **次の［　　　］の文の後に，A～Eを並べ替えてつなげると意味の通った文章となるが，その順序として最も妥当なのはどれか。**

【国家Ⅲ種・平成19年度】

> 目の前にボールや虫が突然迫ってくるようなとき，顔をそらしたり，目をつぶったり，とっさに防御の行動をとる。

A　このように，動きに対する反応は，単純ですばやいという特性をもつ。見ることの中でも，動きへの反応は，より原始的なもののようである。

B　細かい情報を処理できる錐体細胞は眼の中心部分にあるため，眼の中心に合わせて見るのである。

C　それこそゆっくり見ていたら，ボールを避けることができずにぶつかり，大けがをすることになる。

D　危険を察知して自分を守るこうした反応をするとき，ゆっくり見て考えることはない。とにかくすばやく動くことが，危険の回避には重要だからだ。

E　一方で，モノの形などを見るときは通常，ゆっくりじっくり，見る対象をしっかりと眼の中心に合わせて見ている。絵を鑑賞したり，本を読んだり，対象をしっかりと観察するような場合だ。

1　A→C→B→E→D
2　A→C→E→D→B
3　C→D→B→E→A
4　D→C→A→E→B
5　D→C→E→B→A

6 **次の［　　　］の文の後に，A～Eを並べ替えて続けると意味の通った文章になるが，その順序として最も妥当なのはどれか。**

【国家一般職／税務／社会人・平成29年度】

> 鳥が，餌となる動物を発見してそこに向かって飛んでいく行動（生命情報による行動）と，人間が「ご飯」と書かれた看板を見て定食屋に入っていく行動（社会情報による行動）は，何が違うのでしょうか。

A　そのように解釈すると，鳥と人間の行動に大きな違いはないでしょう。

B　しかしこの鳥の行動は，鳥が記号（光や音のパターン）の指し示す意味を理解したうえで行動しているというよりはむしろ，光や音の物質的なパターンに対する感覚・運動器官および神経の半自動的な反射として，生存的に価値ある行動が駆動されていると考えたほうが適切であるように思います。

C　一方，人間は，「ご飯」という看板を見たとき，同じくらいお腹がすいていたとしても，あるときは「家で食べるから定食屋に入らない」という行動をとることができますし，あるときは「家にはご飯がないので定食屋に入る」という行動をとることができます。

D　鳥が生命情報に反応している様子を外から観察すると，その光や音のパターンを何らかの意味（餌や敵）を指し示す記号として理解し，その理解に基づいて行動を決定しているように見えるかもしれません。

E　つまり，「生命情報」とは，その物質的なパターンおよびそれによる半自動的な反応によって受け手の行動が駆動されるものであり，同じ状況であれば同じ行動を引き起こす情報であるといえます。

1　D→A→B→E→C
2　D→B→C→E→A
3　D→C→B→A→E
4　E→C→A→B→D
5　E→D→C→B→A

7　**次の□と□の文の間に，A～Eを並べ替えてつなげると意味の通った文章になるが，その順序として最も妥当なのはどれか。**

【中途採用者・平成22年度】

> 緑の木々は，気候の急変を和らげ，防風，貯水などの環境保持の役目を果している。

A　空気は極度に乾燥し，車の中を突きぬける熱風に皮膚はガサガサに荒れ，水分を失った顔がひきつってくる。

B　車を進めると，突如行手に濃緑の小山が見えた。山と見えたのは，森だった。砂漠の中で蜃気楼（しんきろう）を見たような錯覚に捉われながら，乾ききった心にうるおいがもどり，ほっとした安堵感がよみがえってきた。

C　このサバンナを遊牧しているボロロ族に会った。長身で目鼻立ちのくっきりしたいい顔をしている。だが，こんがり焼けた顔はどこか嶮（けわ）しく，つき刺すような目つきにたじろがされた。

D　アフリカのカメルーン北部を旅していた時のこと。ハルマタンと呼ばれるサハラ砂漠からの熱風が天地を覆い，乾期のサバンナを黄褐色に染めあげていた。

E　しかし，人々が緑を求めるのは，そうしたこととは別に，心の内奥からこみあげるものからなのである。ちょうど砂漠を旅する人がオアシスを求めるように。これについて私のささやかな体験を書いてみよう。

> マロアの町は，こんもりした緑に包まれている。これほど見事な街路樹を見たことがない。二かかえ，三かかえもあるセンダンの大木が片側におのおの二列ずつ植えられ，広い車道も両側からの茂みにすっぽり覆われている。強い太陽の日射しを遮った緑のアーケードの中を，人々はゆったりと歩いて行く。頭に大きな荷物をのせて，おしゃべりをしながら行く女たちの顔は輝き，肌はしっとりとした潤いを帯び，のんびりした顔つきには心の余裕が感じられる。緑に包まれて暮らしていると，人は顔つきまでおだやかになるものなのだ。

1　D→C→A→B→E
2　D→E→C→B→A
3　E→B→A→D→C
4　E→C→A→B→D
5　E→D→A→C→B

8　**［　　　］の文章を先頭に置き，その後に続くA～Cの文章を並べかえて意味の通る文章にしたとき，その順番として最も妥当なのはどれか。**

【警視庁・平成24年度】

> 自分で動く物に「心」に感ずるということの例を，筆者自身が印象的に感じたささやかな体験から示そう。筆者は，そのエピソードを「リヴァプールの空きカン」事件とよんでいる。
> イギリスの港町リヴァプールは，今なお根強いファンの多い「ザ・ビートルズ」の出身地として知られる。同じイギリスでも，オックスフォードやケンブリッジのような静かなたたずまいの大学町とはちがい，工業都市リヴァプールは，活気は感じられるものの，道端にゴミが散らかる雑然とした雰囲気の町である。

A　リヴァプールの空きカンのように，坂道を登り，四つ辻で右折するという動きには，無生物よりも生物の動きを感じてしまう。こんな例でなくても，風のために思わぬできごとが生じた時には「風のいたずら」などと表現する。風も空きカンも無生物なのに，そこに意図を持った生き物の行動に似たものを感ずるのである。

B　すると，背中の方から強い風が空きカンを追い立てるように吹きあげ，そのために空きカンは後からついてくるようにカランコロンと音を立てて坂を登ってくるのである。筆者が坂を登りきったところで道を右に曲がると，何と空きカンも右折し，なおもついてきたのである。もちろん，風の進路が変わっただけのことであるのだが，坂を転がり落ちるのではなく登ってきたり，直進だけでなく右折もする空きカンの動きは，それが何か生き物であるかのような錯覚をおこさせた。

C　イングランド地方の四月は，春とは名のみの冷たく強い風が吹く。一九九四年のエイプリル・フールの早朝，筆者は泊まっていたホテルを出て，英国国教会派の大聖堂を見に行くためになだらかな坂道を登っていた。

1　A－C－B
2　B－A－C
3　B－C－A
4　C－A－B
5　C－B－A

9　**次の短文A～Fの配列順序として，最も妥当なのはどれか。**

【特別区・平成28年度】

A　私たちがまねにくいヨーロッパのマナーの一つは，他人が部屋にはいってきたとき，さっと椅子から立ち上がる作法である。

B　これが当然の作法である。

C　他人，つまりうやまうべき人が立っている，つらい姿勢をとっているのに，こちらがのうのうと坐（すわ）っているのはいけない，というわけで，立ち上がって姿勢を正す。

D　私たちの感覚からすると，こちらは椅子に坐っている。

E　だからそのままでよいということになるのだが，ヨーロッパ人には，坐るとは安楽のことなのである。

F　つまりすでに「低姿勢」なのである。

1　A－B－C－F－D－E
2　A－C－D－F－B－E
3　A－C－E－D－B－F
4　A－D－E－B－C－F
5　A－D－F－E－C－B

実戦問題●解説

1 Eの「このように」が前の部分をまとめる語であり，Fの「しかし」が逆接だとわかると正答が導き出される。

出典は，山下富美代『集中力』

A，C，D：同時に複数のことをするという内容

B，E：一つのものを選択するという内容

A→F：一番最初にくるのは選択肢よりA。Aの「……調べるすべはない」をFの「しかし」で受けてA→F。ここで選択肢は**4**，**5**に絞られる。

F→D→C：Fの「簡単なテスト」を受け，同時に二つのことをするテストの方法をDで示し，Cで結果を述べている。

F→D→C→E：Eの「このように」はテスト結果をまとめて，コメントを加える内容になっている。

E→B：一つのものを選択し，それに「集中する」という話の流れになっている。

以上より，聖徳太子，ナポレオンの例から，同時に複数のことをする簡単なテストに行き，その結果，一つに集中してしまうという流れがわかり，A→F→D→C→E→Bの**5**が正答となる。

正答 5

2 Dの「この」が何を指しているか，Eの「しかし」は何と逆接になっているかがわかれば答えは導き出せる。

C→E：Cの「対策が考えられ，実施されている」にE「しかし……すべてやめたり，ゴミをゼロにすることはできない」が続く。ここで，正答は**3**か**5**だとわかる。

E→B：Eの内容を受けて，Bで「せいぜい今の環境状況を維持するのがやっと」と続くので，C→E→B。ここで正答は選択肢**5**だとわかる。

A→D：Dの「この」はAの内容を受けている。

環境対策は実施されているが，なかなかできない。環境が大切なのはわかっているという流れだと考えるとC→E→B→A→Dの**5**が正答となる。

正答 5

3 接続詞や指示語をヒントにする。また，「道具」「目的」というキーワードでまとめられるグループを見つけ出せれば正答は導き出せる。

A→F→D：「道具」と「目的」でまとめたグループである。Aの道徳や倫理や法律が実は「道具」であるという内容と，Fの「目的と道具をひっくり返してしまう」は「ところが」でつながり，Dの道徳や倫理を守ることが「目的」になると話が展開していくので，A→F→Dとつながる。

囲み→E：Eの「それ」は，**囲み**の「背反する欲望がある」を指している。

E→B：Eの「欲望を解放するために」から，解放する方法についてBで具体的に述べている。

B→C：Cの「そこで」は，Bの人殺しをしてもかまわないような世の中になってしまうという内容を受け，Cの社会が存在する理由へと発展していく。

C→A：「調停」するために社会があり，道徳や倫理や法律はその「調停」の道具だと続く。

したがって，E→B→CからA→F→Dのグループへ話が進められていくことがわかる。E→B→C→A→F→Dの**5**が正答となる。

正答 5

4 本文を概観し，「植物」が「花を咲かせる」のが，「春か秋」なのか「夏」「冬」なのかを論じた文章だと気がつくかがポイント。「だから」「しかし」などの接続詞にも注目したい。

A「だから」，E「しかし」，D「その代表例」，最後の囲みの「そのために」から，文章のつながりを見つけるとよい。つながりが見つけられたものから小さなグループに分け，選択肢をヒントに並べる。

（グループ分け）

冒頭の囲み，B：春と秋に花を咲かせる

D，E：動物は移動できる，植物は移動できない

A，C：植物は夏と冬に弱い，夏と冬は種子で過ごす

（並べ替え）

冒頭の囲み→B：選択肢をヒントにすると最初に来るのはBかCになる。囲

みの「春か秋に，花を咲かせる」から展開してBの「『なぜ，春と秋に，花を咲かせる植物が多いのか』と考えてほしい」と問題提起をしている。

B→E→D：Bの「植物が花を咲かすのにいい季節なのだろう」に対しE「しかし」「そんなに気楽なものではない」と否定している。また，Eは動物は移動し，Dで「その代表例」が魚や鳥だと述べている。そして植物は移動しないと話が続く。ここで選択肢**2**が正しいとわかる。

C→A：Cで厳しい夏や冬は種子で過ごすとあり，A「だから」春と秋に花を咲かせることになる。

A→最後の囲み：A「前もって知らねばならない」ために，囲み「そのために，葉っぱが時を刻んで，夜の長さをはかる」と話が結ばれる。

正答 2

5 すばやい反応に関する内容である囲み→D→C→Aと，ゆっくり眼の中心に合わせて見るという内容E→Bを分けることで，選択肢が**4**に絞られる。

出典は，山口真美『視覚世界の謎に迫る』（講談社ブルーバックス）

囲み→D→C→A：**囲み**のボールや虫が迫ってくるのは，Dの「危険」につながる。また，Cの「ボールを避けることができずに」は**囲み**とDの内容を展開させている。そして，Aの「このように」は前の文章のまとめをする語で，「動きに対する反応」として**囲み**→D→Cをまとめているので，囲み→D→C→A。ここで選択肢**4**が正答とわかる。

A→E：Aでまとめられた「動きに対する反応」を「一方で」で受けて，眼の中心で「対象をしっかりと観察するような場合」と対比させている。

E→B：「眼の中心に合わせて」という語句でつながる。

正答 4

6 冒頭の囲みで，鳥と人間の行動の違いを「生命情報による行動」，「社会情報による行動」とし，その違いを説明する構成になっている。鳥と人間の記述をグループ分けできれば正答は導き出せる。

大意は**＜鳥と人間の行動は一見同じように見えるが，鳥は半自動的な反射として「生命情報による行動」をとり，一方，人間は行動をとるか否かの選択をする「社会情報による行動」をとるという違いがある＞**というもの。

出典は，渡邊淳司『情報を生み出す触覚の知性：情報社会をいきるための感覚のリテラシー』

B，D，E：鳥について

C：人間について

A：鳥と人間について

冒頭の囲み→D：選択肢を参考にすると，DかEが最初にくる。冒頭では，鳥と人間の違いは何かと問題提起しており，それに続いて，Dでは鳥か生命情報に反応している様子を述べていると考えられる。Eは「つまり」から始まっているが，冒頭の問題提起を言い換えた内容にはなっていないので，不適切となる。

D→A→B：Aの「そのように」に着目するとDの「理解に基づいて行動を決定しているように見えるかもしれません」を指し，それをBの「しかし」で否定し，鳥の行動は「理解したうえで行動している」のではなく，半自動的な反射であると展開すると考えられる。

よって，D→A→B→E→Cの**1**が正答となる。

B→E：B「半自動的な反射」をEの「つまり」以降で言い換え，「半自動的な反応」を説明している。

E→C：Eでは「鳥が同じ状況であれば同じ行動をとる」ことを述べ，Cではそれに対比し，「一方」人間については「あるときは」とあるように，その時々で行動を変えることができるとしている。

正答 1

7 まずは，順序がバラバラのままの文章をざっと読んでみる。「顔」つきの対比，サバンナの暑さと緑のおだやかさの対比がされているとわかる。Cに「この」，Eに「しかし」「そうしたこと」があるので，これらから，文章のつながりを見つけるとよい。

出典は，河合雅雄『子どもと自然』

緑の役割をサバンナの体験から述べた内容である。

A，D：サバンナの暑さについて ⇔ B，E，最後の囲み：緑のおだやかさ

A，C：険しい顔つき ⇔ 最後の囲み：おだやかな顔つき

最初の囲み→E：最初の囲みで緑の木々が「環境保持」の役割を果たしていると述べているが，Eの「しかし」で，緑を求める理由が別にあることを述べている。

E→D：Eの「体験を書いてみよう」の体験がDの「旅していた時のこと」につながる。

D→A→C：Cの「このサバンナ」はDの「サバンナ」を指す。AとCで険しい「顔」について書かれているが，AよりCの方が「ボロロ族」など具体的に説明されていることから，AがDとCの間に入る。

B→最後の囲み：緑のおだやかさについて結論へ流れている。

E→DのつながりやB→最後の囲みのつながりで正答は選択肢**5**だとわかる。

正答 5

8 概観してみると自分で動く物に「心」を感ずるということの例として「リヴァプールの空きカン」事件を説明している流れになっているとわかる。

出典は，子安増生『心の理論』

冒頭の囲み：自分で動く物に「心」を感ずるということの例として「リヴァプールの空きカン」事件の説明が始まり，最初にリヴァプールの町の説明がされる。

A：リヴァプールの空きカンについて「こんな例でなくとも」とまとめている。

B：すると，空き缶が坂を登ってくる。

C：イングランドのエイプリルフールの早朝の坂道

リヴァプールの坂道という場面が設定され（C），空き缶が登場するので（B），**囲み→C→B→A**の**5**が正答となる。

正答 5

9 Bの「これ」，Fの「つまり」からつながりを見つけることと，ヨーロッパと日本のマナーの対比に気がつくかがポイント。
日本人は座っていることは低姿勢だが，ヨーロッパ人にとっては安楽を意味し，他人が部屋に入ってきたら，さっと椅子から立ち上がるのがマナーである。

A：選択肢より最初にくるのはAだとわかる。

D→F：日本人の感覚について述べたもので，Fの「つまり」「低姿勢」はDの「椅子に坐っている」を言い換えたものとなる。

E→C：ヨーロッパ人について述べたもので，Eの「安楽」の説明をCでしている。

F→E：Eの「そのままでよい」はFの「低姿勢」のことで，Eの「…だが，」によって私たちとヨーロッパ人を対比させている。

以上のグループ分けと選択肢をヒントにすると**5**が正答となる。

正答 5

英文―要旨把握・内容把握

重要問題

次の英文の内容と合致するものとして，最も妥当なのはどれか。

【警視庁・令和元年度】

I live on a peninsula in Los Angeles where we often see whales heading[*1] to Alaska in the spring. The mother whale travels for many miles with the calf[*2], born in the southern sea near Mexico. The father whale is nowhere to be found because there aren't any shrimp or plankton to feed on in this part of the sea. Since there is no food for whales on the way to Alaska, the mother whale does not eat while feeding the child, losing half of her weight. They eat a year's worth of food abundant in the Alaskan waters, storing it in their bodies to migrate south from Alaska during autumn and winter when they pass by Los Angeles again.

The members of the whale observation club count the species and number of whales during this season every day from 6:00 AM to 6:00 PM using binoculars[*3]. Most of the members of the club are senior citizens. Families of whales can be seen playing with dolphins for hours. Whales are considered coexisting partners sharing this earth together. This is why many families with children enjoy watching the whales.

Suburban development led to an expensive residential area in the Palos Verdes Peninsula[*4] after World War Ⅱ. The Japanese-American families operating large farms in this region donated acres[*5] of their own land to the city to prevent further development. This was in part, to protect the natural environment native to this region. California native plants and trees grow along the coast in this public area where people take walks and ride horses.

［語義］ head[*1] 向かって進む／calf[*2]（クジラの）子／binoculars[*3] 双眼鏡／the Palos Verdes Peninsula[*4] パロスベルデス半島／acre[*5] エーカー（面積の単位）

1　春になると，ロサンゼルス近郊の半島から子供のためにえさを探すクジラの夫婦が見られる。

2　アラスカまで母親クジラは乳を子供に与えつつ何も食べないため，体重が半減してしまう。

3　クジラ観察クラブでは，たくさんの子供連れの家族とイルカが一緒に遊ぶ光景も見られる。

4　パロスベルデス半島の開発を進めるため，大農場を経営する日系人家族が市に土地を寄付した。

5　半島海岸沿いの植物や木々が育つ地域では，自然環境保護のため，散歩や乗馬はできない。

解説

選択肢は日本語なので，先に読んでおくと英語の本文を読むときに内容を予想できる。また，どの部分に注意して読んだらいいのか見当をつけることもできる。本問では「クジラの生態」については第1段落，「その観察」については第2段落，「自然保護」については第3段落に書かれているので，それぞれ選択肢と対応させ読んでいくとよい。

Step 1　問題形式の確認

内容把握の問題である。

Step 2　選択肢から本文の内容を予想する

選択肢を見ると，「クジラ」「観察」「自然保護」などのキーワードが見つかるので，「クジラの生態とその観察，その地域の環境保護」について論じた文章だと予想できる。語義についても確認する。

Step 3　本文を読む

出典は，松尾正信『マインドフルネス：沈黙の科学と技法』

第1段落　クジラ→アラスカ
　母クジラは子どもに乳を与えつつ何も食べずに，体重半減
　父クジラは海域にエサがないので，いない
第2段落　観察
　観察クラブ　午前6時から午後6時までシニアメンバーが種と頭数を観察
　クジラとイルカが遊んでいる←親子連れが観察
第3段落　環境保護
　さらなる開発を防ぎ，環境保護のために日系人家族が土地を寄付
　海岸沿いには植物や木々が自生し，散歩や乗馬ができる

Step 4　正答を見つけ出す

1 × クジラは子どもと「夫婦」でアラスカへと旅をするのではなく，母クジラと子クジラだけが一緒に旅する姿が観察されるのである。

2 ◎ 正しい。第1段落のクジラの生態の部分に書かれている内容。

3 × クジラ観察クラブはシニアメンバーで構成され，クジラの種や頭数を観察している。イルカと遊んでいるのはクジラであり，それを子連れの親子が観察しているのである。

4 × 開発を進めるためではなく，さらなる開発を防ぎ，環境を保護するために土地を寄付したのである。

5 × 半島海岸沿いでは，散歩や乗馬ができる場となっている。

正答 2

全 訳

私は，春になるとアラスカへ向かって進むクジラがよく見える，ロサンゼルスにある半島に住んでいる。母親クジラは，メキシコに近い南の海で生まれた子クジラを伴って何百マイルも旅をする。父親クジラはどこにも見当たらないが，それはこの辺の海域ではエサとなるエビやプランクトンがいないからである。アラスカへと向かう途上には，クジラのエサとなるものがないので，母親クジラは子クジラに乳を与えつつも何も食べないため，体重が半減してしまうのだ。彼らはエサが豊富なアラスカの海域で1年分のエサを食べ，それを体内に貯蔵すると，秋冬の間にアラスカから南へと移動し，再びロサンゼルスを通りかかるのだ。

クジラ観察クラブの会員たちは，この季節，毎日午前6時から午後6時まで双眼鏡を使ってクジラの種と頭数を数えている。クラブ会員の大半は市内の高齢者だ。クジラの家族がイルカと何時間も遊んでいる姿を目にすることができる。クジラはこの地球を共に分かち合う共存パートナーであるとみなされているのだ。だから，多くの子ども連れの家族がクジラの観察を楽しんでいるのである。

第二次世界大戦後，郊外の開発によってパロスベルデス半島に高級住宅地ができた。さらなる開発を防ぐために，この地域で大農場を経営する日系人家族が何エーカーも自分の土地を市に寄付した。これは，その地域特有の自然環境を保護するためでもあった。この公共区域内の海岸沿いには，カリフォルニア固有の植物や木々が自生し，人々が散歩をしたり乗馬をしたりする場となっている。

文化論，時事，エッセイなど幅広く出題されているが，扱われる内容は具体的でわかりやすいものが多い。仕事への向き合い方など社会人としての心構えについての文章が近年増えている。出題形式に関しては要旨より内容を問うものが多い。

要点のまとめ

重要ポイント1 英文読解の勉強法

英語の勉強を始めるとき，まずは単語からと単語帳を開いて順番に覚えようとする受験生が多い。確かに時間に余裕があるときには単語を覚えることも重要な学習方法の一つであるが，他の教科とのバランスを考えると，あまり多くの時間を英文読解にかけるわけにはいかないだろう。

問題を解くとわかるように，多少単語の意味がわからなくても選択肢をヒントにできるし，前後の文脈から単語の意味を想像することもできるのである。もちろん，必要最低限の単語力は必要だが，英文読解の場合は英文というものに慣れることのほうがはるかに重要なのである。

そこで，まずはこの問題集の問題を解いて英文の構成について慣れ，わからなかった単語があればそれを復習してほしい。もし時間に余裕があれば，さらに問題数をこなすか，対訳つきのエッセイ集などを読んでおくのもよいであろう。

重要ポイント2 選択肢を先に読む

選択肢を先に読むと本文中のわからない単語のヒントになるというメリットがある。また，本文の内容を想像することもできる。限られた時間の中で問題を解くためには，ただやみくもに本文を読むより，内容に見当をつけて読んでいくほうが効率的なのである。

ただ，ここで注意してほしいことは，選択肢を先に読み内容の予想をするためだといって，ひとつひとつを丹念に読むことを勧めているわけではないということである。ざっと読んで登場人物やテーマを見つけ出せばよいのである。

参考　ここで扱われている英文の題材は多岐にわたっているが，具体的な内容のもので，読みやすいものが多く出題されている。導入部分，展開部分（出来事），そして結論（オチ）といったように構成がわかりやすく，どこに何が書かれているか読み取りやすい文章が多い。英文の構成パターンに慣れていれば比較的容易に解答できるものが多いのが特徴である。

実戦問題

次の文の内容と合致するものとして最も妥当なのはどれか。

【国家一般職／税務／社会人・令和2年度】

Balancing work and life is a strange aspiration*1. It suggests work is bad and life is good. But they are not opposites. Work has uplifting moments and those that drag us down. It's more useful to treat it the same way you do life: by maximizing what you love.

The simplest way to do this is to spend a week in love with your job. This sounds odd, but all it really means is to take a pad around with you for an entire week at work, and assign any activity you can to one of two columns: "Loved It" or "Loathed*2 It."

Our research reveals that 73% of us claim we have the freedom to modify our job to fit our strengths better, but only 18% of us do so. Your challenge is to change the content of your job over time, so it contains more things you love doing and fewer you ache to escape.

The most helpful categories for us are not "work" and "life" ; they are "love" and "loathe." Our goal should be, little by little, to intentionally*3 imbalance all aspects of our work toward the former and away from the latter.

（注） *1 aspiration：切望　　*2 loathe：～を嫌う
*3 intentionally：意図的に

1　仕事は悪で生活は善なので，自分が愛する生活に費やす時間を最大化するのが望ましい。

2　仕事のことが好きになる最も簡単なやり方は，「好きな仕事」と「嫌いな仕事」の二つの記事のうち前者を読むことだ。

3　自分の強みを生かした仕事をしたいと考えている人のうち，実際にそれに値する能力があるのは18％にすぎない。

4　残業の中身を挑戦的なものに変えるには，仕事から逃げてしまうことを減らさなければならない。

5　仕事と生活というカテゴリーで考えるのではなく，仕事の嫌いな側面よりも好きな側面に目を向けるようにすることが望ましい。

2　**次はある英語のことわざとその解説である。このことわざから得られる教訓として最も妥当なのはどれか。**　**【国家Ⅲ種・平成18年度】**

One swallow does not make a summer.

In England, the arrival of swallows, which are a type of bird, signal the beginning of summer. People used to wait for them, watching for them, because they signaled the beginning of the warm weather. But just because you have seen one swallow, it does not necessarily mean that it is the beginning of summer. You have to have seen more than one. You have to have seen many of them. If you have just seen one, it could mean that the one swallow had arrived early by mistake. Therefore, according to this proverb, just because one good thing happens, it does not mean everything will go well. Or just because you have successfully completed one part of a project, it does not mean that the whole project is completed.

1 早合点は禁物である。
2 危険の芽は小さなうちに摘め。
3 目的達成には手段や方法が大切である。
4 何ごとも早く始めるのがよい。
5 原因のない結果はない。

3 次の英文の中で述べられていることと一致するものとして，最も妥当なのはどれか。 【東京都・平成28年度】

A father and his small son were out walking one afternoon when the youngster* asked how the electricity went through the wires stretched between the telephone poles.

"Don't know," said the father. "Never knew much about electricity."

A few blocks farther on the boy asked what caused lightning and thunder.

"To tell the truth," said the father, "I never exactly understood that myself."

The boy continued to ask questions throughout the walk, none of which the father could explain. Finally, as they were nearing home, the boy asked, "Pop*, I hope you don't mind my asking so many questions... ."

"Of course not," replied the father. "How else are you going to learn?"

Sooner or later, of course,unless the father seeks the answers, the boy will stop asking questions. That would be unfortunate. Curiosity and the desire to learn should be encouraged and nurtured*.

Parents who want their children to do well in school but who don't respect learning are deluding* themselves. Not many children will be motivated* to do it on their own.

＊ youngster…少年　　＊ pop…（呼びかけのことばで）パパ
＊ nurture…養育する　　＊ delude…思い違いをする

＊ motivate…（…する）気にさせる

1 父親は，電気について詳しくないが，雷については，気象現象のため，知識がある。

2 少年は散歩の間に父親にいくつも質問したが，父親は，一切答えることができなかった。

3 父親は，少年から多くの質問を受けたことから，機嫌を悪くし，質問に答えるのをやめた。

4 父親が少年の質問に対する答えを探してしまうならば，少年は，好奇心を失って，質問するのをやめてしまう，という不幸な状態になる。

5 学ぶことを尊んでいない子供に学校でよい成績を取ってもらいたいと考えている親は，子供は自分一人でやる気を出せると勘違いしている。

4 **次の英文の内容と合致するものとして，最も妥当なのはどれか。**

【警察官・平成24年度】

Many think culture shock is something that happens when you go abroad. By this definition, it is experienced by the small-town American who pitches up＊1 in the intensity and squalor＊2 of Mumbai or the Tokyoite＊3 who finds herself sleeping in a mud hut＊4 in a Kenyan＊5 village. Certainly, such experiences can be thrilling, invigorating＊6, even unsettling. But in my experience, real culture shock is experienced by those who go home.

The explanation is simple. The American who books a ticket＊7 to India or the Japanese who flies to Africa is braced for＊8 the unexpected. Most people have a keen-even an exaggerated-sense of how different other cultures are. But for someone who has been immersed in a foreign culture, the truly eye-opening experience is returning home. This is when one discovers that one's own home is also a foreign country.

If we grow up in one place, we believe this is how life is supposed to be led. This is how one eats (with chopsticks, or a knife and fork); this is how one prays (in a church, or a temple); this is how we travel to school (by train, by car, or on the back of a donkey). It is only when we go home after a stint＊9 abroad and see our own culture through fresh eyes, that we realise our own way of life is but one of multiple possibilities.

［語義］pitch up＊1 到着する／squalor＊2 むさ苦しさ／Tokyoite＊3 東京人／mud

hut[*4] 泥壁の小屋／Kenyan[*5] ケニアの／invigorating[*6] 活気づける／book a ticket[*7] チケットを予約する／braced for[*8] 心の準備をする／stint[*9] 一定期間

1 インドやアフリカに行き，スリルや不安に満ちた経験をした人だけが，カルチャーショックに陥る。

2 海外に行くときには不測の事態にそなえて，心の準備を十分にしておくべきである。

3 異文化に浸ると文化の違いに敏感になり，帰国後に自分の故郷を異国だと思うようになる。

4 箸を使って食事する，ロバに乗って学校に行くなど，暮らしぶりは地域によってまちまちであるが，人は自分の育った場所でのやり方が一番良いと信じているものである。

5 真のカルチャーショックが起こるのは，帰国後に自国の文化を新鮮な目で見るときである。

5 次の内容と合致するものとして最も妥当なのはどれか。

【国家一般職／税務・平成28年度】

On the most basic level, all learning comes from failure. Think of a baby learning to walk. He or she starts out crawling and then falling before finally mastering the skill that as an adult we take for granted. Aa a child gets older, each new feat[*1], from catching a baseball to doing algebra[*2], is learned the same way, by experimenting until you are finally successful. We don't expect a child to do everything perfectly the first time, nor should we expect adults who take on complex tasks to get it all right the first time, either.

I've come to believe that the most powerful learning comes from experiencing failures as well as successes. It is also nearly impossible to learn anything without doing it yourself, by experimenting along the way, and by recovering from the inevitable failures. You can't learn to play soccer by reading the rulebook, you can't learn to play the piano by studying sheets of music, and you can't learn to cook by reading recipes.

(注) [*1]feat：偉業　　[*2]algebra：代数学

1　赤ん坊でも，やがては代数学ができるほどに成長するので，誰しも自分に自信を持ってよい。

2　子どもは失敗を恐れずに成長していけるが，大人になるとなかなかそうはいかない。

3　人は失敗を経て学んでいくものであり，自分でやることなしに学ぶことはほぼ不可能である。

4　必ずしも成功を目指す必要はなく，失敗を繰り返してこそ，豊かな人生が実現する。

5　人生において真に必要な経験は，サッカーやピアノなどの趣味を通じてだけでは得られない。

6　**次の文の内容と合致するものとして最も妥当なのはどれか。**

【国家Ⅲ種・平成19年度】

Bunraku is one form of puppet theater. It has flourished since the seventeenth century and now stands with *noh* and *kabuki* as one of the three great classical forms of theater in Japan.

Bunraku puppets consist of a head, trunk, hands, feet, and costume, and range in size from about a meter to a meter and a half.

On the stage, each puppet is manipulated by three puppeteers*. These puppeteers wear black robes with a flap that covers the face. One puppeteer manipulates the puppet's head and right hand, one the left hand, and one the feet. In the case of female dolls, which have no feet, the third man skillfully manipulates the skirts of the doll to give the impression of walking and other leg movements. The puppets perform the actions as the story is related in a special chant, called *joruri*, to the accompaniment of *shamisen* music. Because of this, bunraku is also called *ningyojoruri* (puppet ballad-drama).

Altogether there are about 60 puppet heads. Around 40 of these are multi-role heads, while the others are limited to a single role each. There are puppets with eyes and mouth that can be opened and shut, with eyebrows that move up and down, and fingers that move. Emotions are expressed by subtle movements.

*puppeteer：人形遣い

1　文楽は，能と歌舞伎から派生した日本の古典演劇で，17世紀から始まった。
2　文楽で使う人形は，ほとんどが女の人形で，0.5mから1mの大きさである。
3　舞台では，1人の人形遣いが3体の人形を動かすため，熟練した技が必要となっている。
4　女の人形には足がないため，人形の裾を上手に操ることによって，足の動きを表現する。
5　人形の首（かしら）は約60種類あるが，そのうちの20種類は一つの首を多数の役に使う。

7 次の文の内容と合致するものとして最も妥当なのはどれか。

【中途採用者・平成21年度】

A clone is an organism that has developed from a cell of just one other organism. This means it has the exact same DNA as its parent. Scientists have been able to clone mammals artificially. The most famous clone was a sheep named Dolly, born in Scotland in 1996. In February 2003, after developing arthritis*1 and a lung disease, Dolly was euthanized*2. She was young by sheep standards, and scientists were not sure whether her bad health came from being a clone. Laboratories that have cloned other mammals, including cattle and goats, say that the ones that live to adulthood seem normal in every way they can measure.

In February 2002, researchers in Texas announced the birth of "CC" (carbon copy), the world's first cloned cat. CC has the same DNA as Rainbow, the cat she was cloned from. But they look different, because calico*3 patterns are affected by growth in the womb*4, not just genes. They differ in other ways too. CC is playful and curious, while Rainbow is shy. CC is slim, while Rainbow is chunky.

Researchers are also trying to clone extinct animals —— such as the Tasmanian tiger and mammoths —— using DNA from specimens kept in museums or found frozen in glaciers. Most scientists say that cloning dinosaurs —— as in the movie *Jurassic Park* —— is probably impossible, however, because they won't be able to find remains with enough intact dinosaur DNA.

*1 arthritis：関節炎　*2 euthanize：安楽死させる　*3 calico：まだらの
*4 womb：子宮

1 クローン技術でつくられた生命体は，同じ遺伝子をもっているので，元の生命体とうり二つになる。

2 クローン技術でつくられた生命体は，クローン生命体であることが原因で，そうではない生命体に比べて健康状態が悪い。

3 クローン技術は様々な分野に用いられ，動物だけではなく植物栽培にも応用されている。

4 クローン猫が誕生したのは，最も有名なクローンである羊が亡くなるより前である。

5 絶滅した動物のクローンを作成することが難しい理由として，多くの科学者は倫理的な問題を挙げている。

8 **次の英文の内容と合致するものとして，最も妥当なのはどれか。**

【警視庁・平成26年度】

I had really two options. One was not to speak and wait to be killed. And the second one was to speak up and then be killed. And I chose the second one because at that time there was terrorism, women were not allowed to go outside of their houses, girls' education was totally banned*1, and people were killed. At that time, I needed to raise my voice because I wanted to go back to school. I was also one of those girls who could not get education. I wanted to learn. I wanted to learn and be who I can be in my future. I also had dreams like a normal child has. I wanted to become a doctor at that time. Now I want to become a politician, a good politician.

And when I heard I could not go to school, just for a second thought I would never be able to become a doctor. Or I would never be able to be who I wanted to be in future. And my life would just be getting married at the age of 13 or 14, not going to school, not becoming who I really can be. So I decided that I would speak up.

So through my story, I want to tell other children all around the world that they should stand up for their rights. They should not wait for someone else. And their voices are more powerful. It would seem that they are weak, but at the time when no one speaks, your voices get so louder that everyone has to listen to it. Everyone has to hear it. So it is my message to children all around the world that they should stand up for their rights.

（注）banned*1　ban「禁止する」の過去分詞形

1　私には，声をあげず殺されないようにするか，声をあげて殺されるか，二つの選択肢しかありませんでした。

2　私のまわりの女の子たちが，学校教育も受けられず，13歳か14歳で結婚させられるのを見て黙ってはいられませんでした。

3　私は医者になりたいという夢がかなえられないと知り，今は政治家に，それもよい政治家になるために学びたいと思っています。

4　私は世界中の子どもたちに，誰を待つのではなく，自分たちが権利のために立ち上がらなければならないと伝えたいのです。

5　どんなに小さな声でも，たとえ言葉にしなくても，みんなで立ち上がり行動で示せば，誰もが耳を傾けざるを得なくなるのです。

次の文の内容と合致するものとして最も妥当なのはどれか。

【国家Ⅲ種・平成23年度】

"Small talk" — casual conversation that is light, safe and impersonal content — is an essential component of everyday manners. It is what comes after someone has "broken the ice*1". Participating in small talk is an everyday event and it is important to know how to do it properly.

First, small talk requires the cooperation of both parties*2. At the beginning, if only one person is asking questions and the other person is answering in short phrases, the conversation will eventually stop. If both parties are contributing equally by responding to questions and then asking other questions, the conversation will continue.

Second, if both people seem interested in conversing, they may have to try several subjects before they find one that they are both interested in. If a person mentions that he is from Dallas, for instance, then you can ask about the city and what kinds of things are interesting to do there. If a person mentions that he is just visiting the city where you are, then you can ask how long he will be in town and whether he is on business or just sightseeing.

Another good way to continue a conversation is to ask the other person's advice on subjects related to his or her hobbies. If he is interested in baseball, then ask which team he supports. If she is interested in gardening, then ask advice on how she takes care of her plants.

"Small talk" may lead nowhere or it may lead to lasting friendship, but whichever the case, it is important to leave a good impression by showing interest in other person and a willingness to show who you are.

（注）＊[1] break the ice：会話の糸口を見つける　＊[2] both parties：両当事者

1 “small talk”とは，話の本題に入る前に行う，しゃれを利かせた小咄（こばなし）のことである。

2 “small talk”を続けるためには，片方は聞き役として相手の話を傾聴することが大切である。

3 “small talk”を行うマナーとして，相手の出身地のことなどを話題にしないほうがよい。

4 “small talk”を続けるためには，相手の趣味とする分野について助言を求めるとよい。

5 “small talk”はその場限りのものであり，真の友情につながることはない。

実戦問題●解説

1 選択肢を見ると，「仕事」「好き」「嫌い」というキーワードがあることから，「仕事について好き嫌いの視点」で論じた文章だと予想できる。注の単語の意味にも着目する。

仕事と生活のバランス
　仕事は悪で生活は善，ではない
仕事に対して好きを増やし，嫌いを減らすようにする
仕事か生活かではなく，好きか嫌いかで分け，好きを増やし嫌いを減らす

1 × 第1段落にあるように，仕事は悪で生活は善という考えは否定されている。

2 × 仕事のcolumn「側面」について述べられたもので，「記事」についての記述はない。

3 × 「それに値する能力」ではなく，実際に行動する人が18％なのである。

4 × 減らさなければならないのは，「嫌いなこと」であり，仕事から逃げることではない。

5 ◎ 正しい。

全訳

仕事と生活のバランスをとるということは，奇妙な切望である。仕事は悪で生活は善だとそれとなく言っているのである。しかし，それらは正反対のものではない。仕事は精神的に高揚する瞬間もあり，落ち込ませたりする瞬間もあるのだ。仕事も生活に対してと同じように扱うことがより役に立つ。つまり，自分が愛するものを最大化するのである。

そうするために最も簡単な方法は，仕事を好きになって一週間を過ごすことである。これは奇妙に聞こえるかもしれないが，このことが全く本当に意味していることは，仕事がある週の間ずっとメモパッドを持ち歩き，そして，あなたがしうる活動を「好き」か「嫌い」かの2つの側面の一つに割り当てることなのである。

我々の研究により明らかになったことは，我々の73%が自分の強みをより発揮するためには仕事を改善する自由があると主張するけれど，18%の人しか行動を起こしていないということである。あなたが挑戦することは，時間をかけ仕事の中身を変えることであり，だから，避けたくなるような痛みを減らし，好きになれることをもっと増やしていくのである。

私たちにとって最も助けになるカテゴリーは，「仕事」と「生活」ではなく，「好き」か「嫌い」かである。我々の目的は，少しずつ，仕事のすべての側面に対して前者を増やし，後者を減らすよう，意図的に不均衡な状態に

することであるべきである。

正答 5

2 本文はことわざの解説である。選択肢を先に読んでどのようなことわざが説明されているのかを考えながら読んでいくとよい。

出典は,『週刊ST online　英語のことわざ』

One swallow does not make a summer.
↑夏の訪れの合図
But　一羽のツバメを見ただけでは夏はこない。複数見る必要がある。
一羽だけなら間違って来ただけかもしれない
Therefore　ことわざに従えば,
一つのいいこと ➡ すべてがうまくいく×
一部分の成功 ➡ すべての成功×

一羽のツバメだけで夏とは判断できないということわざから得られる教訓は, Therefore以降にあるように, 一ついいことがあったからといってすべてがうまくいくと思ってはいけないというものであるから, 選択肢**1**が正しい。

全訳

一羽のツバメだけで夏とは判断できない。

イギリスでは, 鳥の一種であるツバメの到来が夏の始まりを告げる。ツバメは暖かな季節の始まりを告げるため, 人々はツバメの到来を待ちわび, 探し続けたものだった。しかし, ツバメを一羽見たからといって, 必ずしも夏が始まるというわけではない。一羽よりも多く, もっとたくさんのツバメを見つけなければいけない。たった一羽なら, その一羽が間違って早く到着してしまったのかもしれないからだ。したがって, このことわざによれば, 良いことが一つ起こったからといって, すべてがうまくいくとは限らない。あるいは, 計画の一部がうまくいったからといって, 計画のすべてがうまくいくということにはならないということである。

正答 1

3 本問では「父」と「子」が登場人物で，少年が質問をする場面だと予想できる。また，本文下の語義もヒントになるのでしっかり確認しておく。父と子の会話の場面→その場面に対する筆者の見解→筆者の考えのまとめという構成になっている点にも注意する。

息子「どうして……？」質問 → 父「わからない」 [父と子の会話場面]
息子 質問繰り返す → 父 一つも答えられない
↑
やがて，息子は質問しなくなる ←unfortunate [筆者の見解]
Curiosity and the desire to learn should be encouraged and nurtured.
知りたいと思うことを親が応援する必要がある [まとめ]

1 × 父親は雷についても答えられていない（I never exactly understood that myself）。

2 ◎ 正しい。none of which the father could explain.

3 × 質問には一つも答えられていないが，機嫌は悪くなっていない。

4 × 少年が好奇心を失うのは，父親が少年からの質問の答えを探そうとしなかった場合である。(unless～（～しない限り))

5 × 学ぶことを尊んでいないのは，子どもではなく，親たちである。

全訳

父親と彼の小さな息子はある午後散歩に出かけていたが，その少年はどうやって電柱どうしに延びる電線を電気が流れるのかと質問した。

「わからないな。」父親は言った。「電気のことはまったく詳しくないんだよ。」

何ブロックか進むと少年は稲妻や雷の原因は何かと質問した。「正直言って，」父親は言った。「パパも正確には理解してないんだよ。」

散歩中，少年は質問を繰り返したが，父親が説明できるものは一つもなかった。ついに，家の近くまで来て，少年は聞いた。「パパ，僕がいっぱい質問しすぎたせいで，パパの機嫌が悪くならないといいんだけど……」

「そんなことないさ」父親は答えた。「ほかに何を知りたいんだ？」

遅かれ早かれ，もちろん，父親が答えを見つけ出そうとしなければ，少年は質問するのを止めるだろう。それは不幸なことだ。好奇心と学びたい欲求は後押しされ，養育されるものである。

自分の子どもたちが学校でよい成績を取ってもらいたいと思っているが，学ぶことを尊んでいない親たちは思い違いをしている。自ら学ぼうという気になれる子は多くはないのだ。

正答 2

4 選択肢を見ると「カルチャーショック」がどこで起こるのかという内容だと予想できる。

多くの人がカルチャーショックは外国にいるとき起こるものと考える
例　アメリカ人，東京人

But

real **culture shock** is experienced by those who **go home**

文化が違うことに過敏

But

the truly eye-opening experience is **returning home**

we realize our own way of life is but one of multiple possibilities

1 × 本当のカルチャーショックは，家に帰ったときに起こるとある。

2 × 海外に行くときは予想もしないことが起こるのではないかと敏感になっているとあるだけで，不測の事態にそなえて心の準備をすべきとは述べられていない。

3 × 「異文化に浸る」から「文化の違いに敏感」になるのではなく，予約した時点ですでに文化の違いに敏感になっている。また，自分の故郷を「異国」だと思うのではなく，可能性の中の1つだと思うのである。

4 × 自分の育った場所でのやり方が一番いいかどうかについては述べられていない。

5 ◎ 正しい。第2段落に（the truly eye-opening experience is returning home）とある。

全　訳

多くの人がカルチャーショックは外国に行ったときに起こるものだと考えている。この定義に従えば，ムンバイの強烈なむさ苦しさの中に到着した小さな町のアメリカ人やケニアの村の泥壁の小屋で眠っている自分に気づいた東京人などに経験されるものである。確かにそのような経験は，スリルに満ち，活気づき，動揺さえするものである。しかし，私の経験では，本当のカルチャーショックは，そういう人々が家に帰ったときに起こるものである。

この説明は簡単である。インド行きのチケットを予約したアメリカ人やアフリカへ行く日本人は予期せぬ出来事に対して心の準備をする。多くの人々はとても，過剰ですらあるように，他の文化がどのようなものかについて敏感になっている。しかし，外国の文化に没頭している人々にとって，本当の目が覚めたような体験は家に帰ってからである。自分の家もまた外国であると発見したときである。

ある場所で育てば，人生とはこういうものであると信じている。食べ方（箸かナイフかフォークか）や祈り方（教会なのかお寺なのか），学校への行き方（電車か車かロバの背なのか）がそれである。一定期間外国に行った後にのみ自国の文化を新鮮な目で見ることができ，自分たちの生活様式は多くの可能性の中の一つに過ぎないと気がつくのである。

正答 5

5 選択肢を見ると「失敗」「学ぶ」「子ども」「大人」というキーワードがあることから，「子どもや大人の学びに対して失敗がどうかかわるのか」という内容だと予想して本文を読む。

失敗から学ぶ
　例　赤ん坊が歩くこと，キャッチボール，代数学
最初からできるのではなく，失敗しながら学ぶ
自分でやってみなければ学べない
　例　サッカー，ピアノ，料理

1 × 自分に自信を持つという記述は本文中にはない。失敗しながら自分でやってみることで学んでいくという内容。

2 × 失敗に対する恐れについての記述は本文中にはない。

3 ◎ 正しい。第2段落の最初に書かれた内容である。

4 × 失敗しながら学んでいくという内容で，失敗の繰り返しが人生を豊かにするという記述はない。

5 × 人生において真に必要な経験は趣味を通じてだけでは得られないという記述は本文中にはない。

全訳

もっとも基本的なレベルでは，学ぶことはすべて失敗から来る。赤ん坊が歩くことを学ぶときのことを考えてみよう。赤ん坊はハイハイから始め，そして大人にとっては当然の技術をやっと習得するまで何度も転ぶ。子どもが大人になるにつれ，それぞれで新しい偉業は，キャッチボールから代数学まで，このように学び，最後に成功をとげるまで試み続けることによるのである。われわれは赤ん坊が最初からすべて完璧にできることを期待はしないし，大人が複雑な仕事を最初からうまくこなせると期待すべきでもないのだ。

もっとも力強い学びは成功と同じくらい失敗の経験によると私は信じてきた。また，自分でやってみることなしに学ぶことは不可能に近く，試し続けて，そして避けられない失敗から復活することによって学ぶのだ。ルールブックを読んだだけでサッカーができるようにはならないし，楽譜を勉強しただけでピアノを学ぶこともできないし，レシピを読んだだけで料理ができるようになるわけでもないのだ。

正答 3

6 選択肢を見ると本文は「文楽」について書かれているとわかる。年代や大きさなどの数値の正誤は，問われやすいので注意し，本文を読んでいくとよい。

1．文楽はpuppet theater
　17世紀から能と歌舞伎と並ぶ３大古典劇
2．文楽人形：首，胴，手足と衣装。約1～1.5m
3．一体につき３人の人形遣い
　black robes with a flap 首と右手，左手，足をそれぞれ操る
　↓
　female dolls 足があるかのように
　浄瑠璃に合わせて演技する→人形浄瑠璃とも呼ばれる
4．60 puppet heads
　40 － multi-role
　the others － a single role each
　口が開いたり，眉が動いたりするものもある
　emotion 感情は繊細な動きで表現

1 × 能と歌舞伎から派生したのではなく，能と歌舞伎に並んで（stands with）３大古典演劇の一つなのである。

2 × 文楽で使う人形がほとんど女の人形という記述はない。また人形は，「約１～1.5 m」の大きさである。

3 × ３人で１体を操る（each puppet is manipulated by three puppeteers.）。

4 ◎ 正しい。In the case of female dolls, which have no feet, the third man skilfully manipulates the skirts of the doll to give the impression of walking and other leg movements.

5 × 60種のうち40種が多数の役に使われるのである。

全 訳

文楽は人形劇の一つである。17世紀以降に広まり，今では能や歌舞伎とともに日本の３大古典演劇の地位を占めている。

文楽の人形は，首，胴，手，足と衣装からなり，大きさは約１mから1.5 mである。

舞台では，それぞれの人形を３人の人形遣いが操作する。人形遣いたちは顔を覆う垂下物のついた黒い衣装を着ている。一人の人形遣いが人形の首と右手を，一人が左手を，そして残りの一人は足を操る。女の人形の場合は足がついていないのだが，３人目の人形遣いが人形の裾を上手に操ることで，歩いている印象と足の動きを表現する。人形は浄瑠璃という特別な歌に合わせた話を三味線の伴奏に合わせて演技する。このことから，文楽は人形浄瑠璃とも呼ばれる。

人形の首は全部で約60種ある。約40種が多数の役を演じるが，残りはそれぞれ一つの役しか演じない。目が開いたり閉じたり，眉が上下に動いたり，指が動く人形もある。繊細な動きによって感情は表現されるのである。

正答 4

7 段落ごとに書いてあることをまとめながら読んでいくとよい。選択肢を見ると「クローンに関する文章」だと予測できる。

Clone：a cell of just one other organism
親と同一のDNA
例 Dolly 1996年生まれ，2003年2月安楽死。関節炎と肺の病気。
clone であるせいかどうかはわからない。scientists were not sure
...other mammals はわかる限り正常に成人した

CC クローン猫
親のRainbowと毛並みも性格も体型も違う
絶滅種のクローン技術の応用への挑戦
タスマニアタイガー，恐竜

1 × CCとRainbowの例では，（They differ in other ways too.）とあり，うり二つにはなっていない。

2 × クローン生命体のせいかどうかはわからないとある（scientists were not sure…）

3 × 植物栽培への応用についての記述はない。

4 ◎ 正しい。クローン猫の誕生は2002年2月，クローン羊は2003年2月に亡くなっている。

5 × 倫理的な問題についての議論は本文中にはない。

全訳

クローンは，他のたった一つの生命体の細胞から生まれた生命体である。これは，その親のDNAと完全に一致していることを意味する。科学者は人工的にクローン哺乳類をつくることに成功している。最も有名なクローンは羊のDollyであり，1996年スコットランドで生まれた。2003年2月，関節炎と肺の病気のため，Dollyは安楽死した。彼女は標準的な羊のように若かったが，科学者たちはクローンであるために健康に問題が生じたのかどうかわからないとしている。他の哺乳類，牛や山羊などのクローンを作った研究所は測定できる範囲すべてで，成人まで生きたそれらクローンは正常のようであるとしている。

2002年の2月，テキサスの研究者はCC（カーボンコピー）という世界初のクローン猫の誕生を発表した。CCは遺伝子のもとである猫のRainbowと同じDNAを持っている。しかし，まだらのパターンは遺伝子にだけでなく，子宮内での成長により影響を受けるため，見た目は違う。他の点でも違っている。CCは遊ぶのが好きで，好奇心があり，一方，Rainbowは内気である。CCはやせていて，Rainbowはずんぐりしている。

研究者たちは，博物館や氷河の中で凍っていた標本からのDNAを使用して，タスマニアタイガーやマンモスなどの絶滅種のクローン技術の応用に挑戦している。しかし，多くの科学者は，映画「ジュラシック・パーク」のようなクローン恐竜はおそらく不可能であると言っている。というのは，十分に完全な恐竜のDNAが残っている可能性が薄いからである。

正答 4

8 選択肢の日本語を見ると「子ども」「女の子」「権利」「声を上げる」とあることから，「子どもや女性の権利のために声を上げるべき」という内容だと予想できる。

（自分の体験）
2つの選択肢：声を上げずに死を待つ　声を上げ殺される
↓　　↑
選んだ学校に戻りたかった
世界中の子どもたちへのメッセージ
自分の権利のために声を上げてほしい。

1 × (One was not to speak and wait to be killed.) とあるので，声を出さずとも殺されてしまうとある。

2 × まわりの女の子だけの問題ではなく，自分自身が学校にも行けず，13歳か14歳で結婚となるかもしれない状況にあったと書かれている。

3 × 政治家になりたいのは医者になれないからだという記述はない。

4 ◎ 正しい。最後の段落に書かれている内容である。

5 × 本文中には声を上げなければならないとあり，「言葉にしなくても」という記述はない。

全訳

私には2つの選択肢しかありませんでした。1つは声を上げずに死を待つ。そして，2つ目は，声を上げ，そして殺される。そして私は2つ目を選びました。なぜなら，その当時，テロによる恐怖状態にあり，女性は家の外へ出ることが許されていなかったし，女子教育は完全に禁止され，人々は殺されていたからです。そのころ，私は学校に戻りたかったので，声を上げる必要がありました。私は教育を受けられない少女たちの一人でもあったのです。私は学びたかった。私は学びたかった，そして，将来なりたい人になりたかった。普通の子が持っているように私も夢があった。私はそのとき医者になりたいと思っていました。今は，政治家になりたい，よい政治家に。

そして私が学校に行けなくなったことを聞いたとき，ちょっと考えて，私はもう医者にはなれないのだと思いました。もう将来なりたい人にはなれないのだと。そして私の人生はたった13歳か14歳で結婚し，学校には行けず，本当だったらなれる人にもなれないのです。だから，私は声を上げることを決めました。

だから私の話を通じて，世界中の子どもたちに自分たちの権利のために立ち上がるべきだと教えたいのです。彼らは誰かを待っているべきではないのです。そして彼らの声はより力を持っています。彼らは弱く見えるかもしれない，でも，誰も声を上げないときには，あなたの声はとても大きくなり，みんなが聞かなければならなくなる。誰もが耳を傾けざるを得なくなるのです。自分の権利のために立ち上がるべきだというのが世界中の子供たちへの私のメッセージなのです。

正答 4

9 選択肢を見るとsmall talkについての文章だとわかる。段落ごとにポイントを整理して，small talkがどのようなものか考えていくとよい。

Small talk：casual で日常生活における基本
　1．双方の協力
　2．共通の話題を見つける
　3．趣味のアドバイスを頼むと会話は続く
Small talk はその場限りかもしれないが，友情が続くかもしれない。
相手に対する興味と自分のことを教えてあげようとすることで，
よい印象を残すことは大切

1 × しゃれを利かせた小咄という記述は本文中に見られない。

2 × 片方が聞き役として傾聴するのではなく，（both parties are contributing equally by responding to questions and then asking other questions）とあり，双方が同じように協力することが大切である。

3 × 出身地については話題になるとしている。（you can ask about the city）とある。

4 ◎ 正しい。第４段落に書かれた内容である。

5 × 最終段落に真の友情につながるかもしれないとある。

全　訳

スモールトーク，つまり，軽くて当たり障りのない，個人的な話に踏み込まないちょっとした会話は，日常生活のマナーにおける大切な要素である。それは，誰かが会話の糸口を見つけた後に交わされるものである。スモールトークに参加することは日常よくあることであるから，その適切な方法を知っておくことは大切である。

まず，スモールトークには，当事者どうしの協力が必要である。はじめの時点で，一方だけが質問をし，もう一方が短く答えただけだとすると，ついには会話が続かなくなってしまう。質問に答えたり，質問したりすることで当事者どうしが等しく貢献するなら，会話は続いていくだろう。

次に，もし，お互いが会話することに興味を示しているような場合，共通の話題を見つけるまで，いくつかの話題を出してみなければいけないかもしれない。たとえば，一方が自分はダラスの出身だと言ったらその街のことを質問したり，そこではどのようなことがおもしろいのか聞いたりするのだ。相手が自分のいる街に来たところであるなら，どれくらい滞在するのか，仕事なのか観光なのか聞いたらいい。会話を続けるのにもう一つよい方法は，自分の趣味について相手にアドバイスを求めることである。もし，相手が野球に興味があるなら，どのチームのファンか聞くとよい。ガーデニングに興味があれば，どうやって植物の世話をするのか助言を求めるとよい。
　スモールトークは意味がなく終わるかもしれないが，真の友情につながるかもしれない。いずれにせよ，相手に興味を示し，自分のことを相手に教えようとすることで，よい印象を残すことは大切である。

正答 4

テーマ6 英文―空欄補充・文章整序

重要問題

次の英文の空所ア，イに該当する語の組合せとして，最も妥当なのはどれか。 【特別区・平成29年度】

Bargaining — most people are familiar with this approach. "I'll agree to this, if you agree to this." It's the wheeling and dealing approach to solving problems. As long as each side of the conflict feels they have gained or retained what is important to them, then bargaining can work. On the other hand, if one party comes out feeling like a loser, the process of give and take is just a [ア] compromise.

Problem solving is by far one of the most effective approaches. Both parties examine the problem from a number of perspectives, identify alternatives and select the best one. The key ingredient here is to get both parties to recognize specifically where their opinions or facts differ. That could be the [イ] of the problem.

	ア	イ
1	poor	heart
2	poor	outside
3	strong	heart
4	strong	part
5	wonderful	part

解説

空欄アが含まれる一文は，On the other hand（一方）の書き出しから始まり，駆け引きがうまくいかない場合についての記述である。また，空欄イの前文で，The key ingredientを説明しており，これをThatで受けて空欄イとしている点に注目する。

Step 1 問題形式を確認する

問題形式は2箇所の空欄補充である。

Step 2 選択肢を確認する

空欄アには，poor「貧しい，お粗末な」，strong「強い，強力な」，wonderful「すばらしい」のいずれかが入り，空欄イには，heart「心臓，核心」，outside「外側」，part「部分」のいずれかが入る。

Step 3 正答を見つけ出す

空欄ア：空欄前文では「駆け引きがうまくいく」とあり，それに対して，On the other hand（一方で）とあるので，空欄アを含む文では，駆け引きがうまくいかなかった場合の記述となる。よって，poor「お粗末な」が入る。ここで選択肢は**1**，**2**に絞られる。

空欄イ：空欄前文にThe key ingredient「ここでのキーとなる要素は…」という説明が入り，それをthatで受けているので，outside「外側」やpart「部分」ではなく，heart「核心」が入る。

よって，poorとheartの組合せである選択肢**1**が入ることとなる。

全訳

駆け引き— 多くの人にとって，このアプローチは馴染みのあるものである。「あなたがこれに同意してくれるのであれば，私はこれに同意します」。それは問題の解決のために策略をめぐらすやり方である。対立するそれぞれの側が，自分たちにとって大事なものを得ることができた，あるいは，保持できたと感じる限りは，駆け引きはうまくいくのである。一方で，片側が負けたように感じるようであれば，このギブ・アンド・テイクのプロセスはただのお粗末な妥協にすぎなくなる。

問題解決に至るということは，群を抜いて効果のあるアプローチの1つである。双方の側がさまざまな視点から問題を検討し，取るべきいくつかの選択肢を見定め，最善のものを選択するのである。ここでキーとなる要素は，互いの意見や事実の違いがどこにあるのかを双方の側が明確に認識できるようにすることである。これは，まさに問題の核心であるといえるかもしれない。

正答 1

FOCUS

空欄補充では，比較的短い英文で，内容を把握しやすい題材が多い。補充する語句も基本単語がほとんどなので，どのような話題について書かれた文なのかを意識しながら空欄を考えるとよい。

要点のまとめ

重要ポイント1 英文の空欄補充問題の解き方

Step1 問題形式・空欄の位置を確認する

空欄がどこにあるのか，いくつあるのかなどを確認しよう。空欄の位置が冒頭であれば，筆者の主張を抽象的にまとめた文章の可能性が高く，中ほどであれば前後の文から内容を探り，文末にあれば，結論的な内容になると予想できる。

Step2 選択肢に目を通す

選択肢は，多くの場合，ある部分以外はほとんど同じ内容ということが多い。その違いを頭に置きつつ本文を読んでいけば正答も素早く見つけ出せる。

Step3 本文を読む

英語は非常に論理的な文章であるといわれている。現代文で私たちが見てきた構成よりもはるかにその論理性は高い。つまり，パターン化していて，どこに何が書かれているのか予想しやすい文章なのである。空欄補充問題では，内容把握同様，文章全体の意味を把握し，空欄の前後から判断するので，文章の構成パターンに慣れておくとよい。

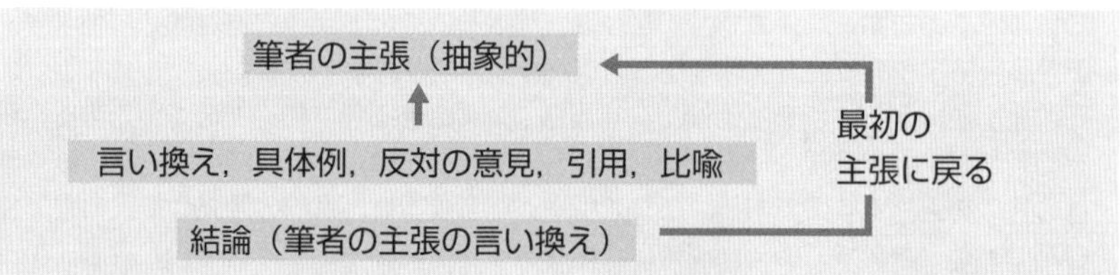

英文では，筆者の主張を読者に納得させるために，いろいろな具体例や比喩を使う傾向が強い。単語がわからずとも，前後の文をヒントにすれば，内容は把握できるものである。

なお，このパターンは内容把握問題に当たる際にも多いに役に立つので，ぜひ，確認してほしいものである。

参考 要旨・内容把握同様，本文の内容が理解できているかどうかが問われている。引用文は比較的読みやすいものが多いが，空欄に入る語句を選ばなければならないため，より正確に，細かく問題を読んでいかなければならない。

実戦問題

1 次の英文ア～オの配列順序として，最も妥当なのはどれか。

【特別区・平成24年度】

ア　Naturally, many different people sat next to me along the way, but I only remember one woman who rode for several hours.

イ　Most Americans have probably had a similar experience.

ウ　By the time she got off the bus, I knew everything about her.

エ　Now, that is a very long trip, especially on a bus.

オ　One summer I took a bus trip across the U.S., all the way from Texas* to Vermont*.

＊ Texas……テキサス州　　＊ Vermont……バーモント州

1　イ－ア－オ－エ－ウ
2　イ－ウ－オ－エ－ア
3　イ－エ－オ－ア－ウ
4　オ－イ－エ－ウ－ア
5　オ－エ－ア－ウ－イ

2 次の英文の空所ア，イに該当する語の組合せとして，最も妥当なのはどれか。

【特別区・令和2年度】

Most Japanese find a mouthful* of hot plain white rice delicious just as it is. But that is really like eating potatoes without any salt, butter or anything else to add to the flavor. In fact, tice is often eaten in combination with all kinds to toppings. The simplest is *furikaké*, a powder sprinkled on top of the rice that is very [　ア　] with children. It can contain a variety of ingredients, such as ground dried fish, salt, roasted seaweed* and sesame* seeds. It is [　イ　] in small packets holding enough for one or two bowls of rice. Some people make their own healthy variety of furikaké using their favorite ingredients blended in a mixer, such as red *shiso* leaves, *daikon* giant radish* leaves, small fish, shrimp*, *katsuobushi* flakes, and dried egg.

＊ mouthful ……… ひと口　　＊ seaweed ……… 海藻
＊ sesame ……… ゴマ　　＊ radish ……… ダイコン
＊ shrimp ……… 小エビ

	ア	イ
1	patient	served
2	patient	sliced
3	patient	sold
4	popular	sliced
5	popular	sold

3 次の英文の空欄Ａ～Ｃに当てはまる語句の組合せとして，最も妥当なのはどれか。 【東京都・平成27年度】

In some continents there are mountains, which are [A] than other types of land.

In some continents there are deserts, which are very [B] places where very little rain falls. The blue patches* are oceans, lakes and rivers. Oceans are the largest bodies of [C] on Earth. In fact, they cover most of the Earth. Lakes are bodies of [C] that are surrounded by land. Some are large and some are very small, but they are all lakes. Rivers are long, flowing currents of [C] that end up in lakes or oceans.

＊ patch……部分

	A	B	C
1	higher	dry	rocks
2	higher	dry	water
3	higher	wet	rocks
4	lower	dry	rocks
5	lower	wet	water

実戦問題●解説

1 オとエの（a bus）のつながり，アの（one woman）が（she）のことであること，イの（a similar experience）がエピソード全体を指していることに気がつけるかがポイント。

オと**エ**の“a bus”，**エ**の“that”，**ア**の“one woman”と**ウ**の“she”，**イ**の“a similar experience”がエピソード全体を指していることを確認する。

オ－エ：“a bus”からバス旅行の話をしており，**オ**ではテキサスからバーモントまでの旅行だとし，**エ**の“that”で，そのバス旅行が長いと述べている。

ア－ウ：**ア**の“one woman”は**ウ**の“she”のことで，隣に座った女性が自分の話をし続けたため，彼女のすべてを知ることができたという流れになる。

イ：“a similar experience”はエピソード全体をまとめているので，最初か最後にくる。

以上のグループ分けと選択肢とを比較すると**5**が正しいとわかる。

全訳

ある夏，私はテキサスからはるばるバーモントまで，アメリカを横断するバス旅行をした。それはもう長い旅で，特にバスにいる間が長かった。当然ながら，道中多くの違った人々が私の隣に座ったのだが，私が唯一覚えているのは，数時間乗っていたある女性である。彼女がバスを降りる頃には，彼女について何でも知っていた。たいていのアメリカ人なら，たぶん似たような体験をしているだろう。

正答 5

2 注の語句や本文中の斜字の日本語がヒントとなるので，読みやすい問題である。空欄後の単語から空欄を特定することができる。

出典は，とよざきようこ・Stuart Varnam-Atkin「『日本の衣食住』まるごと事典」

ごはんのトッピング
ふりかけ
子どもに［　ア　］
さまざまな材料が入る。　小さなパッケージで［　イ　］されている
自分でふりかけを作る人もいる

ア：patient「辛抱強い」，popular「人気がある」のどちらかが入るのだが，空欄後にwith　childrenとあり，ふりかけについての記述なので，popularが入る。選択肢は**4**，**5**に絞られる。

イ：served「供された」，sliced「スライスされた」，sold「売られた」が入るのだが，空欄後のin　small　packets「小さなパッケージで」からservedかsoldが入ることになる。空欄アがpopularなのは**4**，**5**であるから，soldの選択肢**5**が正答となる。

全　訳

多くの日本人は，ただそのままの何もない白いご飯の1口をおいしいと感じる。しかし，それは，塩やバターやほかのフレーバーをつけたりすることなしにジャガイモを食べるようなものである。事実，ご飯もいろいろな種類のトッピングとともに食べられることがしばしばである。最もシンプルなものはふりかけであり，それはご飯の上に散らされた粉であり，とても子どもに人気がある。それにはさまざまな材料があり，すりつぶした干した魚や塩，炙ったのり，ごまなどが含まれている。それは小さなパックとして売られ，1杯か2杯のご飯に充分な量となっている。赤い紫蘇の葉や大根の葉や小魚やエビ，鰹節のフレークや乾燥した卵などのお気に入りの材料をミキサーで混ぜ，さまざまな健康的なオリジナルのふりかけを作る人もいる。

正答　5

3 選択肢を先に見て，本文の空欄に何が入るか考えながら読んでいく。空欄前後の意味から何が入るのか考えるとよい。

大陸には山がある。➡ [A] than other types of land
大陸には砂漠がある。➡ [B] places where very little rain falls
青い部分は海や湖や川である
海は最も大きいbodies of [C] on Earth
湖はbodies of [C] that are surrounded by land
大きかったり，小さかったりするけれどすべて湖
川は長く，豊富な流れ [C] that end up in lakes or oceans

A：Aは山の説明であり，他の土地より高いのでhigherが入る。ここで選択肢は**1**，**2**，**3**に絞られる。

B：Bは砂漠の説明で，雨が少ない場所なのでdryが入る。ここで選択肢は**1**，**2**に絞られる。

C：Cは海，湖，川の説明なので，waterが入る。

したがって，正答は**2**となる。

全　訳

いくつかの大陸には山があり，そこは他の土地のところより高くなっている。いくつかの大陸には砂漠があり，そこは雨がほとんど降らないとても乾いた場所である。青い部分は海，湖，川である。海は地球上の水の大きなかたまりである。事実，地球の大部分を覆っている。湖は陸に囲まれた水のかたまりで，大きいのもあれば，小さいのもあるが，すべて湖である。川は長く，湖や海へと流れゆく豊富な水の流れである。

正答 2

古文

重要問題

次の文の内容と合致するものとして最も妥当なのはどれか。

【国家一般職／税務／社会人・平成30年度】

去年の秋，かりそめに面をあはせ，ことし五月の初，深切に別をおしむ。其(その)わかれにのぞみて，ひとひ草扉をたゝいて，終日閑談をなす。其器(うつはもの)，画を好ム。風雅[*1]を愛す。予[*2]こゝろみにとふ事あり。「画は何の為好(ためにこのむ)や」，「風雅の為好」といへり。「風雅は何為(なんの)愛(あいす)すや」，「画の為愛」といへり。其まなぶ事二にして，用をなす事一なり。まことや，「君子は多能を恥(はづ)」と云(いへ)れば，品ふたつにして用一なる事，感ずべきにや。画はとつて予が師とし，風雅はをしへて予が弟子となす。されども，師が画は精神徹に入(いり)，筆端(ひつたんめう)妙をふるふ。其幽遠なる所，予が見る所にあらず。予が風雅は夏炉冬扇のごとし。衆にさかひて用(もちふ)る所なし。たゞ釈阿・西行のことばのみ，かりそめに云ちらされしあだなるたはぶれごとも，あはれなる所多し。後鳥羽上皇のかゝせ玉ひしものにも，「これらは歌に実(まこと)ありて，しかも悲しびをそふる」とのたまひ侍(はべり)しとかや。されば，このみことばを力として，其細き一筋をたどりうしなふる事なかれ。猶(なほ)「古人の跡をもとめず，古人の求(もとめ)たる所をもとめよ」と，南山大師の筆の道にも見えたり。風雅も又これに同じと云て，燈(ともしび)をかゝげて，柴門の外に送りてわかるゝのみ。

(注) [*1]風雅：俳諧　　[*2]予：わたくし(ここでは松尾芭蕉のこと)

1 芭蕉は，弟子に絵心があるか気になり，好きな絵は何かを試しに聞いてみた。

2 芭蕉の弟子は，俳句を詠むことと絵を描くことを同時に行うことができる器用な人であった。

3 芭蕉は，師の絵の幽遠さについて，自分では見抜くことができないと感じていた。

4 芭蕉の言葉は，たとえどんなにふざけた言葉でも，趣があると評価されていた。

5 南山大師の教えについて語っていたら遅くなったので，弟子は芭蕉を柴門の外まで送った。

解説

登場人物は芭蕉と俳諧の弟子であるが，画については弟子の方が才能があり，芭蕉が弟子となるという，師弟関係が逆になっている点に気がつくかがポイントである。芭蕉が筆者である点に注意して，選択肢の現代語訳を見るとよい。

Step 1 問題形式を確認する

内容把握の問題である。

Step 2 選択肢から本文の内容を予想する

「芭蕉」「弟子」の俳諧や画について述べられた文章だとわかる。

Step 3 本文を読む

出典は，松尾芭蕉『許六離別の詞』。

登場人物：　芭蕉　弟子
　芭蕉は俳諧を教える。役に立たない俳諧。
　弟子は画を芭蕉に教える。才能豊かな画。
出来事　別れに際しての辞，芭蕉の草庵
　芭蕉から弟子に画と俳諧についての質問
　→学ぶところは二つだが，目指すところは一つ
　　「古人の模倣ではなく，その理想を求めなさい」
芭蕉が門まで弟子を見送る

Step 4 正答を見つけ出す

1 × 芭蕉は弟子に「好きな絵」について質問したのではなく，「絵は何のために好むか」質問したのである。

2 × 「同時に行う」のではなく，「学ぶことは二つだが，目指すところは一つ」だとしている。

3 ◎ 正しい。

4 × 「釈阿や西行の歌ばかりは，また新しく書き散らされたちょっとした冗談の言葉であっても趣のある所が多い」とあるが，これは芭蕉の俳諧に対しての評価ではない。

5 × 語らっていたら「遅くなった」という記述はない。また，送ったのは芭蕉である。

正答 3

現代語訳

去年の秋,（君と私は）ひょんなことから顔を合わせたが，今年5月の初め，心の底から別れを惜しむことになった。その別れにあたって，ある日，草庵の戸を叩いて訪問してくれて，一日中静かに話をした。君という人物は，画を好み，風雅俳諧を愛する。私は試しに聞いたことがあった。「画は何のために好むのか」「風雅のために好みます」と答えた。「風雅は何のために愛するのか」「画のために愛します」と答えた。学ぶことが2つありながら，その目指すところは1つである。確かに「君子は多能を恥じる」というから，才能が2つあって目標が1つあることは，感嘆すべきであろうか。画については私の師となり，風雅俳諧は私が教えて，君は私の弟子とした。しかし師である君の絵はその精神が微に入り，その筆運びは素晴らしいものだ。その幽玄なところは私など表現できるものではない。私の風雅俳諧は夏のいろりや冬の扇のようなもので，一般の人に逆らって誰も必要としない。ただ釈阿や西行の歌ばかりは，また新しく書き散らされたちょっとした冗談の言葉であっても趣のある所が多い。後鳥羽上皇のお書きになったのも「これらには歌に誠の心があって，しかも悲しみが漂っている」とおっしゃったとか。だから，このお言葉を力として，その細い一筋を辿って見失うことがないようにしなさい。なおも「古人の後を追って表面に真似ることなく，古人の求めた理想を求めなさい」と弘法大師の書についての言葉でもある。「風雅俳諧の道もまたこれと同じことだ」と言って，灯を掲げて，柴門の戸の外に送り出して別れるばかりだ。

古文は，現代文や英文と違い出典が限られている。あらかじめ内容を押さえておくとわからない古語があっても大まかな内容は把握できることが多い。要点のまとめにあるように出題のパターンもいくつかあるので押さえておくとよい。

要点のまとめ

重要ポイント1 古文の出題パターン

古文が出題されるときは，いくつかのパターンによって出題されることが多い。

■動作主を問うもの

古文では主語を省略した文章が多いため，それぞれの動作を行った人物がだれなのかわからないと答えが導き出せないものが多い。動作主は，文脈で判断するか，読点の直前などに見られる接続助詞の「を」，「に」，「ば」，「ども」，「ど」などのあとは主語が変わりやすいということから判断することが必要である。

■歌の解釈が必要なもの

歌は，何かの出来事を背景にして詠まれることが多い。したがって，出来事を表している地の文の内容をまとめると，歌ができると考えてもよい。

■教訓を見つけ出すもの

『徒然草』などの随筆では，ある出来事をきっかけにして教訓めいたことを述べるというスタイルが多い。出来事が書かれている部分と教訓が書かれている部分とを比較しながら解釈するとよい。

重要ポイント2 よく出る古文のパターン

■歌物語

物語が始まるきっかけに続き，話題の展開，まとめとしての歌が続く。歌が始まるまでの地の部分では，事の起こり，登場人物を読み取ることが肝心である。

きっかけ → 話題展開 → 歌（まとめ）

また，歌の解釈では，以下の２つの修辞が問われることが特に多い。

①掛詞…同音異義語を利用して，１つの言葉を２つの意味に解釈するもの。

例　ふる → ①降る　②経る

②縁語…ある語と意味のつながりの深い語を連想させるもの。

例　あふことの**なぎさ**にし**よる** **なみ**なれば
うらみてのみぞ立ち**かへり**ける

■日記文学

きっかけ，話題展開，筆者の感想，また，登場人物を素早く理解するために，頻出の作品のあらすじをあらかじめつかんでおくと，内容を理解するのに大いに助けになる。

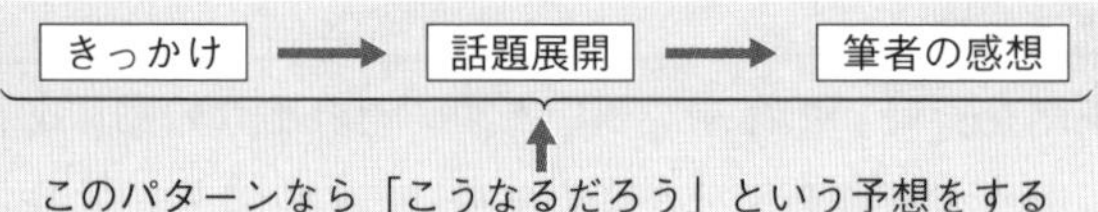

① 『和泉式部日記』…愛人の為尊（ためたか）親王の死で喪に服していた和泉式部と宮の恋愛を描く。贈答歌に２人の心理が描かれている。

② 『紫式部日記』…皇子誕生前後の宮仕えでの出来事の中で，筆者の感じたことを書いたり，人物評価を述べたりしている。また，自分の孤独な心境についても書いている。

③ 『更級日記』…筆者の13歳から40年に及ぶ自分の人生について回想している作品。物語にあこがれた少女時代と仏へと傾いた晩年について書かれている。

■随筆

随筆も文の構成にはパターンがあって，話のきっかけ，話の展開，そして，筆者の意見としての教訓がくる。このジャンルも頻出なので話の筋をあらかじめ押さえておくと有効である。

きっかけ → 話題展開 → 教訓(筆者の感想)

① 『枕草子』…宮仕えした頃に見聞きした出来事の感想や清少納言が仕えた中宮定子とその一門（藤原道隆など）への賛美，また，清少納言自身の機知に対する自慢話が書かれている。類集的章段（「春は」「にくきもの」など），回想的章段（日時場所が特定している出来事について），随想的章段（自然や人事について）などに分けられる。定子や道隆が出てきたときには，敬語表現に注意し，動作主を正しく押さえることがポイントになる。

② 『徒然草』…さまざまな出来事について教訓めいた感想を述べているが，そこに通じるのは無常観である。

③ 『玉勝間』…本居宣長が古典研究によって得た知見を書いたもの。宣長は，儒仏を排し古道に帰るよう主張し，神代の不可思議なことは，人知

で疑ったりはせずそのまま信ずるべきだとしている。

■物語

①『大鏡』…夏山繁樹とその妻，それに若侍と筆録している筆者という舞台設定で，藤原道長の栄華を描いた。

②『源氏物語』…光源氏の誕生，さまざまな女性との恋愛，栄華から晩年までの一生を描いた。それに続いて光源氏の息子らについての物語もある。

重要ポイント❸ 古文重要単語

これだけは押さえておいてほしいと思う単語をいくつか挙げておく。

■古今異義語

あさまし	善悪にかかわらず，驚きあきれる
あたらし	惜しい
ありがたし	めったにない
いたし	甚だしい，立派だ
うつくし	愛らしい
おこなふ	修行する
おとなし	大人びている
おどろく	目を覚ます
おぼえ	評判，寵愛
おぼゆ	思われる
かなし	いとしい
ことわる	判断する，説明する
さうざうし	物足りない
すさまじ	興ざめだ
なかなか	かえって，むしろ
ながむ	ぼんやり物思いにふける
なまめかし	優美だ，上品だ
ののしる	声を立てて騒ぐ
はかなし	たよりない，取るに足りない
はづかし	気が引ける，立派だ
ゆかし	心引かれる
をかし	趣がある

■基本古語

あてなり	身分が高貴だ
あはれなり	しみじみとした趣がある
あやし	不思議だ，身分が低い，粗末だ
いかで	どうして〜であろうか（疑問・反語）
いみじ	程度がはなはだしい
うたて	普通でなく，いとわしく
かたはらいたし	そばで見ていて気がかりだ
きこゆ	聞こえる，申し上げる，差し上げる
こころづきなし	気にくわない
こころにくし	おくゆかしい，期待に心引かれる
さうなし	比べるものがない
すずろなし	なんとはなしに，むやみだ，思いがけない
すなはち	すぐに，とりもなおさず
たてまつる	差し上げる，飲む・食うなどの尊敬語
はしたなし	中途半端だ，具合が悪い
ひがひがし	素直ではない
びんなし	都合が悪い，よろしくない，かわいそうだ
ほいなし	残念だ
やんごとなし	なみなみではない，高貴だ
ゆゆし	不吉だ，はなはだしい
わりなし	道理に合わない

実戦問題

1 **次の文の内容と合致するものとして最も妥当なのはどれか。**

【国家一般職／税務・平成24年度】

南部に，歯取る唐人有りき。ある在家人の，慳貪（けんどん）*にして，利養を先とし，事に触れて，商ひ心のみありて，徳もありけるが，虫の食ひたる歯を取らせむとて，唐人がもとに行きぬ。歯一つ取るには，銭二文に定めたるを，「一文にて取りてたべ」と云ふ。少分の事なれば，ただも取るべけれども，心様（こころざま）の憎さに，「ふつと，一文にては取らじ」と云ふ。やや久しく論ずる程に，おほかた取らざりければ，「さらば三文にて，歯二つ取り給へ」とて，虫も食はぬに良き歯を取り添へて，二つ取らせて，三文取らせつ。心には利分とこそ思ひけめども，疵（きず）なき歯を失ひぬる，大きなる損なり。此は申すに及ばず，大きに愚かなる事，嗚呼（おこ）がましきわざなり。

（注）慳貪：けちで貪欲

1　唐人は，1本目の歯は一文で抜いたが，2本目を抜くときには欲を出して二文を要求した。

2　在家人は，唐人にだまされて歯を抜かれた上に，代金も高く，大損をしたと騒いだ。

3　唐人と在家人はお互いに大きな損をしており，これはとても愚かなことであると言える。

4　在家人が，自分では得をしたと思ったとしても，虫歯でもない歯を失ったのは大損である。

5　在家人には徳があったので，唐人に虫歯ではない歯を抜くのは損だと助言した。

2 **次の文のA，B，Cに入るものの組合せとして最も妥当なのはどれか。**

【中途採用者・平成22年度】

これも今は昔，比叡の山に児ありけり。僧たち宵のつれづれに，「いざ，掻餅せん」といひけるを，この児心寄せに聞きけり。さりとて，し出さんを待ちて，寝ざらんも［　A　］と思ひて，片方に寄りて，寝たる由にて，出で来るを待ちけるに，すでにし出したるさまにて，ひしめき合ひたり。

この児，定めて驚かさんずらんと待ち居たるに，僧の，「物申し候はん。驚かせ給へ」といふを，［　B　］とは思へども，ただ，一度にいらへんも，待ちけるかともぞ思ふとて，今一声呼ばれていらへんと，念じて寝たる程に，「や，な起し奉りそ。幼き人は寝入り給ひにけり」といふ声のしければ，［　C　］と思ひて，今一度起せかしと，思ひ寝に聞けば，ひしひしとただ食ひに食ふ音のしければ，すべなくて，無期の後に，「ゑい」といらへたりければ，僧たち笑ふ事限なし。

	A	B	C
1	あな侘びし	嬉し	わろかりなん
2	あな侘びし	わろかりなん	嬉し
3	嬉し	あな侘びし	わろかりなん
4	嬉し	わろかりなん	あな侘びし
5	わろかりなん	嬉し	あな侘びし

3 **次のＡ～Ｅは「万葉集」に収められている短歌であるが，下線部ア～オの解釈として，妥当なのはどれか。** **【特別区・平成28年度】**

Ａ　熟田津（にきたつ）に船乗りせむと月待てば$_{ア}$<u>潮もかなひぬ今はこぎ出でな</u>

Ｂ　わが船は比良（ひら）のみなとに漕（こ）ぎ泊（は）てむ$_{イ}$<u>沖へな離（さか）りさ夜更けにけり</u>

Ｃ　吾妹子（わぎもこ）が見し鞆（とも）の浦のむろの木は$_{ウ}$<u>常世（とこよ）にあれど見し人ぞなき</u>

Ｄ　君がため手力（たぢから）つかれ織りたる衣（きぬ）ぞ$_{エ}$<u>春さらばいかなる色に摺（す）りてばよけむ</u>

Ｅ　多摩川にさらす手作りさらさらに$_{オ}$<u>何ぞこの児のここだかなしき</u>

1　下線部アは，「潮が船出の都合にかなわなかった。今はこぎ出すな」という意味である。

2　下線部イは，「沖のほうへ離れていってしまう。夜も深くなった」という意味である。

3　下線部ウは，「永久不変ではないので，見た人はきっと泣くだろう」という意味である。

4　下線部エは，「春になったら，どんな色に染めたらよいでしょうか」という意味である。

5　下線部オは，「どうしてこの子どもは，こんなにも悲しんでいるのだろうか」という意味である。

4 **次の文章の下線部「<u>かくてもあられけるよと，あはれに見るほどに</u>」の現代語訳として，最も妥当なものはどれか。** **【警察官・平成21年度】**

神無月（かんなづき）のころ，来栖野（くるすの）といふ所を過ぎて，ある山里にたづね入ることはべりしに，はるかなる苔（こけ）の細道を踏み分けて，心細く住みなしたる庵（いほり）あり。木（こ）の葉（は）に埋（うづ）もるる懸樋（かけひ）のしづくならでは，つゆおとなふものなし。閼伽棚（あかだな）に菊・紅葉（もみぢ）など折り散らしたる，さすがに住む人のあればなるべし。

かくてもあられけるよと，あはれに見るほどに，かなたの庭に，大きなる柑子（かうじ）の木の，枝もたわわになりたるが，周りをきびしく囲ひたりしこそ，少しこと冷めて，この木なからましかばとおぼえしか。

1　こんなに古くなっても人が住んでいるのかしらと，不思議に思いながら見ていると

2　このようにしても住んでいられるのだなあと，しみじみと感慨深く見ているうちに

3　こんなみすぼらしい家もあるのだなあと，かわいそうに思って見ていると

4　この家も昔は立派だっただろうに，今ではこんなにみすぼらしくなってしまったのだなあと思って見ているうちに

5　かつての我が家を見ているようで懐かしいなあと，趣深く感じながら見ているうちに

5 次の文の内容と合致するものとして最も妥当なのはどれか。

【国家一般職／税務・平成27年度】

おほかた，延喜の帝，常に笑みてぞおはしましける。そのゆゑは，「まめだちたる人には，もの言ひにくし。うちとけたるけしきにつきてなむ，人はものは言ひよき。されば，大小のこと聞かむがためなり。」とぞ仰せ言ありける。それ，さることなり。けにくき顔には，もの言ひふれにくきものなり。

さて，「我いかで，七月・九月に死にせじ。相撲の節・九日の節の止まらむがくちをしきに。」と仰せられけれど，九月に失せさせ給ひて，九日の節はそれよりとどまりたるなり。その日，左衛門の陣の前にて御鷹ども放たれしは，あはれなりしものかな，とみにこそ飛びのかざりしか。

1　延喜の帝は，無愛想だと言われていたので，常に笑うよう努めていらした。

2　延喜の帝は，「不真面目人と付き合うのは難しい」とおっしゃっていた。

3　延喜の帝は，「打ち解けた様子でいると，人は話がしやすいものだ」とおっしゃっていた。

4　延喜の帝は，「死んだら相撲の節や九日の節を見られなくなるので悔しい」とおっしゃっていた。

5　延喜の帝は，毎年，九日の節に鷹をお放しになっていた。

実戦問題●解説

1 登場人物である唐人，在家の人がそれぞれどういう行動をとったのか，主語の変わり目に注意して読んでいくとよい。

登場人物：唐人　歯を抜く人，　在家の人　けちで貪欲
出来事　：在家の人が虫歯を抜きに唐人のもとに行く
「一本につき二文」 ← 在家の人　一文に値切る ← 失敗
「三文で二本」 ← 在家の人は虫歯でない歯も抜く ← 得をしたと思う
↑
健康な歯を抜くなど愚かだ　（筆者の感想）

1 × 唐人は「一文では絶対に抜かない」と言ったとある。欲ばりなのは在家の人である。

2 × 唐人はだましていない。また，在家人は「心には利分とこそ思ひけめども」とあるので，得をした気分でいる。

3 × 唐人は少し値引きしただけなので，大損とはいえない。「在家人」は健康な歯を抜いたため，大変な大損をした。

4 ◎ 正しい。「心には利分とこそ思ひけめども，疵なき歯を失ひぬる，大きなる損なり」とある。

5 × 在家の人はけちで，商売気があったので「徳」つまり，財産があったのである。けちや商売気，三文で2本の歯を抜かせるところから，「徳」をすぐれた人格と考えるのは適切ではない。

現代語訳

奈良に虫歯を抜く唐人がいた。ある在家の人で，けちで貪欲で，利益を優先し，商売気ばかりで，財産はあった人が，虫歯を抜いてもらうため唐人のもとにやってきた。虫歯1本につき銭二文としてあったが，「一文で抜いてもらえないか」という。わずかな金額のことだからただで抜いてもいいのだが，その気持ちが嫌で「一文では絶対抜きません」という。しばらく言い合ったが，一文では抜く気がないというのがわかり，「それでは，三文で歯を2本抜いてください」といって，虫歯でもない健康な歯も一緒に2本抜いてもらい，三文支払った。心のうちでは得をしたと思っているのであろうが，虫歯でない歯を失ったのは大損である。これはいうまでもなく，非常に愚かなこと，ばかげたことである。

正答 4

2 稚児が場面場面でどのような気持ちになったかを考えて空欄に当てはめるとよい。本問は宇治拾遺物語で，意地を張った稚児の笑い話である。

問題形式は空欄補充で，空欄は，ある場面での稚児の気持ちの部分にある。「あな侘びし」「嬉し」「わろかりなん」の組合せである。稚児がどのように気持ちを変化させていったのか考えながら読んでいくとよい。

出典は，『宇治拾遺物語』

比叡山の稚児の話
「掻餅せん」← 稚児期待して聞く
寝ざらんも［A］→ 寝たふり
「物申し候はん。驚かせ給へ」→［B］↔ もう一度呼ばれたら起きよう
「や，な起し奉りそ」→［C］
だいぶ時間がたって返事をした ← 笑われた

A　ぼた餅を食べるというのを聞きつけて期待しているが，起きて待っているのも悪いかなと思い，寝たふりをしたので，「わろかりなん」が入る。

B　ぼた餅ができ，起きなさいと言われたので，「嬉し」が入る。

C　「起こし申すな」と言われてしまい，ああ困ったと思ったのだから，「あな侘びし」が入る。「侘びし」は「がっかりする」「困ったことである」「やり切れない」などの意味。

したがって，正答は**5**。

現代語訳

これも今は昔。比叡山に召使われていた稚児がいた。僧たちが夜，所在なさに「さあ，ぼた餅を食べよう」と言うのを，この稚児は期待して聞いていた。だからといって，出来上がるのを待って，寝ていないのも悪いと思い，片隅によって，眠ったふりをして，出来上がるのを待っていた。もう出来上がったようで，騒ぎあっていた。この稚児はきっと起こしてくれるだろうと待っていたら，僧が「もしもし。目を覚ましなさい」というのを，嬉しいと思ったけれど，たった一度だけで返事をしても，待ち構えていたかのようで卑しいかと思って，もう一度呼ばれてからにしようと寝たふりをしたが，「これ，起こし申すな。幼い人はもう眠ってしまわれたのだ」という声がした。困ったものだと思って，もう一度起こしてくれるだろうと思いながら，眠ったふりをして聞いていた。けれど，むしゃむしゃとただ食べている音がするだけであった。どうしようもなくて，ずっと時間がたって「えい」と返

事をしたら僧たちの笑うこと限りがなかった。

正答 5

3 短歌の現代語訳の問題である。現代語と古語で違う意味を持つ語がわかるかどうかがポイント。わからない語句があっても，文脈や消去法で選ぶこともできる。

1 × A「船出しようとして，月齢を数えつつ月を待っていると，潮流もちょうどよくなった。さあ，今こそ漕ぎ出そう」
短歌中の「ぬ」は連用形に接続し，完了の助動詞の終止形であるので，選択肢のように打消しにはならない。

2 × B「この船は今夜比良の港に停泊しよう。沖のほうには離れるな。夜も更けたことだ」
「沖に離れていってしまう」ではなく，「離れるな」となる。

3 × C「わが妻が見た鞆の浦の室の木は今も変わらずそこにあるが，これを見たあの人はもういない」
短歌中の「なき」は「泣く」ではなくて，亡くなったという意味である。

4 ◎ 正しい。D「あなたのために手の力も疲れて織った衣は，春になったら，どんな色に染めたらよいでしょうか」

5 × E「多摩川でさらさらとさらす手織りの布のように，どうしてこの子がこんなにもかわいいのだろう」
短歌中の「かなしき」は「かわいい」という意味の形容詞「かなし」である。

正答 4

4 下線部の解釈の問題である。「あられけるよ」と「あはれに」がわかれば，解答を導き出せるであろう。前半の庵の説明と下線部の後の「少しこと冷めて」が解釈のヒントになる。

出典は，吉田兼好『徒然草』第11段

山里に入ると庵があった
→木の葉に埋もるる……
→住む人のあればなるべし
かくてもあられけるよと，あはれに見るほどに，
柑子の木の周りをきびしく囲ひたりしこそ ← 少しこと冷めて
この木なからましかば

1 × 「あはれ」はしみじみと感慨深いという意味であるので，「不思議に思いながら」は不適切。

2 ◎ 正しい。

3 × 大きな柑子の木が厳重に囲われているのを見て「少しこと冷めて」とあるので，それまでは，その家に対し，しみじみとしたいい印象を持っているので，「かわいそうに思って」は不適切である。

4 × みすぼらしいとは思っていない。

5 × 「かつての我が家を見ているようで」という記述は本文中にはない。

現代語訳

10月の頃，来栖野というところを過ぎて，ある山里に訪ねて行ったことがありました。はるかなるコケの細道を踏み分けていくと，心細く住んでいるような庵がありました。木の葉に埋もれた懸樋のしずくの音以外はまったく音がありません。閼伽棚に菊や紅葉などが折り散らしてあるのは，さすがに住人があってのことでしょう。

こんな風にして住めば住めるものなんだなあとしみじみした気持ちで見ていたら，むこうの庭に大きな柑子の木があり，枝も曲がるほどに実がなっていたのですが，その周りが厳重に囲われているのを見て，少し，興ざめし，この木がなかったならなあと思いました。

正答 2

5 選択肢の現代語訳を読んでどの部分が問われているのか確認しながら本文を読むとよい。

出典は，『大鏡』

（登場人物紹介）
延喜の帝　にこにこしている
まじめそうだとものが言いにくい，なんでも聞きたいからにこにこしている
（出来事）
「7月，9月には死なない。相撲の節会と重陽節が中止になるのが残念」
しかし，9月に亡くなる
放たれた帝愛玩の鷹が飛び去らなかった　←しみじみとした（筆者の感想）

1 × 無愛想だと言われたという記述はない。まじめそうだと話しかけづらいから，にこやかにしているとある。

2 × まじめそうな人にものを言うのが難しいのであって，付き合うのが難しいのではない。

3 ◎ 正しい。

4 × 節会が見られなくなると悔しいのではなく，自らの死によって中止になってしまうのが残念だとある。

5 × 鷹が放たれたのは延喜の帝が崩御した日である。

正答 3

現代語訳

たいてい，延喜の帝は，いつもにこやかにされている方であった。その理由は「真面目そうな様子をしている人にはものが言いにくい。打ち解けた感じで，人はものを言いやすい。だから，ことの大小にかかわらず，なんでも聞こうと思っているのだ」とおっしゃっていた。これはもっともなことだ。憎らしい顔には，ものを言いにくいものだ。

さて，「私はなんとか7月と9月には死なないようにしたい。相撲の節会と重陽節が中止になるのが残念だ」とおっしゃっていたけれど，帝は9月に崩御され，9月9日に行われる重陽節はそれから中止されたのだ。その日，左衛門の陣の前で帝の愛玩の鷹どもが放たれたが，しみじみしたもので，急には飛び去らなかったのだ。

第2章 資料解釈

テーマ1 数表―実数・割合

重要問題

次の表から確実にいえるのはどれか。

【特別区・令和2年度】

野菜の収穫量の推移

（単位　t）

区分	平成25年	26	27	28	29
ばれいしょ	2,408,000	2,456,000	2,406,000	2,199,000	2,395,000
キャベツ	1,440,000	1,480,000	1,469,000	1,446,000	1,428,000
だいこん	1,457,000	1,452,000	1,434,000	1,362,000	1,325,000
たまねぎ	1,068,000	1,169,000	1,265,000	1,243,000	1,228,000
はくさい	906,300	914,400	894,600	888,700	880,900

1　平成27年における「ばれいしょ」の収穫量に対する「キャベツ」の収穫量の比率は、前年におけるそれを下回っている。

2　平成29年において、「キャベツ」の収穫量の対前年減少量は、「たまねぎ」の収穫量のそれを下回っている。

3　表中の各年とも、「だいこん」の収穫量は、「はくさい」の収穫量の1.5倍を上回っている。

4　平成29年において、「たまねぎ」の収穫量の対前年減少率は、「だいこん」の収穫量のそれより大きい。

5　平成25年の「はくさい」の収穫量を100としたときの平成29年のそれの指数は、95を下回っている。

解説

実数の表についての典型的な問題である。対前年増加（減少）量と対前年増加（減少）率の違いを明確にしておく。本題では両方とも出てくるので，問題を解く際には常に意識する必要がある。

1 × 誤り。平成27年ばれいしょの収穫量に対するキャベツの収穫量の比は$\frac{1469\text{（千トン）}}{2406\text{（千トン）}}\fallingdotseq 0.61$であり，前年の平成26年では$\frac{1480}{2456}\fallingdotseq 0.60$となるので，前年より上回っている。

2 × 誤り。平成29年キャベツの収穫量の対前年減少量は1446−1428＝18（千トン），たまねぎでは1243−1228＝15（千トン）となる。よって，キャベツのほうがたまねぎを下回ることはない。

3 ◎ 正しい。分母が906.3よりわずかに大きい例えば950で分子がその1.5倍である1425の分数を考える。$\frac{1425}{950}=1.5$より平成25年は$\frac{1457}{906.3}>\frac{1425}{950}=1.5$，平成26年は$\frac{1452}{914.4}>\frac{1425}{950}=1.5$となる。$\frac{1350}{900}=1.5$より，平成27年，平成28年において，$\frac{1434}{894.6}>\frac{1350}{900}=1.5$　$\frac{1362}{888.7}>\frac{1350}{900}=1.5$となる。平成29年において，$\frac{1325}{880.9}\fallingdotseq 1.504$より，各年1.5倍を上回るといえる。

4 × 誤り。平成29年において，たまねぎの収穫量の対前年減少率は(1243−1228)＝$\frac{15}{1243}=0.012$，だいこんのそれは$\frac{(1362-1325)}{1362}=\frac{37}{1362}=0.027$より，だいこんのほうが大きい。

5 × 誤り。平成25年はくさい収穫量に対する平成29年のそれは，平成25年収穫量を指数100とすると，$100\times\frac{880.9}{906.3}=97$であり95を上回る。

確認しよう ➡概算方法

正答 3

対前年増加（減少）量，対前年増加（減少）率の違いを明確にし，使いこなせるようにする。対前年減少量は対前年増加量を求めて符号を反転させたもの，対前年減少率は対前年増加率の符号を反転させたものである。

重要ポイント1 資料解釈の特徴と取り組み方

資料解釈の問題は決して計算力だけの勝負ではない。基礎的な計算能力は大切だが，それ以上に，選択肢の記述の正誤を論理的に正しく判断する能力が大切である。

①資料解釈で問われるのは，**与えられた資料のみから論理的に導かれる事柄を正しく判断する能力**である。たとえ選択肢の記述が常識的には正しいと思われる場合でも，資料のみから論理的に導かれるのでなければ正答とすることはできない。

②資料の中に出てくる実数，割合（構成比，増加率等），指数といった数値データのタイプについて正しく理解しておく。

③試験では時間が足りなくなりがちであるから，要領よく計算するテクニックを身につけ，無駄な計算をしないように注意する。また，簡単な計算は暗算で済ますことができるように訓練しておくことも大切である。

④選択肢を検討するときは，**正誤判断の容易なものから順に手をつける**というのが大原則である。そうすれば，正答の選択肢が判断に手間のかかるものだったとしても，消去法で間接的に正答に到達することが可能となる。できれば，すべての選択肢にざっと目を通し，順番をよく考えたうえで個々の選択肢の検討作業に入るのがよい。

⑤与えられた資料には隅々まで気を配り，数値の単位や脚注なども見逃さないように注意する。

重要ポイント2 計算はなるべくしない

選択肢の正誤を判断するための計算では，選択肢の記述どおりに素直に計算するのではなく，常により楽な計算方法で対処するように工夫することが大切である。また，割合に関する記述において頻出する分数形の大小比較では，分数の値を実際に計算せずに大小比較を行う方法も身につけておきたい。

■できるだけ乗算で処理する

資料解釈で要求される計算には乗除算が圧倒的に多い。選択肢の検討に乗除算が必要なときは，除算は手計算では時間がかかるので，なるべく乗算で処理できるように工夫するのがよい。たとえば，「項目Aの項目Bに対する割合が5割を超えている」かどうかを判断するとき，$A \div B > 0.5$ を検証するよりも $B \times 0.5 < A$ を検証するほうが計算労力は少なくて済む。

〈例〉「2003年度の売上高234,571〔千円〕は，2004年度の売上高304,925〔千円〕の70％を超えている」の正誤を判断する。

有効数字3ケタで計算して，$(305 \times 1000) \times 0.70 \fallingdotseq 214 \times 1000 < 235 \times 1000$ であるから，正しい。

■分数形の大小比較

割合の大小関係が問題とされている選択肢を検討するときなどには，分数形の式の大小比較を行わなければならない場合が多い。このような場合，必ずしも除算によって分数の値を実際に求めなくても大小比較を簡単に行えることがある。

〈例〉$\dfrac{131}{674}$ と $\dfrac{132}{688}$ の大小を比較する。

$\dfrac{132}{688} = \dfrac{131+1}{674+14}$ で，しかも $\dfrac{131}{674} > \dfrac{1}{14}$ は明らかであるから，$\dfrac{131}{674} > \dfrac{132}{688}$ である。

これは慣れないと理解しにくいかもしれないが，次のような分数の性質に基づいている。

a，b，c，$d>0$ であるとき，

$$\frac{b}{a} > \frac{d}{c} \text{ ならば } \frac{b}{a} > \frac{b+d}{a+c}$$

$$\frac{b}{a} < \frac{d}{c} \text{ ならば } \frac{b}{a} < \frac{b+d}{a+c}$$

このような比較方法は，分母どうし，分子どうしの差が比較的小さい場合に有効である。

重要ポイント3 有効数字に基づいた計算

実数を多く含む数表が題材となっている場合などには，ケタ数の多い数値どうしの乗除算（掛け算と割り算）が必要になることがあるが，計算結果にどの程度の精度が必要かをよく考え，有効数字を考慮した概算で済ますことが大切である。

■有効数字とは

統計資料に現れる数値データは，物理や化学での測定値と同様に必ずしも正確な値ではない。それは多くの場合，統計処理の過程で四捨五入による**丸め誤差**を含んでいる。たとえば，20.13という数値が小数点以下3ケタ目で四捨五入して得られたものであるとすれば，真の値xは$20.125 \leqq x < 20.135$という範囲にあるということしか保証されない。この場合，20.13の有効数字は2，0，1，3の4つであり，有効ケタ数は4ケタである。また，0.0027の有効数字は2，7の2つだけであり，有効ケタ数は2ケタである。この場合，2の左側に並ぶ3つの0は位取りのために存在しているだけなので有効数字には数えない。このような有効数字を前提とした乗除算では，一般に次のような原則が成り立つ。

> 有効数字 n ケタの数値と有効数字 m ケタの数値との乗除の結果は，$n \geqq m$ ならば有効数字 m ケタまで信用できる。

この原則に従えば，2.13×4.167はまともに計算すると8.87571となるが，有効数字を考慮した場合は小数点以下3ケタ目で四捨五入して8.88と答えるべきである。

■有効数字は3ケタを目安に

実際に問題を解く際の計算では，選択肢の正誤を判断するのに必要なケタ数をあらかじめ想定して，有効ケタ数をそろえてから計算すればよい。たとえば有効ケタ数を3ケタと想定した場合は，2.13×4.167は2.13×4.17として計算する。ほとんどの場合，**選択肢の正誤を判断するのに必要な有効ケタ数は3ケタで十分**である。なお，加減算（足し算と引き算）の場合は1.27＋14.6なら1.3＋14.6のように**最後のケタ（右端のケタ）をそろえて**計算すればよい。

重要ポイント4 割合の考え方

割合は資料解釈で問題とされる最も基本的な数量概念である。柔軟に対処できるよう十分に訓練しておきたい。

$$\text{割合}=\frac{\text{比較される量}}{\text{基準になる量}},\quad \text{基準になる量}=\frac{\text{比較される量}}{\text{割合}}$$

重要ポイント5 単位当たりの量

単位当たりの量が含まれている資料では，複数項目間に隠れた数量関係が存在し，それに基づいた計算が要求される場合がある。このような場合には，数的推理と同様の処理が必要になることがあるので注意したい（隠れ数的推理といってもいい）。

単位当たりの量とは，たとえば自動車千台当たりの交通事故発生件数や単位面積当たりの人口（人口密度）などのように，実数そのものではなくあくまでも決められた単位量に対する相対値である。したがって，基準となっている単位量に対応する実数（上記の例では自動車台数や面積）に関する情報が与えられていないと，単位当たりの量だけに基づいて実数そのもの（上記の例では交通事故発生件数や人口）を比較することはできない。

重要ポイント6 重みつき平均

資料解釈の問題で重みつき平均が適用されるケースは多くはないが，知っていると選択肢の判断や計算に役立つことがある。

一般に，n 個の数 $x_1, x_2, \cdots\cdots, x_n$ に対してそれぞれ正数 $w_1, w_2, \cdots\cdots, w_n$ という重みがついているとき，$\dfrac{x_1w_1+x_2w_2+\cdots\cdots+x_nw_n}{w_1+w_2+\cdots\cdots+w_n}$ の形の式の値を，これら n 個の数の重みつき平均あるいは加重相加平均という。この式の値は $w_1=w_2=\cdots=w_n$ のときには通常の平均と同じになる。すなわち，重みつき平均は通常の平均の拡張になっている。たとえば，政府や自治体が発表する消費者物価指数は重みつき平均に基づいて計算されている。

実戦問題

1 次の表から確実にいえるのはどれか。

【特別区・平成28年度】

果樹の収穫量の推移

（単位　t）

品目	平成21年	22	23	24	25
みかん	1,003,000	786,000	928,200	846,300	895,900
りんご	845,600	786,500	655,300	793,800	741,700
日本なし	317,900	258,700	286,200	275,400	267,200
かき	258,000	189,400	207,500	253,800	214,700
ぶどう	202,200	184,800	172,600	198,300	189,700

1　表中の各品目のうち，平成22年に対する平成24年の収穫量の増加量が最も大きいのは，「みかん」である。

2　表中の各年とも，「りんご」の収穫量は，「かき」の収穫量の4倍を下回っている。

3　平成22年において，「みかん」の収穫量の対前年減少率は，「かき」の収穫量のそれより小さい。

4　「ぶどう」の収穫量の平成21年に対する平成23年の減少率は，15％より大きい。

5　平成21年の「日本なし」の収穫量を100としたときの平成24年のそれの指数は，90を上回っている。

下の表は，平成2年から平成22年までの，世帯人員別一般世帯数の推移をまとめたものである。この表から判断できることとして，最も妥当なのはどれか。

【東京消防庁・平成28年度】

（千世帯）

	平成2年	平成7年	平成12年	平成17年	平成22年
1人世帯	9,390	11,239	12,911	14,457	16,785
2人世帯	8,370	10,080	11,743	13,024	14,126
3人世帯	7,351	8,131	8,810	9,196	9,422
4人世帯	8,788	8,277	7,925	7,707	7,460
5人世帯	3,805	3,512	3,167	2,848	2,572
6人世帯	1,903	1,713	1,449	1,208	985
7人以上	1,064	948	776	623	493
世帯総数	40,671	43,900	46,781	49,063	51,843

1　1人世帯が世帯総数に占める割合は，平成2年から平成22年にかけて倍増した。

2　2人世帯はすべての年で，全世帯構成の中で2番目に多い。

3　3人世帯が最も増加したのは，平成17年から平成22年にかけてである。

4　4人世帯以上で，平成2年から平成22年にかけて最も減少した世帯は5人世帯である。

5　平成22年の2人世帯以下の人口は，4,000万人以上いる。

3 下の表は，平成29年の年齢区分別の保育所利用児童数と待機児童数についてまとめたものである。この表から判断できることとして，最も妥当なのはどれか。 【東京消防庁・令和元年度】

		保育所利用児童数	待機児童数
低年齢児（0～2歳）		1,031,486	23,114
	うち0歳児	146,972	4,402
	うち1～2歳児	884,514	18,712
3歳以上児		1,515,183	2,967
全年齢児計		2,546,669	26,081

（単位：人）

1 保育所利用児童数において，全年齢児計に占める低年齢児（1～2歳）の割合は，4割を超えている。

2 待機児童数において，全年齢児計に占める低年齢児（0～2歳）の割合は，9割を超えている。

3 全年齢児計において，保育所利用児童数と待機児童数の合計に占める待機児童数の割合は，1%を超えていない。

4 待機児童数において，全年齢児計に占める0歳児の割合は，2割を超えている。

5 待機児童の全年齢児計に占める低年齢児（0～2歳）の割合は，保育所利用児童の全年齢児計に占める低年齢児（0～2歳）の割合よりも大きい。

4 次の表は，平成24年から平成26年までの，重要窃盗犯の手口別認知・検挙状況をまとめたものである。この表から言えることとして，最も妥当なのはどれか。 【警視庁・平成28年度】

（単位：件）

区分 ＼ 年次			平成24年	平成25年	平成26年
認知件数	侵入盗		115,337	107,313	93,566
		うち住宅対象	61,015	57,821	48,120
	自動車盗		21,332	21,529	16,104
	ひったくり		10,097	7,909	6,201
	すり		5,481	5,508	4,617
検挙件数	侵入盗		62,298	53,914	50,500
		うち住宅対象	32,491	27,880	24,857
	自動車盗		7,556	7,857	6,689
	ひったくり		4,647	4,186	3,684
	すり		1,378	1,564	1,126

1 重要窃盗犯の認知件数が最も多い年は，平成25年である。

2 重要窃盗犯の認知件数の各年の合計件数は，平成25年，平成26年とも前年に対して20％以上減少している。

3 平成26年の認知件数の合計に対する侵入盗の割合は70％未満である。

4 自動車盗について，認知件数に対する検挙件数の比率が最も大きい年は平成25年である。

5 平成24年の自動車盗，ひったくり，すりのうち，認知件数に対する検挙件数の比率が最も大きいのは，ひったくりである。

5 **表は，ある地域における勤労者の通勤時間を調査したものである。これから確実にいえるのはどれか。** 【国家Ⅲ種・平成22年度】

（単位：人）

	総数	15分未満（自宅・住み込みを含む）	15分以上30分未満	30分以上1時間未満	1時間以上1時間30分未満	1時間30分以上2時間未満	2時間以上
昭和58年	22,957	6,315	6,155	6,793	2,757	729	208
昭和63年	23,612	6,576	6,621	6,862	2,696	700	157
平成 5年	25,432	6,950	7,033	7,337	3,189	736	187
平成10年	25,524	5,369	6,447	7,732	4,250	1,364	362
平成15年	23,407	4,972	6,062	7,113	3,773	1,162	325
平成20年	23,112	5,726	6,819	6,769	2,888	727	183

1　どの年も，通勤時間が30分以上1時間未満の者が最も多い。

2　通勤時間が1時間以上の者が総数の3割を超えている年はない。

3　平成10年は，昭和58年と比べ，通勤時間が2時間以上の者の割合が倍以上に増えている。

4　平成15年は，平成5年と比べ，通勤時間が30分未満の者の割合が大きい。

5　平成20年は，昭和63年と比べ，平均通勤時間が10分以上増えている。

6 下表は，ある県のスーパーの販売実績を見たものであるが，この表から正しくいえるものはどれか。 【警察官・平成18年度】

スーパーの販売実績

	販売額総額〔万円〕	従業員数〔人〕	売場面積〔m^2〕	従業員１人当たり販売額〔万円／人〕	売場面積1m^2当たり販売額〔千円／m^2〕
平成13年	16,145,850	71,742	4,353,397	225.1	37.1
平成14年	16,654,227	73,711	4,412,508	225.9	37.7
平成15年	17,661,970	80,580	4,654,293	219.2	37.9
平成16年	17,768,213	84,876	4,750,457	209.3	37.4
平成17年	18,265,034	89,015	5,102,188	205.2	35.8

1 平成14年から平成17年のうちで，売場面積１m^2当たり販売額の対前年増加率が最も高かったのは，平成15年である。

2 平成13年の従業員１人当たり販売額を100とした指数で見ると，平成17年は約88となっている。

3 従業員１人当たりの平均売場面積は，平成13年より平成17年が１割ほど多くなっている。

4 販売額総額は，平成13年以降年々増加し続けているが，従業員１人当たり販売額は年々減少している。

5 平成17年の販売額総額の対前年増加率は，同年の従業員数のそれよりも低かった。

次の表は，東京都区部における主要品目の小売価格の推移を表したものであるが，この表から正しくいえるものはどれか。　【警察官・平成21年度】

（単位：円）

品　　目	単　位	2004年平均	2005年平均	2006年平均	2007年平均	2008年平均
うるち米	5kg	3,146	2,804	2,744	2,670	2,610
牛肉（輸入品）	100g	351	331	340	343	369
牛乳	1000mL	208	207	204	202	209
鶏卵	1パック	200	231	214	211	227
しょう油	1L	277	270	266	265	274
砂糖（上白）	1kg	192	188	200	200	200
即席めん	1個	141	140	137	135	146
缶ビール	6本	1,216	1,219	1,205	1,194	1,221
ティッシュペーパー	5箱	373	345	323	331	298
ラップ	1本	171	169	165	164	168
自動車ガソリン	1L	113	125	135	139	156
私立高校授業料	1か月	33,700	33,970	33,970	34,112	34,272

1　表中の品目のうち，2004年平均から2008年平均にかけての小売価格が毎年減少しているのは，うるち米（5kg）だけである。

2　表中の品目のうち，2004年平均から2008年平均にかけての小売価格が毎年増加しているのは，私立高校授業料（1か月）だけである。

3　鶏卵（1パック）の小売価格を2008年平均と2004年平均とで比較すると，2008年平均の小売価格は，2004年平均の小売価格より，20％以上増加している。

4　牛肉（輸入品）100gの小売価格は，2008年平均で前年平均より26円増加しているが，これは円高の影響を受けたためである。

5　表中の品目のうち，2004年平均から2008年平均にかけての小売価格の増減傾向が類似しているのは，しょう油（1L）と砂糖（上白1kg）の2つである。

実戦問題●解説

1 実数の表についての問題である。表の実数から対前年増加量や対前年増加率を計算させる問題がよく出る。対前年増加量については1年間の差分により求めることができる。増加率では前年の実数を基本量とした増加量を求めることになるので，増加量が一番大きくても増加率が一番大きくなるとは限らない。本問題もそのケースに相当する。注意して計算する必要がある。

1 × 誤り。みかんはおよそ84.6万t−78.6万tで6.0万tの増加であるが，かきは25.38万t−18.94万tより6.4万t以上の増加となっており，増加量が最も大きいのはみかんというのは誤り。

2 × 誤り。22年において，かきは189400t＜190000tで，その4倍は190000t×4＝760000tであり，りんごの786500tを下回る。したがって，りんごがかきの収穫量の4倍を下回っているというのは誤り。

3 ◎ 正しい。平成22年において，みかんの対前年減少率は万tを単位として計算すると$\frac{100-79}{100}=\frac{21}{100}=0.21$となる。かきにおいては$\frac{26-19}{26}=\frac{7}{26}\fallingdotseq 0.27$となり，ともに減少となる。みかんの収穫量の対前年減少率はかきのそれより小さいというのは正しい。

4 × 誤り。ぶどうの収穫量の平成21年に対する平成23年の減少率を100tの単位で202200を2022〔100t〕，172,600を1726〔100t〕として計算すると，$\frac{2022-1726}{2022}=\frac{296}{2022}<\frac{300}{2000}=0.15$となり，減少率は15%より大きいということはない。

5 × 誤り。大きめに見積もっても$\frac{275400}{317900}<\frac{276}{310}<\frac{279}{310}=0.9$なので，指数が90を上回っているというのは誤り。

確認しよう ➡増加率

正答 3

2 計算はできる限り省略することで時間の確保に努める。特に割り算はできる限り行わない。選択肢**5**において，人口は世帯数とは異なることに注意する。2人世帯における人口は2人世帯数×2となる。

1 × 誤り。平成2年における1人世帯の数9390（単位千世帯）から平成22年の1人世帯の数16785で増加の割合は2倍に満たない。世帯総数においても40671から51843まで増えている。1人世帯の数だけみても2倍に満たないのだから世帯総数が増えていると世帯総数に占める1人世帯の割合はますます2倍に満たない。

2 × 誤り。平成2年において，2人世帯は8370であり，1人世帯9390，4人世帯8788よりも少ない。すなわち2番目に多いということはない。

3 × 誤り。平成2年から7年にかけて7351から8131へと700以上の増加となっているが，平成17年から22年にかけては，9196から9422へと増加は300未満であり，最も増加したとはいえない。

4 × 誤り。5人世帯は3805から2572へと1300未満の減少（1233の減少）であるが，4人世帯は8788から7460へと1300を超える減少（1328の減少）であり，最も減少した世帯は5人世帯であるとはいえない。

5 ◎ 正しい。平成22年の1人世帯と2人世帯の合計の人口は1人世帯数＋2人世帯数×2で計算できる。16785＋14126×2＝45037より4000万人を超えている。

確認しよう ➡割合，概算方法（計算はなるべくしない）　　**正答 5**

3 実数についての表の問題である。問われている割合に必要な項目を表の中からひとつずつ読み取っていけば問題なく正答にたどり着ける。

1 × 誤り。保育所利用児童数において，全年齢児計2546669（人）に対する低年齢児（1～2歳児）884514（人）の割合はおよそ885/2547≒0.35となり4割を下回る。

2 × 誤り。待機児童数において，全年齢児計26081（人）に対する低年齢児（0～2歳児）23114（人）の割合はおよそ$\frac{23.1}{26.1}$≒0.89＜0.9より9割を下回る。

3 × 誤り。全年齢児計において，保育所利用児童数と待機児童数の合計は2546669＋26081＝2572750となる。これは待機児童数26081の100倍以下である。すなわち待機児童数の割合は1％を上回る。

4 × 誤り。待機児童数の全年齢児計に占める0歳児の割合は$\frac{4402}{26081}<\frac{5}{25}$＝0.2より2割に満たない。

5 ◎ 正しい。待機児童の全年齢児計に占める低年齢児（0～2歳）の割合は$\frac{23114}{26081}≒\frac{23}{26}$≒0.9である。一方，保育所利用児童の全年齢児計に占める低年齢児（0～2歳）の割合は$\frac{1031486}{2546669}≒\frac{1}{2.5}$≒0.4となる。したがって，待機児童数の全年齢児計に占める低年齢児（0～2歳）の割合のほうが，保育所利用児童のそれより大きいといえる。

確認しよう ➡概算方法，有効数字　　**正答 5**

4 必要最小限のケタ数で概算する。不必要に細かい計算はしないこと。

1 × 誤り。重要窃盗犯の認知件数について，平成24年と25年を比べると，侵入盗は115千件から107千件と8千件減っている。また，ひったくりも2千件減っている。一方，自動車盗とすりをあわせても千件増えていないので，24年より25年のほうが多いとはいえない。

2 × 誤り。平成24年から25年にかけて重要窃盗犯の認知件数はおよそ150千件に対し，8千件程度減っているので，10％も減っていない。

3 × 誤り。 平成26年の重要窃盗犯の認知件数94千件＋16千件＋6千件＋5千件＝121千件程度で，その70％は121千件×0.7≒85 千件である。侵入盗は94千件で85千件を上回るので70％未満とはいえない。

4 × 誤り。平成25年と26年を比較すると，自動車盗の認知件数21千件から16千件へと5千件減っているのに対し，検挙件数は7.9千件から6.7千件と1.2千件しか減っていない。平成25年において，認知件数に対して検挙件数は3分の1以上あるが，減った人数は5千件の3分の1である1.7千件よりも少ない。したがって，検挙件数の比率は26年のほうが高い。

5 ◎ 正しい。認知件数に対する検挙件数について，自動車盗は

$\frac{7.6}{21}<0.4$，すりは$\frac{1.4}{5.5}<0.4$となり，いずれも40％に満たない。一方，

ひったくりは$\frac{4.6}{10}>0.4$であり，40％を超える。したがって，認知件数に対する検挙件数の比率が最も大きいのはひったくりである。

☞確認しよう ➡概算方法（計算はなるべくしない） **正答 5**

5 表の数値のケタ数が多いときには，有効数字3ケタ程の概算で調べてみるとよい。本問の表は単位が〔人〕であるが，〔千人〕や〔万人〕のようなときもあるので，単位にも注意しておこう。本問の選択肢**4**のように2つ以上の分数を比べるときは，できるだけ割り算を実行しないで，分母・分子の値から分数の大小関係を判断するように心がけよう。

1 × 表の数値を慌てずに調べていけばよい。平成20年だけは，30分以上1時間未満の者が最多でなく，15分以上30分未満の者のほうが多い。

2 ◎ 正しい。各年の総数が与えられているので，計算は比較的簡単である。通勤時間が1時間以上の者とは，1時間以上1時間30分未満，1時間30分以上2時間未満，2時間以上の3つの区分の合計である。数値をざっと見ただけで，平成10年を除いたどの年も合計が6,000未満であることがわかる。平成10年も，3つの数値を実際に足すと5,976となり6,000未満とわかる。一方，どの年の総数も20,000を超えており，その3割は6,000よりも大きい。よって，どの年においても，通勤時間が1時間以上の者は総数の3割を超えていない。

3 × 通勤時間が2時間以上の者は昭和58年が208人であり，その2倍は416人である。一方，平成10年は362人であり，昭和58年の2倍未満である。

4 × 1,000以上の数値が多いので，十の位で四捨五入して割合を計算してみる。まず，平成5年は総数が約25,400〔人〕で，通勤時間30分未満の者は6,950＋7,033≒14,000〔人〕なので，その割合は$\frac{14,000}{25,400}=\frac{140}{254}$となり0.5以上である。次に，平成15年は総数が約23,400〔人〕で，通勤時間30分未満の者は4,972＋6,062≒11,000〔人〕なので，その割合は$\frac{11,000}{23,400}=\frac{110}{234}$となり0.5未満である。したがって，割合は平成5年のほうが大きい。

5 × 平均を求めるためには，すべての勤労者の通勤時間の総和がわからなければならない。区分ごとの人数が与えられている場合，通勤時間の総和の上限と下限までは計算できることがある。ただ，本問のように2時間以上という上限のない区分があると，通勤時間の総和の上限がわからない。それゆえ，平成20年と昭和63年の平均通勤時間を比較することはできない。

☞確認しよう ➡資料解釈の特徴，概算による計算 **正答 2**

6 実数が細かい数値で与えられたときには，異なる年度間の差異が残る範囲で近似値を使うとよい。たとえば，販売額総額と従業員数は百の位で四捨五入して概算できる。ざっと選択肢を見てみると，ほとんど計算を必要としないのは選択肢**1**と**4**である。残りの選択肢は多少計算を要するが，単年度の指数や額を調べれば判断できる。また，割り算はなるべく掛け算に置き換えたほうが計算が速くなる（選択肢**2**を参照)。

1 × 売場面積$1m^2$当たり販売額はどの年もほぼ同じなので，対前年**増加量**が最も多い平成14年の対前年**増加率**が最高であろうと予想できる。まず，

平成14年の対前年増加率は $\frac{37.7-37.1}{37.1}=\frac{0.6}{37.1}$

平成15年の対前年増加率は $\frac{37.9-37.7}{37.7}=\frac{0.2}{37.7}$

である。ここで，14年に対して，15年の分数は分母が大きくなり分子が小さくなっていることに注意すると，計算するまでもなく15年の増加率のほうが小さいことがわかる。よって，15年の対前年増加率は最高ではない。

2 × 平成13年の値225.1を100としたときに，平成17年の値205.2の指数が88となるかどうかを調べる。指数自体の定義は205.2÷225.1であるが，**掛け算に置き換えて**，225.1×0.88が205.2になるかどうかを調べてもよい。計算すると225.1×0.88≒198なので205.2とはいえない。

3 × 販売額総額と従業員数は**百の位で四捨五入して概算**してみる。従業員1人当たりの平均売場面積は

平成13年が $\frac{4353397}{71742}\fallingdotseq\frac{4353000}{72000}=\frac{4353}{72}\fallingdotseq60$

平成17年が $\frac{5102188}{89015}\fallingdotseq\frac{5102000}{89000}=\frac{5102}{89}\fallingdotseq57$

となる。よって，17年は13年よりも少なくなっている。

4 × 「年々増加し続けている」という前半部は正しい。しかし，従業員1人当たり販売額は平成14年に増加しており，「年々減少している」という後半は誤り。

5 ◎ 正しい。選択肢**3**と同様に，販売額総額と従業員数を**百の位で四捨五入して概算**すると

平成17年の販売額総額の対前年増加率は $\dfrac{18265-17768}{17768}=\dfrac{497}{17768}$

平成17年の従業員数の対前年増加率は $\dfrac{89-85}{85}=\dfrac{4}{85}=\dfrac{400}{8500}$

となる。ここで，2つの分数の分母・分子を比べると，分母の17768は8500の2倍以上であるが，分子の497は400の2倍未満である。よって，

$$\frac{497}{17768}<\frac{400}{8500}$$

とわかる。

(実際，前者は0.028，後者は0.047である。)

あるいは，従業員1人当たり販売額は平成16年から17年にかけて209.3〔万円/人〕から205.2〔万円/人〕へと減少しているので従業員の対前年増加率より販売額のそれは小さいといえる。

確認しよう ➡概算による計算，増加量と増加率，乗算による処理　**正答 5**

7 表に与えられたデータは多いが，選択肢の内容は比較的単純なので，慌てずに数値をチェックしていけばよい。

1 ◎ 正しい。表の数値の増減を調べるだけで解決するが，すべての数値をチェックする必要があるので，うっかりミスをしないように注意が必要である。「うるち米」以外の品目では，2008年までのどこかで小売価格が前年よりも増加している年がある。

2 × 選択肢**1**と同様，慌てずに数値をチェックしていけばよい。「自動車ガソリン」は小売価格が毎年増加している。そもそも私立高校授業料は2005年から2006年にかけて増加していない。

3 × 鶏卵（1パック）の小売価格は，2004年平均が200円，2008年平均が227円である。2004年の20％は40円なので，2008年が2004年よりも20％増加したのであれば，2008年は240円以上でなければいけない。しかし，2008年は227円である。

4 × 牛肉の2008年平均の小売価格は確かに前年よりも26円増加しているが，増加の原因についてはこの表だけからは判断できない。

5 × 何をもって「増減傾向が類似している」といっているのか定かではないので，この表だけから増減傾向が類似している品目を判断することはできない。

確認しよう ➡資料解釈の特徴，割り算を使わない工夫　**正答 1**

数表
―指数・構成比

重要問題

表は，わが国の一般世帯の総数及び家族類型別の割合を示したものである。これから確実にいえるのはどれか。

【国家一般職／税務／社会人・令和2年度】

一般世帯の家族類型		2005年	2010年	2015年
総数 （単位：千世帯）		49,063	51,842	53,332
単独世帯		29.5%	32.4%	34.6%
核家族世帯	夫婦のみの世帯	19.6%	19.8%	20.1%
	夫婦と子供から成る世帯	29.8%	27.9%	26.9%
	ひとり親と子供から成る世帯	8.3%	8.7%	8.9%
その他の世帯		12.8%	11.1%	9.4%

（注）四捨五入等のため割合の合計が100%にならない場合がある。

1　2005年，2010年，2015年を比較すると，核家族世帯の割合は，一貫して増加している。

2　2015年の夫婦のみの世帯数が核家族世帯数に占める割合は，3割を超えている。

3　2005年と2015年を比較すると，「その他の世帯」の減少数は，単独世帯の増加数よりも大きい。

4　2005年から2015年までの一般世帯の総数の年平均増加率は，10%を超えている。

5　2010年のひとり親と子供から成る世帯数は，5,000千世帯を超えている。

解説

構成比が与えられた問題である。構成比の問題は総数などの実数が与えられている場合と与えられていない場合があるが，本題のように総数が与えられている場合，総数と構成比から実数の比較ができることに注意する。

1 × 誤り。2005年の核家族世帯割合は19.6＋29.8＋8.3＝57.7％，2010年では19.8＋27.9＋8.7＝56.4％となり，増加しているとはいえない。

2 ◎ 正しい。2015年において，核家族世帯割合は20.1＋26.9＋8.9＝55.9％であるのに対し，夫婦のみの世帯の割合は20.1％であるので，夫婦のみの世帯数が核家族世帯数に占める割合は$\frac{20.1}{55.9}$≒0.36となり，3割を超えているといえる。

3 × 誤り。その他の世帯の減少数は49063×0.128－53332×0.094＝6280－5013＝1267，単独世帯の増加数は2015年から2005年を引いて53332×0.346－49063×0.295＝18453－14474＝3979よりその他の世帯の減少数のほうが単独世帯増加数より大きいことはない。計算の簡略のため，$\frac{53332}{49063}$≒1.09を2015年の構成比に乗じて2005年と2015年の構成比の差を求めて比較してもよい。

4 × 誤り。2005年の一般世帯の総数は49063（千世帯），2015年では53332（千世帯）から10年間でさえ，$\frac{53332}{49063}$＝1.09となり，9％の増加率となる。したがって，年平均では0.9％程度となり，10％を超えているということはない。

5 × 誤り。2010年のひとり親と子供から成る世帯は8.7％なので，世帯数は51842（千世帯）×0.087≒4510（千世帯）となり，5000千世帯を超えているということはない。

確認しよう →割合

正答 2

総数と項目の構成比で項目の実数値が計算できる。また実数の比を聞かれる場合，総数が同じものであれば，構成比の比を考えればよい。

重要ポイント1 **指数の特徴と取り扱い方**

指数は，基準値を100とし，他の数値をこれに対する相対値として示したものである。指数は時系列データに対して用いられることが多く，その場合には注目している数量の特定の時点における値が基準値となる。指数を含んだ資料に関する問題では，指数と実数の違いをきちんと把握して対処しなければならない。

■指数の定義を理解しよう

基準値をAとし，それに対応する指数I_Aを100としたとき，これと比較される他の数値Bに対応する指数I_Bに関して次の式が成り立つ。

$$I_B=100\times\frac{B}{A},\ B=A\times\frac{I_B}{100}\ (I_A=100)$$

たとえば，Aの値が60，Bの値が90であるとき，Aを100としたBの指数は$100\times(90\div60)=150$となる。

■指数に基づいて実数の比較を行うときの注意

基準値が同じである場合は，指数の比較によって実数の大小を直接論ずることができる。さらに指数の変化から実数の増減率，最大・最小になる時期などを知ることもできる。つまり，実数の代わりに指数を用いてよい。ただし，実数の差を指数の差のみから求めることはできないので注意が必要である。

一方，いくつかの指数が与えられていて，それぞれが異なる基準値に基づいているときには，原則として指数の比較によって実数の大小を論じることはできない。ただし，基準値である実数が与えられている場合や，基準値の比が与えられている場合などには，指数に基づいて実数の大小比較が可能となるので注意が必要である。

簡単な例を挙げて説明しよう。次の表は，A，B，C 3社の生産高指数の推移を示したものである。

	2001年	2002年	2003年	2004年
A社	100	80	105	123
B社	100	105	98	125
C社	100	117	108	127

この表では，基準値はA，B，C社それぞれの2001年における生産高であ

り，これらは当然異なっていると考えなければならない。そこで，たとえば「A社の生産高は2004年において最大になっている」とか「B社の生産高の2002年における対前年増加率は5%である」はいえるが，「2004年においてはC社の生産高がトップである」とはいえない。

ただし，いずれかの年における3社の生産高の実数または比が与えられている場合には，最後に挙げたような判断も可能になる。

重要ポイント 2 構成比の取り扱い方

構成比は全体量に対する部分量の割合で，指数と同様に実数ではない。選択肢の中に構成比と実数とを混同させるような記述が出てきた場合には気をつける必要がある。すなわち，全体量が実数として与えられている場合と，そうではない場合とで対処のしかたが変わってくる。構成比は通常%で表されるので，計算の際には%→小数の変換を行う必要がある。

■構成比とともに実数が与えられている場合

全体量の実数と構成比に基づいて部分量の実数を求めることができる。

部分量＝全体量×構成比

逆に，部分量の実数と構成比に基づいて全体量の実数を求めることもできる。

全体量＝部分量÷構成比

■構成比だけで実数が与えられていない場合

全体量が共通である項目間では，構成比の比較だけで実数の大小関係を知ることができるが，全体量の異なる項目間では構成比の比較だけでは実数の大小関係を論ずることはできない。

■構成比とともに指数が与えられている場合

指数を実数の代わりに用いることにより，全体量の異なる項目間についても構成比に基づいて実数の大小比較が可能になる場合があるので注意したい。

実戦問題

1 次の表から正しくいえるのはどれか。

【東京都・平成28年度】

うなぎ養殖収穫量の都道府県別構成比の推移

（単位：%）

	平成24年	25年	26年	27年
愛知	23.5	22.1	27.9	25.7
宮崎	17.9	20.0	18.0	16.6
鹿児島	41.3	40.5	38.8	40.2
その他	17.3	17.4	15.3	17.5
合計	100.0 (17,377)	100.0 (14,204)	100.0 (17,627)	100.0 (19,913)

（注）（　）内の数値は，うなぎ養殖収穫量の合計（単位：t）を示す。

1　愛知のうなぎ養殖収穫量についてみると，平成24年に対する25年の比率は，0.7を下回っている。

2　宮崎のうなぎ養殖収穫量についてみると，平成24年から26年までの3か年の累計は，9,300tを上回っている。

3　平成25年における鹿児島のうなぎ養殖収穫量を100としたとき，27年における鹿児島のうなぎ養殖収穫量の指数は130を上回っている。

4　平成25年から27年までのうち，その他のうなぎ養殖収穫量が最も多いのは27年であり，最も少ないのは26年である。

5　平成27年についてみると，愛知のうなぎ養殖収穫量の対前年増加量は，その他のうなぎ養殖収穫量の対前年増加量の0.2倍を下回っている。

2 次の表から正しくいえるのはどれか。

【東京都・平成27年度】

廃プラスチックの有効利用量等の区分別構成比の推移

（単位：％）

	2010年	2011	2012	2013
マテリアルリサイクル量	23.0	22.3	22.0	21.6
ケミカルリサイクル量	4.4	3.8	4.1	3.2
サーマルリサイクル量	49.2	52.1	54.0	56.8
未利用量	23.4	21.8	19.9	18.4
合　計	100.0 (945)	100.0 (951)	100.0 (929)	100.0 (940)

（注）（　）内の数値は，廃プラスチックの総排出量（単位：万t）を示す。

1　マテリアルリサイクル量についてみると，2010年に対する2012年の比率は，0.8を下回っている。

2　マテリアルリサイクル量に対するサーマルリサイクル量の比率についてみると，2011年から2013年までのいずれの年も3.0を上回っている。

3　ケミカルリサイクル量についてみると，2011年から2013年までの3か年の累計は，120万tを上回っている。

4　2010年におけるサーマルリサイクル量を100としたとき，2013年におけるサーマルリサイクル量の指数は130を上回っている。

5　2011年から2013年までのうち，未利用量が最も多いのは2011年であり，最も少ないのは2013年である。

3 次の表から正しくいえるのはどれか。

【東京都・平成24年度】

新設住宅の戸数の利用関係別構成比の推移　（単位：%）

	平成19年	20年	21年	22年
持　家	29.7	29.1	36.1	37.5
貸　家	41.6	42.5	40.8	36.7
給与住宅	0.9	0.9	1.7	1.0
分譲住宅	27.8	27.5	21.4	24.8
合　計	100.0 (1,060,741)	100.0 (1,093,519)	100.0 (788,410)	100.0 (813,126)

（注）(　) 内の数値は，新設住宅の戸数の合計（単位：戸数）を示す。

1　貸家の新設住宅の戸数についてみると，平成19年は21年を130,000戸以上，上回っている。

2　分譲住宅の新設住宅の戸数についてみると，平成19年から21年までの3か年の累計は750,000戸を上回っている。

3　平成20年における持家の新設住宅の戸数を100としたとき，22年における持家の新設住宅の戸数の指数は90を下回っている。

4　平成20年から22年までの給与住宅の新設住宅の戸数についてみると，いずれの年も前年に比べて増加している。

5　平成22年についてみると，持家の新設住宅の戸数の対前年増加数は，分譲住宅の新設住宅の戸数の対前年増加数の0.6倍を下回っている。

4 次の表は，1970年，80年，90年におけるある商社の輸出量について示したものである。この表からいえることとして適切なのはどれか。

【国家Ⅲ種・平成11年度】

		1970	1980	1990
全商品輸出量（1980年＝100）		50	100	150
全　商　品		100.0%	100.0%	100.0%
1 次 産 品		87.1	65.1	56.8
	食料品	32.5	33.3	21.1
	原材料	29.4	24.0	13.6
	燃　料	25.2	7.8	22.1
工　業　品		12.9	34.9	43.2
	（内訳）	100.0%	100.0%	100.0%
	金　属	39.0	32.2	13.4
	化　学	8.0	7.3	6.9
	機　械	6.2	11.1	26.1
	繊維品	21.1	24.9	24.7
	その他	25.7	24.5	28.9

1　1980年の燃料の輸出量は，70年のそれの半分以下になっている。

2　1980年においては，全商品の輸出量に占める繊維品の割合は1割以上になっている。

3　1990年の金属の輸出量は，70年のそれの3倍を超えている。

4　1次産品の輸出量は順次減少し，1990年のそれは70年のそれの約6割である。

5　1次産品の輸出量に占める食料品の割合が最も高いのは，1990年である。

次の表から確実にいえるのはどれか。

【特別区・平成24年度】

広告費の総額及びその媒体別構成比の推移

区分		平成18年	19	20	21
総額（億円）		69,399	70,191	66,926	59,222
構成比〔%〕	計	100.0	100.0	100.0	100.0
	新聞	14.4	13.5	12.4	11.4
	雑誌	6.9	6.5	6.1	5.1
	ラジオ	2.5	2.4	2.3	2.3
	テレビ	29.1	28.5	28.5	28.9
	プロモーションメディア	39.4	39.7	39.3	39.1
	衛星メディア関連	0.8	0.9	1.0	1.2
	インターネット	6.9	8.5	10.4	12.0

1　平成20年において，テレビ広告費の対前年減少率は，ラジオ広告費のそれより大きい。

2　平成19年の衛星メディア関連広告費の対前年増加率は，平成21年のそれの2倍より小さい。

3　平成18年の新聞広告費を100としたときの平成20年のそれの指数は，80を下回っている。

4　インターネット広告費についてみてみると，平成18年に対する平成21年の増加額に占める平成19年の対前年増加額の割合は，50％を超えている。

5　平成18年から平成21年までの4年のプロモーションメディア広告費の1年当たりの平均は，雑誌広告費のそれの7倍より大きい。

6 次の表は，1995年の生産額を100としたA～E国の鉱工業生産指数の推移を示したものである。この表から判断できることとして，最も妥当なのはどれか。
【東京消防庁・平成19年度】

	2000年	2001年	2002年	2003年	2004年
A 国	105.5	98.7	97.6	100.6	106.0
B 国	129.1	124.5	124.2	124.0	129.2
C 国	107.1	105.4	102.8	102.3	103.0
D 国	114.4	115.9	114.2	113.6	116.2
E 国	114.5	114.7	113.5	114.0	117.4

1 A国の生産額は，5年間一貫して5か国中最も少なかった。

2 2000年と2004年の生産額を比較した場合，両者の差が最も小さいのはB国である。

3 C国の生産額は，5年間一貫して減少している。

4 D国の生産額の対前年増加率は，2001年のほうが2004年よりも大きい。

5 2000年の生産額に対する2004年の生産額の増加率が最も高いのはE国である。

次の表から正しくいえるのはどれか。

【東京都・令和２年度】

４島の各空港からＺ空港に降りた客数の構成比の推移

（単位：％）

	平成26年	27年	28年	29年	30年
Ａ　島	21.5	19.1	18.7	17.0	16.9
Ｂ　島	31.7	33.1	32.4	32.2	32.3
Ｃ　島	21.3	20.6	21.7	22.2	21.4
Ｄ　島	25.5	27.2	27.2	28.6	29.4
合　計	100.0 (52,722)	100.0 (54,194)	100.0 (54,426)	100.0 (56,393)	100.0 (54,452)

（注）（　）内の数値は，Ｚ空港に降りた客数の合計（単位：人）を示す。

1　平成26年から29年までの各年についてみると，Ｂ島の空港からＺ空港に降りた客数が最も多いのは27年であり，最も少ないのは26年である。

2　Ｃ島の空港からＺ空港に降りた客数についてみると，平成27年から29年までの３か年の累計は34,000人を下回っている。

3　Ｄ島の空港からＺ空港に降りた客数についてみると，平成27年に対する29年の比率は1.2を上回っている。

4　平成28年におけるＡ島の空港からＺ空港に降りた客数を100としたとき，30年におけるＡ島の空港からＺ空港に降りた客数の指数は85を上回っている。

5　平成30年におけるＺ空港に降りた客数の対前年増加率について島別にみると，最も小さいのはＡ島であり，次に小さいのはＣ島である。

実戦問題●解説

1 構成比の問題である。合計の実数値も示されており，各項目の実数値が計算できるようになっている。全体の実数値に構成比を掛けるとその実数値が出るので，実数の比較に対して構成比のみで判断しないよう注意。計算が煩雑になりがちであるが，なるべく小さいケタ数で計算が済むよう，不等号を駆使して計算を進める。

1 × 誤り。愛知のうなぎ養殖収穫量＝うなぎ収穫量全体×愛知の構成比であるから，愛知の平成24年うなぎ養殖収穫量17377×0.235（≒4084），平成25年は同じく14204×0.221（≒3139）である。3139÷4084≒0.77となり，0.7を下回ることはない。桁数の多い計算を避けるテクニックとして，$\frac{14204\times0.221}{17377\times0.235}=\frac{14204}{17377}\times\frac{0.221}{0.235}$とし，$\frac{14204}{17377}$も$\frac{0.221}{0.235}$も1に近い数値であることを使って0.7より大きくなることを示す。$\frac{0.221}{0.235}=\frac{22.1}{23.5}>\frac{23.5-2.35}{23.5}=0.9$（23.5からその1割である2.35を引いたものは22.1より小さいので，22.1は23.5の9割以上）より$\frac{22.1}{23.5}$は0.9を下回らない。同様に$\frac{14204}{17377}>\frac{174-17.4\times2}{174}=0.8$より$\frac{14204}{17377}$は0.8を下回らない。したがって，$\frac{22.1}{23.5}\times\frac{14204}{17377}>0.9\times0.8=0.72>0.7$より0.7を下回らないことは容易に計算できる。

2 × 誤り。宮崎のうなぎ養殖収穫量＝うなぎ収穫量全体×宮崎の構成比なので，平成24年から26年の3カ年の累計は17377×0.179＋14204×0.2＋17627×0.18＝3110＋2841＋3173＝9124tとなり，9300tを上回ることはない。計算にあたり，平成24年と26年を先に足し，あとで25年を加えると計算が軽減される。平成24年，26年累計について17377＋17627＝35004tで，ほぼ35000tである。宮崎県の割合は平成24年で0.179，26年で0.18であるが，多めにみてすべて0.18だとしても35000×0.18＝70000×0.09=6300tとなる。また，平成25年は14204×0.2＜15000×0.2＝3000tであり，合計は，6300＋3000＝9300tを上回ることはない。

3 ◎ 正しい。平成25年の鹿児島のうなぎ養殖収穫量は14204×0.405で，27年は19913×0.402となる。$\frac{19913}{14204}\times\frac{0.402}{0.405}\times 100$を計算すればよい。$\frac{0.402}{0.405}$は1%の精度でほぼ1であるから$\frac{19913}{14204}\times 100$が130を上回るかをみる。14204＋1420×4＝19884＜19913より$\frac{19913}{14204}$は1.4を上回る。したがって，計算結果は130を上回る。

4 × 誤り。その他のうなぎ養殖収穫量について，平成25年は14204×0.174≒2471，26年は17627×0.153≒2697。よって26年がもっとも少ないというのは誤り。計算としては，$\frac{17627}{14204}<\frac{0.174}{0.153}$であることを示すほうがたやすい。14204＋1420×2＝17044＜17627より25年に対する26年の収穫量合計の比$\frac{17627}{14204}$は1.2以上となる一方，26年に対する25年のその他の割合の比$\frac{0.174}{0.153}$については1.15にも満たない。したがって，26年のほうが少ないということはない。

5 × 誤り。対前年増加量について，愛知は19913×0.257－17627×0.279，その他については，19913×0.175－17627×0.153である。愛知の19913×0.257－17627×0.279＝5118－4918＝200に対して，その他は19913×0.175－17627×0.153＝3485－2697＝788となる。788×0.2＜200，したがって愛知の対前年増加量がその他の対前年増加量の0.2倍を下回ることはない。

確認しよう ➡構成比の取り扱い方　近似計算

正答 3

2 構成比と総排出量から各項目の実数が計算できる。また，選択肢**2**のように，同一年における実数の比を計算する場合には，実数を計算せずに構成比だけで計算できることを利用すると計算量を減らすことができる。

1 × 誤り。$\frac{929\times 0.22}{945\times 0.23}=\frac{204}{217}=0.94>0.9$より0.8を下回るということはない。

2 × 誤り。マテリアルリサイクル量に対するサーマルリサイクル量を求めるには，構成比の比をとっても計算ができる。2011年から2013年まで，いずれもマテリアルリサイクル量は20％を上回っているが，サーマルリサイクル量は60％を下回っているので，3.0を上回る年はない。

3 × 誤り。2011年から2013年までの廃プラスチックの総排出量を1000万tと多めに見積もっても，ケミカルリサイクル量は3カ年で38万t＋41万t＋32万t＝111万tとなり，120万tに満たない。

4 × 誤り。**1**と同様に$\frac{940\times0.568}{945\times0.492}$を計算すればよいが，各構成比をみると$\frac{0.568}{0.492}$が1.2を上回っていないことは容易にわかる。それに$\frac{940}{950}$という1未満の数値を掛けるので，1.2に満たない。したがって，指数130を上回っているというのは誤り。

5 ◎ 正しい。2011年が廃プラスチックの総排出量が一番多く，構成比も一番多いので2011年が未利用量が最も多いというのは正しい。2012年に対する2013年の未利用量を計算すると，$\frac{0.184\times940}{0.199\times929}=\frac{0.184}{0.199}\times\frac{940}{929}<0.93\times1.02<1$より，1より小さいので，2013年のほうが2012年より少ないというのは正しい。

確認しよう ➡構成比の取り扱い方

正答 5

3 構成比の問題では，構成比のケタ数や比較する数値の差の大きさに応じて概算のしかた（有効数字の決め方）を変える必要がある。本問では，概算をあらくとったのでは選択肢**2**と**5**の判断がつきにくい。通常，そのような選択肢は後回しにしたほうがよいのだが，概算で判断がつかない場合は，有効数字を少し増やして再度計算してみよう。また，選択肢**5**のように，比較する数値が2つくらいなら，思いきって近似計算を使わないでもよい。そのようなときのためにも，日頃から計算力を身につけておくようにしよう。

1 × 新設住宅の合計戸数を百の位で四捨五入し，構成比は小数第一位を四捨五入して概算してみる。貸家の新設住宅の戸数は，平成19年が約1061000×0.42≒446000〔戸〕であり，平成21年が約788000×0.41≒323,000〔戸〕である。2つの差は446000－323000＝123000なので130000を上回っていない（実際の差は約120,000）。

2 ◎ 正しい。選択肢**1**と同様の方法で概算してみると，3カ年の累計は750,000に近い値になるので正誤の判断が難しい。そこで，合計戸数を百の位で切り捨てし，**構成比はそのままの数値を使って計算**してみる。すると，平成19年度は約1060000×0.278＞294000，平成20年度は約1093000×0.275＞300000，平成21年度は約788000×0.214＞168000となる。これらの累計は，294000＋300000＋168000＝762000となる。このことは，累計の真の値が762000よりも大きいことを示すので，750000戸を上回っているというのは正しい。

3 × 平成20年の持家の新設住宅は約1094000×0.29≒317000〔戸〕であり，これを100とするときの90に当たるのは，317000×0.9≒285000〔戸〕である。一方，平成22年の持家の新設住宅は，低く見積もっても約813000×0.37≒300000〔戸〕である。よって，平成22年の戸数は平成20年の9割を上回っている。

4 × 平成19年と平成20年の給与住宅の構成比は等しく，新設住宅の合計戸数は20年のほうが多いので，20年の給与住宅は前年に比べて増加している。平成21年については，20年の給与住宅の新設戸数が約1094000×0.009であり，21年のそれが約788000×0.017である。20年に比べて，21年の構成比はほぼ2倍となったが，合計戸数は2分の1をかなり上回っている。よって，新設戸数は増加したことがわかる。平成22年についてみると，21年が約788000×0.017≒13000

〔戸〕，22年が約813000×0.01≒8000〔戸〕なので，平成22年については前年よりも減少している。

5 × かなり微妙な数値になるので近似が使いにくい。持家の新設住宅の対前年増加数は813126×0.375−788410×0.361であり，分譲住宅のそれは813126×0.248−788410×0.214である。もしも，持家の増加数が分譲住宅の増加数の0.6倍を下回るのであれば，813126×0.375−788410×0.361＜0.6(813126×0.248−788410×0.214)が成り立つはずである。式を展開して少しまとめると，813126(0.375−0.149)＜788410(0.361−0.128)となり，813126×0.226＜788410×0.233を得る。これを計算すると183766＜183700となり矛盾が生じる。よって，誤りとわかる。

☞確認しよう ➡近似計算，数値計算の工夫

正答 2

4

本問の表はやや構成が複雑である。構成比の部分は，全商品を100.0%として全商品＝1次産品＋工業品，1次産品＝食料品＋原材料＋燃料，工業品全体を100.0%として工業品＝金属＋化学＋機械＋繊維品＋その他，という関係になっている。また，構成比に対応する全体量は実数としては与えられていないが，指数が与えられているので，これを実数の代わりに用いることにより全体量の異なる項目間についても大小比較が可能である。すなわち，1980年の全商品輸出量を100として各項目の輸出量を計算して比較すればよい。なお，計算は有効数字2ケタで行えば十分である。

1 × 1980年の燃料の輸出量は100×0.078＝7.8，1970年のそれは50×0.252＝12.6，よって，半分以下ではない。

2 × 全商品の輸出量に占める繊維品の割合は，工業品の割合とその内訳である繊維品の割合を用いて計算する。1980年においてこの割合は0.35×0.25≒0.088，よって，1割以上とはいえない。

3 ◎ 正しい。**2**と同様に考えて，1990年の金属の輸出量は150×0.43×0.13≒8.4，1970年のそれは50×0.13×0.39≒2.5，8.4＞2.5×3であるから，3倍を超えている。

4 × 1次産品の輸出量は，1970年が50×0.87≒44，1980年が100×0.65＝65，1990年が150×0.57≒86であり，順次増加している。

5 × 1次産品と食料品の構成比に対応する全体量は共通であるから，この割合は構成比の比で求めることができる。すなわち，1980年が33÷65≒0.51，1990年が21÷57≒0.37であり，1980年のほうが高い。

確認しよう ➡有効数字と概算，指数，構成比 **正答 3**

5 増加率と減少率の違いに注意しよう。本問においては有効数字3ケタで計算してみたが，判断が微妙となる選択肢が多い。計算力の必要な問題である。

1 × 対前年減少率は$\frac{(\text{前年の値})-(\text{その年の値})}{\text{前年の値}}=1-\frac{\text{その年の値}}{\text{前年の値}}$で求められる。よって，$\frac{\text{その年の値}}{\text{前年の値}}$が小さいほうが対前年減少率は大きい。$\frac{\text{平成20年のテレビ}}{\text{平成19年のテレビ}}=\frac{66926\times0.285}{70191\times0.285}$，$\frac{\text{平成20年のラジオ}}{\text{平成19年のラジオ}}=\frac{66926\times0.023}{70191\times0.024}$であり，$\frac{0.023}{0.024}<1$なので，$\frac{\text{平成20年の値}}{\text{平成19年の値}}$はラジオのほうが小さい。このことは，ラジオのほうが減少率が大きいことを示す。

2 × 対前年増加率は$\frac{(\text{その年の値})-(\text{前年の値})}{\text{前年の値}}=\frac{\text{その年の値}}{\text{前年の値}}-1$で求められる。有効数字3ケタで計算すると，平成19年の衛星メディア関連広告費の対前年増加率は$\frac{70191\times0.009}{69399\times0.008}-1\fallingdotseq\frac{702}{694}\times\frac{9}{8}-1\fallingdotseq0.138$となり，平成21年のそれは$\frac{59222\times0.012}{66926\times0.01}-1\fallingdotseq\frac{592}{669}\times1.2-1\fallingdotseq0.0619$となる。$0.138>0.0619\times2$なので，平成19年の対前年増加率は平成21年のそれの2倍よりも大きい。

3 × 平成18年の新聞広告費を100としたときの平成20年のそれの指数は$\frac{\text{平成20年の広告費}}{\text{平成18年の広告費}}\times100$で求められる。有効数字3ケタで計算すると，この指数は$\frac{66926\times0.124}{69399\times0.144}\times100\fallingdotseq\frac{669}{694}\times\frac{124}{144}\times100=\frac{223\times31}{694\times12}\times100$となる。これが80を下回るのであれば$223\times31<0.8\times694\times12$が成り立たなくてはいけない。計算してみると，左辺は6,913で右辺は約6,662となり，左辺の方が大きくなるので矛盾である。よって，選択肢**3**の主張は誤りである。

4 ◎ 正しい。インターネット広告費の平成18年に対する平成21年の増加額は$59222\times0.12-69399\times0.069$であり，平成19年の対前年増加額は$70191\times0.085-69399\times0.069$である。有効数字3ケタで計算してみると，前者は$7100-4790=2310$となり，後者は$5970-4790=1180$となる。1,180を2倍すると2,310を超えるので，平成18年に対する平成21年の増加額に占める平成19年の対前年増加額の割合は50％を超えている。

5 × 各年の構成比をみてみると，プロモーションメディアが雑誌の7倍を超えるのは平成21年のみである。しかも，平成21年の総額は他の年よりも少ない。よって，平成18年から平成21年までのプロモーションメディア広告費の平均は，雑誌広告費のそれの7倍を超えていないと推測できる。それを確かめるために，もしプロモーションメディアの平均が雑誌広告費の7倍を超えていたとすると，$69399\times0.394+70191\times0.397+66926\times0.393+59222\times0.391>7\times(69399\times0.069+70191\times0.065+66926\times0.061+59222\times0.051)$となるはずである。左辺にまとめると，$-69399\times0.089-70191\times0.058-66926\times0.034+59222\times0.034$を得るが，これは明らかに負の数なので矛盾が生じる。したがって，平成18年から平成21年までのプロモーションメディア広告費の平均は，雑誌広告費のそれの7倍を超えていない。

確認しよう ➡増加率と減少率，増加率と増加額の違い

正答 4

6 各国の指数の変動が比較的小さいので，うかつに近似計算はしないほうがよい。選択肢**1**，**2**，**3**はすぐに判断できそうである。

1 × 1995年の生産額を100としているだけで，各国の生産額の実数比較はどの年も与えられていない。よって，5か国の間で生産額の比較はできない。

2 × 選択肢**1**と同様に，5か国の間で生産額の比較はできない。

3 × C国の指数で判断できる。2003年から2004年にかけては，指数が増加しているので生産額も増加している。よって，「一貫して減少」というのは誤り。

4 × D国の生産額の対前年増加率は，2001年が$\frac{115.9}{114.4}-1$で，2004年が$\frac{116.2}{113.6}-1$である。もし，2001年が2004年よりも大きいのであれば，$\frac{1159}{1144}>\frac{1162}{1136}$となるはずである。つまり，$1159\times1136>1162\times1144$であればよい。しかし，計算してみると$1316624>1329328$となって成り立たない。よって，2001年が2004年よりも大きいというのは誤り。

5 ◎ 正しい。各国の指数を用いて，$\frac{2004\text{年の指数}}{2000\text{年の指数}}$の値を調べればよい。それぞれ，

A国：$\frac{106}{105.5}\fallingdotseq 1.005$　　B国：$\frac{129.2}{129.1}\fallingdotseq 1$

C国：$\frac{103}{107.1}<1$　　D国：$\frac{116.2}{114.4}\fallingdotseq 1.012$

E国：$\frac{117.4}{114.5}\fallingdotseq 1.025$

となる。よって，増加率が最も高いのはE国である。

確認しよう ➡指数と増加率，分数の比較

正答 5

7 構成比の問題である。各年で構成比に加え合計の実数も与えられており，実数に構成比の割合を乗じる事で各項目の実数値を知ることができる。本題はその典型的な問題である。構成比だけで大小関係を判断しないようにすることが肝要である。

1 × 誤り。平成27年において，B島の空港からZ空港に降りた客数は54194×0.331≒17938（人）である。一方，平成29年では56393×0.322≒18159（人）であり，最も多いのは平成27年であるというのは誤り。

2 × 誤り。C島の空港からZ空港に降りた客数は平成27年から29年の3か年で54194×0.206＋54426×0.217＋56393×0.222＝11164＋11810＋12519＞11000＋11000＋12000＝34000（人）より34000人を上回っている。

3 × 誤り。D島の空港からZ空港に降りた客数は，平成27年において，54194×0.272＝14741，平成29年では56393×0.286＝16128となる。

$\frac{16128}{14741}$≒1.09より1.2を上回るということはない。

4 ◎ 正しい。A島の空港からZ空港に降りた客数は，平成28年において，54426×0.187＝10178，平成30年では，54452×0.169＝9202となる。

平成28年において，指数100とすると，平成30年では，$100\times\frac{9202}{10178}$≒90となり，85を上回っているといえる。

5 × 誤り。平成30年の各島の対前年増加率の比較において，総数はすべて同じ値となるので，構成比の比を比較すればよい。A島，B島，C島，D島はそれぞれ$\frac{16.9}{17.0}$≒0.99，$\frac{32.3}{32.2}$＞1，$\frac{21.4}{22.2}$≒0.96，$\frac{29.4}{28.6}$＞1となる。以上より最も小さいのはC島である。

確認しよう ➡概算方法，割合

正答 4

数表―増減率

重要問題

表は，ある国における機械受注に関する調査結果である。これから確実にいえるのはどれか。

【国家一般職／税務・平成28年度】

期・月／需要者	対前期比（%）			対前月比（%）			受注額（億円）
	2015年4-6月期	7-9月期	10-12月期	2015年8月	9月	10月	2015年7月
受注総額	▲5.8	▲2.2	0.4	▲14.1	8.4	21.1	24,600
民需	▲9.0	▲6.3	2.8	▲5.5	2.2	24.3	9,800
製造業	12.1	▲15.3	6.0	▲3.2	▲5.5	14.5	3,600
官公需	4.0	▲16.2	▲0.4	▲1.8	57.6	▲39.7	2,000
外需	▲5.7	5.2	▲1.9	▲26.1	4.8	41.6	11,800
代理店	1.1	7.6	1.8	18.2	1.6	▲2.8	1,000

（注）▲はマイナスを表す。

1　2015年1－3月期の官公需の受注額は，6,000億円を超えている。

2　2015年6月の外需の受注額は，同年同月の民需の受注額を超えている。

3　2015年9月の民需の受注額に占める製造業の受注額の割合は，4割を超えている。

4　2015年10月の代理店の受注額は，同年同月の官公需の受注額を超えている。

5　2015年10－12月期の受注総額は，8兆円を超えている。

解説

増減が示された表の問題である。ある時期における実数（2015年7月）が示されており，増減とある時期の実数から知りたい時期の実数値を求めることが可能となっている。ただ，すべてまともに計算していると時間が足りなくなるので，計算せずともわかる部分をいかに省略するかがカギとなる。

1 ◎ 正しい。1－3月期の官公需の受注額を6000億円とすると，4－6月期は6000×1.04＝6240〔億円〕，7－9月期は6000×1.04×0.838＝5229〔億円〕であり，1－3月期は7－9月期受注額より多い（4－6月期の対前期比の4％に比べ7－9月期の対前期比－16.2％が絶対値で圧倒的に大きいので計算せずとも1－3月期が7－9月期受注額より多いことがわかる）。一方，7月受注額2000，8月受注額＝2000×0.982＝1964〔億円〕，9月受注額＝2000×0.982×1.576＝3095〔億円〕となる。したがって，7－9月期受注額は2000＋1964＋3095＝7059〔億円〕＞6000〔億円〕であり，7－9月期ですら6000億円を超えているのだから，1－3月期に6000億円を超えているというのは正しい。なお，7－9月期は，8月がたった－1.8％の減で，9月に57％増なので，7月－9月期では7月の3倍の6000億円を上回るのは計算せずともわかる。

2 × 誤り。与えられた表から6月の受注額はわからない。

3 × 誤り。7月の民需受注額は$\frac{3600}{9800}=\frac{4000-400}{10000-200}<0.4$より0.4を下回っている。9月の民需受注額は9800×0.945×1.022，一方，製造業の受注額は3600×0.968×0.945となり，0.945×1.022＞0.968×0.945なので，9月の民需受注額に占める製造業の受注額の割合は7月より小さい。したがって，4割を超えているというのは誤り。

4 × 誤り。10月の代理店の受注額は1000×1.182×1.016×0.972，10月の官公需の受注額は2000×0.982×1.576×0.603であり，ほとんど計算するまでもなく官公需の受注額が多い。

5 × 誤り。7月は24600億円，8月は24600×0.859，9月は24600×0.859×1.084となる。0.859も，0.859×1.084も1を上回っていないので，7月の受注額が一番多い。一番多い7月の受注額でも24600億円であり，1カ月25000億円と多めに見積もっても7－9月期の3カ月で

75000億円である。10－12月期は0.4％増と増加率はわずかであり，1％としても増加額は750億円となり，8兆円未満とわかる。

確認しよう ➡増加率　計算

正答 1

増減とある時期における実数値が示された場合には，知りたい時期の実数値の計算が可能である。大小関係の比較が必要な場合では計算せずとも答えが出せるものも少なくない。無駄な計算はしないように訓練は積んでおこう。

要点のまとめ

重要ポイント1 増加率の定義

時系列のデータでは増加率が問題とされることが多い。増加率についてはその定義を正しく理解し，計算方法にも慣れておくことが大切である。

増加率も構成比と同様に割合の一種である。たとえば，年ごとに変化する量の場合，割合$=\dfrac{\text{比較される量}}{\text{基準になる量}}$の式において，基準になる量として基準年の値，比較される量として基準年から比較年にかけての増加量を考えればよい。すなわち，

$$
\begin{aligned}
\text{増加率} &= \frac{\text{比較年の値}-\text{基準年の値}}{\text{基準年の値}} \\
&= \frac{\text{比較年の値}}{\text{基準年の値}}-1
\end{aligned}
$$

と表現することができる。ここで，基準年から比較年にかけての増加量がマイナス（減少）の場合には増加率もマイナスになるが，このような場合その絶対値を減少率と呼ぶことがある。また，増加率と減少率を合わせて増減率と呼んだりもする。さらに，資料によっては増加率を上昇率，伸び率などと呼ぶこともあるので注意したい。増加率の計算ではもともとの定義式をそのまま用いるのではなく，通常は$\dfrac{\text{比較年の値}}{\text{基準年の値}}-1$の形で計算したほうが早い。

重要ポイント2 増加率の絡んだ計算

時系列のデータを含んだ資料では，実数に基づいて対前年増加率などを計算するだけでなく，逆に対前年増加率などに基づいて実数を求める計算が必要になることが多い。このような計算は慣れないと手間取る可能性があるので，十分に練習を積んでおくべきである。

時系列のデータにおいて，A年の数値をa，B（>A）年の数値をb，A年からB年までの期間の増加率をp%とすれば，

$p=\dfrac{b-a}{a}\times 100=\left(\dfrac{b}{a}-1\right)-1\times 100$であるから，$\dfrac{p}{100}=\dfrac{b}{a}-1$

したがって，

$$b=a\times\left(1+\frac{p}{100}\right),\ a=b\div\left(1+\frac{p}{100}\right)$$

この形の計算式は，増加率に基づいてaやbを求めるときによく使われる。なお，減少の場合，pの値は負になることに注意する。

重要ポイント❸ 増加率10%未満に対しては近似計算を使う

増加率の絡んだ計算では微小量に関する近似計算を利用できることが多い。これを利用すると，乗除算が加減算として処理できるので計算時間が格段に短縮される。

増加率の絡んだ計算には，$(1+x)(1+y)$という形の計算がしばしば現れる。この形の計算では，x，yが微少量でその絶対値が1よりずっと小さい場合，次のような近似計算が可能となる。

$$(1+x)(1+y)\fallingdotseq 1+x+y$$

同様な近似計算として，次の形も覚えておくとよい。

$$\frac{1}{1+x}\fallingdotseq 1-x$$

$$\frac{1+x}{1+y}\fallingdotseq 1+x-y$$

〈例〉 $(1+0.021)\times(1-0.013)\times(1+0.035)=1.0429974$を近似計算する。

与式$\fallingdotseq(1+0.021-0.013)\times(1+0.035)$

$=(1+0.008)\times(1+0.035)$

$\fallingdotseq 1+0.008+0.035$

$=1.043$

このような近似計算はxやyの値が10％未満（0.1未満）であればまず問題なく使えるが，10％を大きく超える値の場合には誤差が大きくなるので使わないほうが無難である。そのような場合には，10%を大きく超える選択肢だけは別扱いにして（近似計算せずに）計算すればよい。

重要ポイント 4 増加率と構成比の関係

全体量とそれを構成する各部分量からなる項目構成の資料の場合，増加率の推移傾向と構成比の推移傾向の間には一定の関係がある。この関係を理解していれば，増加率の変化から特定の部分量の構成比の変化についてある程度知ることができる。

今，全体量をA，部分量をBとすると，この場合の部分量の構成比は$\frac{B}{A}$である。このとき，ある期間に全体量が増加率αで，部分量が増加率βでそれぞれ増加したとすれば，増加後の構成比は$\frac{B(1+\beta)}{A(1+\alpha)}$である。ここで，$\alpha>\beta$とすると，$1+\alpha>1+\beta$であるから$\frac{B}{A}>\frac{B(1+\beta)}{A(1+\alpha)}$となる。同様に，$\alpha<\beta$の場合は，$\frac{B}{A}<\frac{B(1+\beta)}{A(1+\alpha)}$となる。

以上から，増加率と構成比の間には次のような関係があることがわかる。

全体量の増加率＞部分量の増加率 → 構成比は減少
全体量の増加率＜部分量の増加率 → 構成比は増加

実戦問題

1 次の表から確実にいえるのはどれか。

【特別区・平成28年度】

ボトル用PET樹脂需要量の対前年増加率の推移

（単位　%）

用途	2010年	2011	2012	2013	2014
清涼飲料	2.1	△2.0	3.6	7.2	0.6
特定調味料	4.1	△7.5	18.2	6.3	△14.7
酒類	△3.6	△4.4	11.9	2.3	△9.9
洗剤，シャンプー	4.9	16.0	68.6	13.9	△4.2
化粧品	△10.9	36.2	18.8	△15.6	△6.7

（注）△は，マイナスを示す。

1　「洗剤，シャンプー」のボトル用PET樹脂需要量の2011年に対する2013年の増加率は，「清涼飲料」のボトル用PET樹脂需要量のそれの9倍より大きい。

2　表中の各年のうち，「特定調味料」のボトル用PET樹脂需要量が最も少ないのは，2014年である。

3　2012年において，「化粧品」のボトル用PET樹脂需要量のボトル用PET樹脂需要量の「合計」に占める割合は，「酒類」のそれの2倍を上回っている。

4　2014年の「洗剤，シャンプー」のボトル用PET樹脂需要量は，2010年のそれの210%を超えている。

5　2011年の「化粧品」のボトル用PET樹脂需要量を100としたときの2014年のそれの指数は，95を上回っている。

2 次の表は，A～E国の肉の消費量に関して，1962年における消費量，1962年に対する1982年の倍率，1982年に対する2002年の倍率を示したものである。この表から判断できることとして，最も妥当なのはどれか。

【東京消防庁・平成21年度】

	消費量（万トン）（1962年）	倍率（倍）$\left(\frac{1982年}{1962年}\right)$	倍率（倍）$\left(\frac{2002年}{1982年}\right)$
A国	91	4.0	1.5
B国	305	5.4	4.2
C国	595	2.2	2.3
D国	1,783	1.6	1.2
E国	1,718	1.4	1.5
世界計	7,402	1.9	1.8

1　2002年のB国の消費量は，1962年と比較すると5,000万トン以上増加した。

2　1982年のC国の消費量は，世界計の10%を越えている。

3　2002年のA国の消費量を100とすると，1982年のC国の消費量は200を下回る。

4　1982年のE国の消費量は，2002年のC国の消費量よりも多い。

5　A～E国において，2002年の消費量が最も多いのはE国である。

3 **次の表は，2001年から2005年におけるA～E国の実質GDP伸び率（対前年増加率）を示したものである。この表から判断できることとして，最も妥当なのはどれか。**　**【東京消防庁・平成20年度】**

〔単位：%〕

	2001年	2002年	2003年	2004年	2005年
A　国	0.2	0.3	1.4	2.7	1.9
B　国	0.8	1.6	2.5	3.9	3.2
C　国	2.4	2.1	2.8	3.3	1.8
D　国	1.2	0.0	−0.2	1.2	0.9
E　国	1.8	1.1	1.1	2.3	1.7

1　2001年から2005年において，A国の実質GDPの対前年増加額がB国を上回った年はない。

2　A～E国の中で，2001年から2005年の5年間における実質GDPの伸び率の平均値が最も高いのはB国である。

3　2000年におけるA国の実質GDPを100とすると，2005年のそれは110を超えている。

4　2001年から2005年までのD国の実質GDPの伸び率の平均値は，E国のそれより1%以上低い。

5　2005年におけるE国の実質GDPは，2000年のそれより8%以上大きい。

実戦問題●解説

1 増加率の表になっており，実数が与えられていないケースの問題である。この場合，各項目の実数値はわからないので，項目間の大小関係や実数値を求める問いには答えられないことを認識しておく。

1 × 誤り。洗剤，シャンプーのボトル用PET樹脂需要量の2011年に対する2013年の増加率は (1+0.686)×(1+0.139)＝1.686×1.139＝1.92より1.92－1＝0.92となる。清涼飲料水においては，(1+0.036)×(1+0.072)＝1.11より1.11－1＝0.11となる。清涼飲料水のボトル用PET樹脂需要量の2011年に対する2013年の増加率の9倍を上回ることはない。

2 × 誤り。2011年を1とすると，2014年は1.182×1.063×(1－0.147)＝1.07となるので，少なくとも2014年より2011年のほうが需要量が少なく，2014年が需要量が最も少ないというのは誤り。

3 × 誤り。各項目の需要量がわかっていないのでこの資料からはわからない。

4 ◎ 正しい。洗剤，シャンプーのボトル用PET樹脂需要量は2010年を1とすると，2014年は1.16×1.686×1.139×(1－0.042)＝2.13となり，210％を上回っているといえる。

5 × 誤り。化粧品のボトル用PET樹脂需要量は2011年を1とすると，2014年は1.188×(1－0.156)×(1－0.067)＝0.935となり，指数95を上回っているというのは誤り。

確認しよう ➡増加率の絡んだ計算　　**正答 4**

2 倍率は増加率とは異なるので注意しよう。表に与えられた数値から1982年の消費量を求めるときは**(1962年の消費量)**×$\frac{\text{1982年}}{\text{1962年}}$を計算し，2002年の消費量を求めるには，**(1962年の消費量)**×$\frac{\text{1982年}}{\text{1962年}}$×$\frac{\text{2002年}}{\text{1982年}}$を計算すればよい。本問においても適宜概算を用いるが，この表の程度の数値ならば概算しないでも計算できるようにしておこう（問題によってはうかつに近似計算をすると答えを誤る場合もある）。

1 ◎ 正しい。2002年のB国の消費量は305×5.4×4.2〔万トン〕である。低く見積もっても300×5×4＝6000〔万トン〕となり，1962年に比べて

6000－305＝5695〔万トン〕以上増加している。

2 × 有効数字2ケタで計算してみる。1982年のC国の消費量は595×2.2≒600×2.2≒1300であり，1982年の世界計は7402×1.9≒7400×1.9≒14000である。世界計の10％は1,400であり，1982年のC国の消費量はこれを下回っている。

3 × 2002年のA国の消費量は91×4×1.5であり，1982年のC国の消費量は595×2.2である。2002年のA国の消費量を100としたとき，1982年のC国の消費量が200を下回るということは，1982年のC国の消費量が2002年のA国の消費量の2倍を下回ることを意味する。もしこれが正しいとすると，595×2.2＜2×91×4×1.5＝91×4×(2×1.5)＝91×12が成り立つはずである。しかし，595×2.2＝1309と，91×12＝1092では不等式は成り立たない。よって，誤り。

4 × 有効数字3ケタで計算してみる。1982年のE国の消費量は1,718×1.4≒2,410で，2002年のC国の消費量は595×2.2×2.3≒1,310×2.3≒3,010となる。このことは，1982年のE国の消費量が2002年のC国の消費量よりも少ないことを示す。

5 × 1962年の消費量が多いDとEが2002年も多いような印象を受けるが，**倍率に4倍，5倍のあるB国の方が増加の度合いが急**である。選択肢**1**で計算したように，2002年のB国の消費量は6000万トンよりも多い。一方，2002年のE国の消費量は1718×1.4×1.5であり，多く見積もっても1800×1.4×1.5＝3780〔万トン〕である。よって，2002年の消費量に関して，E国が最大というのは誤りである。

確認しよう ➡有効数字に基づいた計算，倍率と増加率の違い　**正答 1**

3 増加率の絡んだ計算には，**重要ポイント3**に挙げられたような$(1+x)(1+y) \fallingdotseq 1+x+y$が有効である。また，この近似式を繰り返し用いると，x_1，x_2，…，x_nがいずれも微小量の場合，次が成り立つ。

$$(1+x_1)(1+x_2)\cdots(1+x_n) \fallingdotseq 1+x_1+x_2+\cdots+x_n$$

なお，x，yが正の数であるとき

$$(1+x)(1+y)=1+x+y+xy>1+x+y$$

なので，実際の値は近似値$1+x+y$よりもわずかに大きいことにも注意する。

1 × 各国の実質GDPの実数（もしくは指数）はどの年も与えられていない。よって，異なる国の間で増加額を比較することはできない。

2 × B国の5年間における実質GDPの伸び率の平均値は(0.8＋1.6＋2.5＋3.9＋3.2)/5＝12/5であるが，たとえば，C国のそれは(2.4＋2.1＋2.8＋3.3＋1.8)/5＝12.4/5である。12＜12.4なので，C国の平均値のほうが高く，B国が最高というのは誤り。

3 × A国の2005年の指数は100×(1＋0.002)×(1＋0.003)×(1＋0.014)×(1＋0.027)×(1＋0.019)で求められる。ここに現れたどの伸び率も1よりはるかに小さいので近似計算ができ，2005年の指数は100×(1＋0.002＋0.003＋0.014＋0.027＋0.019)＝106.5＜110とわかる。

4 × D国の5年間における実質GDPの伸び率の平均値は

$\frac{1.2+0-0.2+1.2+0.9}{5}=0.62\%$で，E国のそれは

$\frac{(1.8+1.1+1.1+2.3+1.7)}{5}=1.6\%$である。よって，D国の平均値はE国よりも0.98％低いことになり，1％以上低いというのは誤り。

5 ◎ 正しい。E国の2000年の実質GDPを100とすると，2005年の指数は100×(1＋0.018)×(1＋0.011)×(1＋0.011)×(1＋0.023)×(1＋0.017)である。選択肢**3**と同様に，近似計算すると，2005年の指数は100×(1＋0.018＋0.011＋0.011＋0.023＋0.017)＝108となる。このことは，2005年の実質GDPが2000年のそれよりも8％以上大きいことを示す。(注意：108は判断の分かれるボーダーにあるが，上の計算に現れた伸び率がいずれも正の数なので，**解法のカギ**に述べたよ

うに，実際の指数は108よりも大きい。)

確認しよう ➡近似計算，増加率の絡んだ計算　　正答 5

グラフ―実数・割合

重要問題

次の図から確実にいえるのはどれか。　【特別区・令和２年度】

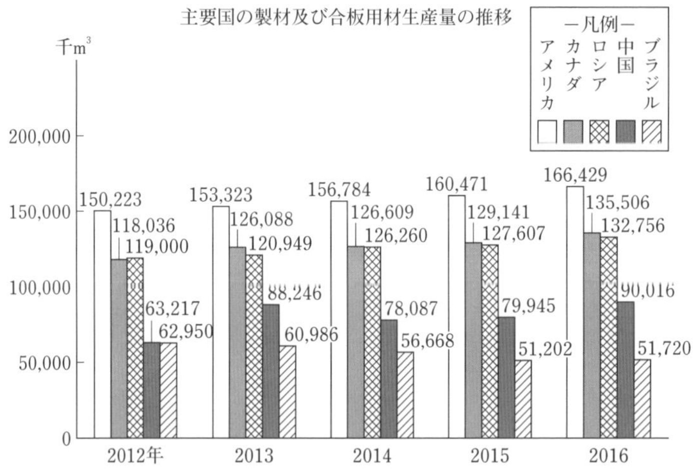

1　2012年のブラジルの製材及び合板用材生産量は，2016年のそれの1.2倍より小さい。

2　2013年の中国の製材及び合板用材生産量を100としたときの2012年のそれの指数は，70を下回っている。

3　2014年において，ロシアの製材及び合板用材生産量の対前年増加量は，カナダのそれの10倍を上回っている。

4　2015年において，アメリカの製材及び合板用材生産量の対前年増加率は，ロシアの製材及び合板用材生産量のそれより小さい。

5　2013年から2016年までの各年におけるカナダの製材及び合板用材生産量の対前年増加量の平均は，4,500千m^3を上回っている。

解説

実数をグラフにした問題である。本題のような実数の棒グラフは棒の長さがそのまま実数値を表しているため，大小関係や割合の見積もりが容易であり，理解しやすい。おおよその様子はグラフで判断できる。きわどい場合は詳細に計算を行う。

1 × 誤り。2012年ブラジルの製材及び合板用材生産量は62950（千m^3）であり，2016年のそれは51720（千m^3）となる。51720×1.2＝62064＜62950より，2012年ブラジルの製材及び合板用材生産量は2016年のそれの1.2倍より大きい。

2 × 誤り。2012年，2013年の中国の製材及び合板用材生産量はそれぞれ63217（千m^3），88246（千m^3）となる。$\frac{63217}{88246}>\frac{63000}{90000}=0.7$より，2013年の指数100としたとき2012年の指数は70を上回る。

3 ◎ 正しい。2014年ロシアの製材及び合板用材生産量の対前年増加量は126260－120949＝5311であり，カナダのそれは126609－126088＝521となる。521×10＜5311より，2014年ロシアの製材及び合板用材生産量の対前年増加量はカナダのそれの10倍を上回るといえる。

4 × 誤り。2015年において，アメリカの製材及び合板用材生産量の対前年増加率は$\frac{(160471-156784)}{156784}=\frac{3687}{156784}\fallingdotseq 0.02$である一方で，ロシアのそれは$\frac{(127607-126260)}{126260}=\frac{1347}{126260}\fallingdotseq 0.01$より，2015年において，アメリカの製材及び合板用材生産量の対前年増加率のほうがロシアのそれより大きい。

5 × 誤り。2012年から2016年までカナダの製材及び合板用材生産量の増加量は135506－118036＝17470となり，これが2013年から2016年までの4年間の対前年増加量の合計となる。したがって平均は$\frac{17470}{4}=4367.5<4500$となり，4500（千$m^3$）を下回っている。

確認しよう ➡増加率と増加量

正答 3

実数のグラフでは，大小関係，割合のおおよその見込みが立てやすいため，グラフからある程度の判断ができる。きわどい場合のみ詳細な計算を行うことで計算労力を軽減できる。

要点のまとめ

重要ポイント 1 折れ線グラフ

折れ線グラフは主として時系列のデータに対して用いられ，変量の推移傾向を直感的に把握できる点が特徴である。変量が実数である場合，増加率や構成比などについて折れ線の形状に基づいて判断できるようにしておきたい。

折れ線グラフでは，通常，横軸に時間が，縦軸に変量の値がとられる。単に数値が並んでいるだけの数表と違って，折れ線グラフではその形状からいろいろな事柄を判断することができる。

例を挙げると，右図において生産量の対前年増加率の大きさは10年＞11年＞13年＞15年であり，対前年減少率の大きさは12年＞14年である。これは，対前年増減率の定義を考えれば明らかであろう。たとえば，対前年増加率は10年が$\frac{30-10}{10}$，11年が$\frac{50-30}{30}$で計算される。この分子の値は同じであるから分母の小さい10年のほうが大きいことは計算するまでもない。

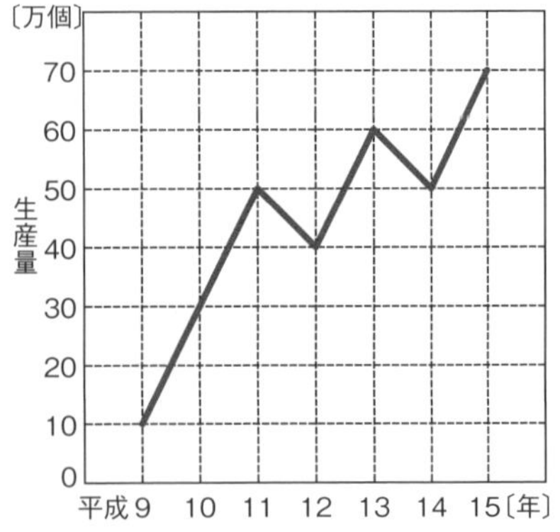

重要ポイント 2 棒グラフ

棒グラフにおいて棒の長さが実数を表している場合には，増加率や構成比などをできるだけ棒の長さの比較によって判断できるようにしておきたい。

棒グラフは，各項目の値を棒の長さで視覚化したものである。通常，縦棒グラフが用いられるが，この場合，各棒は幅が一定で縦長の長方形で表現され，横軸に年度や地域などの項目が，縦軸に実数や割合などの数値が取られる。横棒グラフは，基本的には縦棒グラフを90°右に回転した形式のものである。1つの棒の内部をいくつかに区分したり，異なる種類の項目に対応した棒が並置される場合もあり，このような場合は斜線や網かけ等の模様をつけるなどして区分がわかりやすいように描かれるのが普通である。

実戦問題

1 次の図から正しくいえるのはどれか。 【東京都・平成28年度】

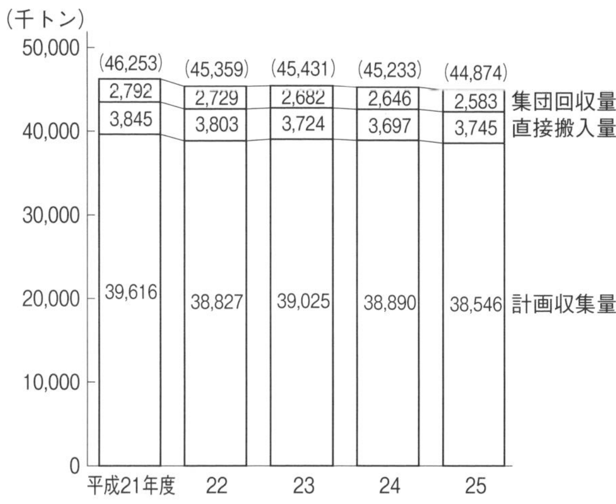

(注)( )内の数値は,ごみ総排出量(単位:千トン)を示し,計画収集量,直接搬入量及び集団回収量の合計である。

1 平成21年度から25年度までの各年度についてみると,集団回収量に対する計画収集量の比率は,いずれの年度も10を下回っている。

2 平成21年度から25年度までの5か年度の直接搬入量の平均は,3,800千トンを上回っている。

3 平成22年度から24年度までの各年度についてみると,ごみ総排出量に占める集団回収量の割合は,いずれの年度も5%を上回っている。

4 平成22年度における直接搬入量を100としたとき,25年度における直接搬入量の指数は95を下回っている。

5 平成23年度から25年度までの各年度についてみると,集団回収量の対前年度増加率が最も小さいのは23年度である。

次の図から正しくいえるのはどれか。

【東京都・令和２年度】

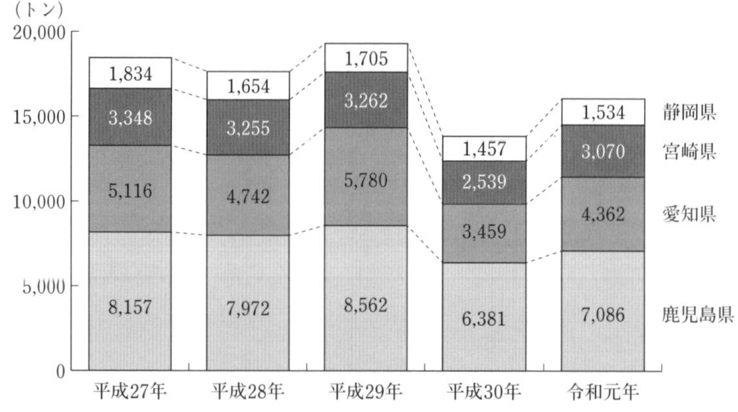

1　平成27年から平成29年までについてみると，静岡県のうなぎ収穫量の3か年の累計は，5,000トンを下回っている。

2　平成27年における鹿児島県と愛知県のうなぎ収穫量の計を100としたとき，令和元年における鹿児島県と愛知県のうなぎ収穫量の計の指数は90を上回っている。

3　平成28年から令和元年までについてみると，静岡県のうなぎ収穫量の4か年における年平均は，令和元年の静岡県のうなぎ収穫量を上回っている。

4　平成29年から令和元年までの各年についてみると，鹿児島県のうなぎ収穫量に対する宮崎県のうなぎ収穫量の比率は，いずれの年も0.4を下回っている。

5　平成30年におけるうなぎ収穫量の対前年増加率が，最も大きいのは鹿児島県であり，最も小さいのは宮崎県である。

下図は，ある県の病院の1日平均外来患者数，1日平均在院患者数および一般病床等の平均在院日数を見たものであるが，この図から正しくいえるものはどれか。 【警察官・平成20年度】

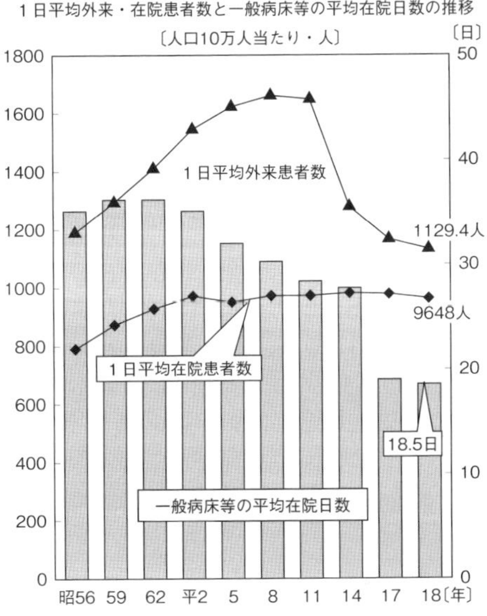

1 1日平均外来患者数は平成11年に比べ平成14年に大きく減少しており，その減少率は約31％となっている。

2 一般病床等の平均在院日数は昭和59年に比べると平成18年には約40％程度減少してきており，治療効果の改善が図られてきている。

3 1日平均外来患者数は平成8年を一つのピークとしてその後減少傾向にあり，平成18年の対前年減少率は平成17年のそれの3分の1程度となっている。

4 昭和62年と比べた平成2年一般病床等の平均在院日数の減少数は，平成2年と比べた平成5年のそれの2分の1以下であり，平成2年の減少率は3.3％，平成5年のそれは6.5％となっている。

5 昭和59年から平成17年の間のうち，それぞれの3年前に比べた1日平均在院患者数の増加率を見ると，昭和59年は昭和62年より高く，昭和62年より平成2年は低くなっている。

4 次の図は，東京都の1950年と2011年の人口ピラミッドである。この図から判断できることとして，最も妥当なのはどれか。

【東京消防庁・平成24年度】

1950年　男性316万人　女性311万人

（歳）
80以上
70～79
60～69
50～59
40～49
30～39
20～29
10～19
0～9
男性
女性
120 100 80 60 40 20 0 20 40 60 80 100 120
（万人）

2011年　男性627万人　女性637万人

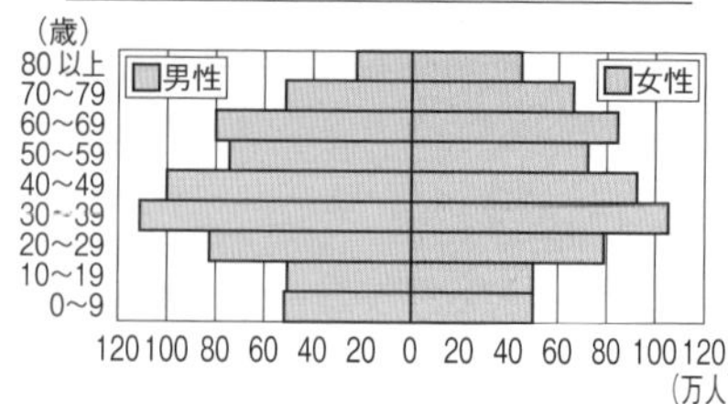

1　どの年齢区分においても，男性の人口は1950年よりも2011年のほうが多い。

2　1950年の0～9歳の人口よりも，2011年の60～69歳の人口のほうが少ない。

3　1950年と比較した2011年の人口増加率は，男性より女性のほうが小さい。

4　2011年の60歳以上の人口と，1950年の60歳以上の人口との差は500万人以上である。

5　2011年の未成年の女性の人口と，1950年の未成年の女性の人口との差は50万人未満である。

5 次のグラフは，ある携帯電話販売店におけるA～Cの3機種の毎月の販売台数を示したものである。このグラフから判断できることとして，最も妥当なのはどれか。 【東京消防庁・平成20年度】

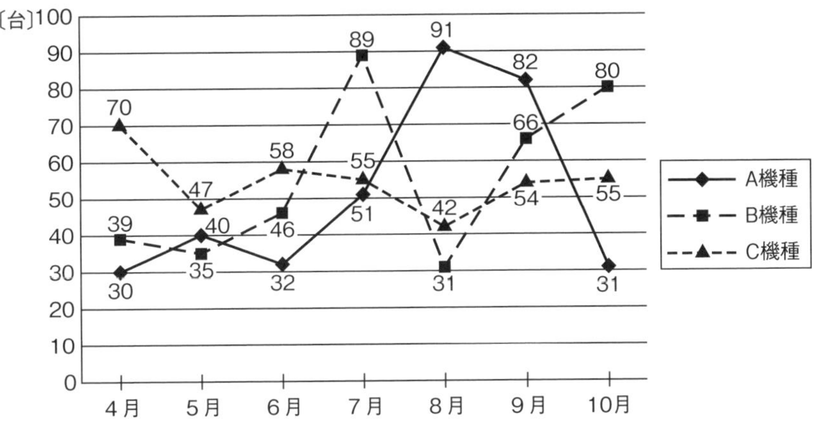

1 4月から10月までの間で，3機種の販売台数の合計を月ごとに見てみると，7月が最も多く，5月が最も少ない。

2 5月から10月までの間で，3機種の販売台数の合計を月ごとに見てみると，前の月よりも下がった月が1回だけある。

3 6月から8月までの間で，販売台数の合計が最も多いのはB機種である。

4 5月から10月までの間で，対前月増加率が最も大きいのは7月のB機種である。

5 4月以降，累積販売台数が最も早く250台に達したのはC機種である。

実戦問題●解説

1 実数のグラフを読み解く問題である。実数をそのままグラフにしているので，グラフの理解は容易である。割合，増加率などを計算する際，可能な限り計算をしない工夫をする。

1 × 誤り。いずれの年も集団回収量は3,000千トンに満たないが，計画収集量は30,000千トン以上なので，いずれも10を上回る。

2 × 誤り。3,800千トンを上回っているのは平成21年，22年であり，合計45千トン＋3千トン＝48千トン上回っている。一方，残りは3,800千トンを下回っており，平成23年度だけでも76千トン下回っている。したがって，平均が3,800千トンを上回っているというのは誤り。

3 ◎ 正しい。平成22年度45359×0.05＝2268＜2729，平成23年度45431×0.05＝2272＜2682，平成24年度45223×0.05＝2261＜2646よりすべて5%を上回る。総排出量が46000千トンと見積もってもその5%の2300千トンをすべて上回ることから容易に計算できる。

4 × 誤り。$\frac{3745}{3803}\times 100=98.5>95$より95を下回るということはない。5%は10分の1の半分なので3800の10分の1の380の半分190を3800から引いた3610より3745のほうが大きいので，95を上回っている。

5 × 誤り。平成23年，集団回収量の対前年度増加率は$\frac{2683-2729}{2729}=-\frac{46}{2729}$，平成24年は$\frac{2646-2682}{2682}=-\frac{36}{2682}$，平成25年は$\frac{2583-2646}{2646}=-\frac{63}{2646}$となる。25年度が分母の値が一番小さく分子の絶対値が一番大きいので，最も小さいのは平成25年度であり，23年度というのは誤り。

確認しよう ➡計算（概算）　増加率

正答 3

2 実数のグラフの問題である。実数のグラフは大小関係がグラフで表現されているので，大雑把な見通しはグラフから判断できる。そうすることで計算時間を節約できる。きわどい場合に詳細な計算を行うことで対処できる。

1 × 誤り。平成27年から平成29年まで，静岡のうなぎ収穫量の3年間累計は$1834+1654+1705>1800+1600+1700=5100>5000$より，5000トンを上回っている。

2 × 誤り。平成27年における鹿児島県と愛知県のうなぎ収穫量の計は$8157+5116=13273$で，その指数を100とすると令和元年の鹿児島県と愛知県のうなぎ収穫量の計は$7086+4362=11448$となり，指数は$100\times\frac{11448}{13273}\fallingdotseq 86$となり90を下回る。

3 ◎ 正しい。静岡県のうなぎ収穫量について，平成28年から令和元年までの4か年合計は$1654+1705+1457+1534=6350$となり，その平均は$\frac{6350}{4}=1587.5>1534$（トン）より，年平均が令和元年の収穫量を上回っているといえる。

4 × 誤り。令和元年において鹿児島県のうなぎ収穫量に対する宮城県のそれの比率は$\frac{3070}{7086}=0.43$となり，0.4を上回っている。

5 × 誤り。平成30年度におけるうなぎ収穫量の対前年増加率は，鹿児島県で$\frac{(6381-8562)}{8562}=-\frac{2181}{8562}\fallingdotseq -0.25$となる。宮崎県は$\frac{(2539-3262)}{3262}=-\frac{723}{3262}=-0.22$，静岡県では$\frac{(1457-1705)}{1705}=-\frac{248}{1705}\fallingdotseq -0.15$，愛知県は$\frac{(3459-5780)}{5780}=-\frac{2321}{5780}=-0.40$となる。小さいものから大きいものの順番で，愛知県，鹿児島県，宮崎県，静岡県となる。

確認しよう ➡概算方法，増加率

正答 3

3 1つの図に複数のグラフが記載されている場合は，目盛（軸）の見方を間違えないようにする。

1 × 平成11年の1日平均外来患者数は(人口10万人当たり)約1600人，平成14年のそれは約1300人なので，減少率は$\frac{1600-1300}{1600}\fallingdotseq 0.18$である。これは31%に届かない。

2 × 前半の内容は正しいが，後半の「治療効果の改善が図られてきている」という部分は，与えられた図だけからは判断できない。

3 × 対前年減少率なので，前年の実数がわからなければ計算できない。平成18年の対前年減少率は求められるが，平成16年のデータが与えられていないので，平成17年の減少率はわからない。

4 × 昭和62年，平成2年，平成5年の一般病床等の平均在院日数をそれぞれa，b，cとおく。このとき，平成2年の減少数は$a-b$，減少率は$\frac{a-b}{a}$で与えられ，平成5年の減少数は$b-c$，減少率は$\frac{b-c}{b}$で与えられる。一般病床等の平均在院日数の棒グラフをみると，「平成2年の減少数が平成5年の減少数の2分の1以下」というのは正しそうである。つまり，$a-b\leqq\frac{1}{2}(b-c)$が成り立つ。ここで，後半に述べられた「平成2年の減少率が3.3%，平成5年のそれが6.5%」という内容が正しいとすると，$\frac{a-b}{a}=0.033$，$\frac{b-c}{b}=0.065$が成り立つ。よって，$a-b=0.033a$，$b-c=0.065b$である。

これを上の不等式に代入すると$0.033a\leqq\frac{1}{2}0.065b$，つまり$0.066a\leqq 0.065b$となる。しかし，昭和62年から平成2年にかけて平均在院日数は減少しているので$b<a$であり，$0.065b<0.065a$となる。これと上の不等式を合わせると，$0.066a<0.065a$となって矛盾が生じる。このことは，この選択肢の後半部分は誤りであることを示している。

5 ◎ 正しい。表現は回りくどいが，1日平均在院患者数に関していわんとする内容は「昭和59年から平成2年にかけて，3年間の増加率が減少しつつある」ということである。いま，1日平均在院患者数のグラフをみると，昭和56年から平成2年にかけてほぼ直線的である。このことは，各3年間の**増加量がほぼ等しい**ことを示す。そして，増加率は$\frac{3年間の増加量}{3年前の患者数}$で与えられるので，昭和59年，昭和62年，平成2年の増加率計算における**分数の分子がほぼ等しい**ことがわかる。一方，1日平均在院患者数については，昭和56年から昭和62年にかけて増加している。つまり，増加率を計算する分数の**分母は大きくなっていく**。したがって，分子が等しく分母が大きくなっているのだから，増加率は減少しつつある。

確認しよう ➡複数のグラフ，折れ線グラフと増加（減少）率　**正答 5**

4 グラフの読み取りだけで比較的簡単に答えられる問題である。目盛や単位に注意しよう。

1 × グラフから，0～9歳と10～19歳の区分では，1950年の男性人口のほうが2011年よりも多いことが読み取れる。

2 × グラフが男女別になっていることに注意する。1950年の0～9歳の人口は約75＋70＝145〔万人〕であり，2011年の60～69歳の人口は約80＋85＝165〔万人〕である。2011年の60～69歳の人口のほうが多い。

3 × 男性の人口増加率は$\frac{627-316}{316}=\frac{311}{316}$であり，女性の人口増加率は$\frac{637-311}{311}=\frac{326}{311}$である。2つの割合をみると，女性のほうが，分母が小さく分子が大きい。よって，明らかに女性の人口増加率のほうが大きい。

4 × 2011年の60歳以上の人口は約(80＋50＋25)＋(85＋65＋40)＝345〔万人〕で，1950年の60歳以上の人口は明らかに345万人よりも少ない。したがって，2つの人口の差が500万人を超えることはない。

5 ◎ 正しい。未成年とは20歳未満の者のことである。2011年の未成年の女性の人口は約50＋50＝100〔万人〕であり，1950年のそれは約57＋71＝128〔万人〕である。2つの差は128－100＝28〔万人〕となり，50万人未満である。

確認しよう ➡棒グラフ

正答 5

5 グラフが込み入っているときは，数値の読み取りミスをしないように注意する必要がある。

1 × 3機種の販売台数の合計は，7月が89＋55＋51＝195台であるのに対して，9月は82＋66＋54＝202台である。よって，7月が最も多いというのは誤り。

2 × 少なくとも8月と10月は，3機種の販売台数の合計が前の月よりも下がっていることが目分量でわかる。よって，「前の月よりも合計が下がった月が1回だけある」というのは誤りである。なお，月ごとの合計数を比較するときには機種は関係ないので，折れ線の上下に惑わされないようにする。たとえば，7月と8月を比べるときには，7月の台数の組（51, 55, 89）と8月の台数の組（31, 42, 91）を比べればよい。対応する3つの数字の組合せを見れば，51＞31，55＞42，89≒91なので合計が減っているのは明らかである。

3 × 3か月間における3機種それぞれの販売台数の合計は，A機種が32＋51＋91＝174台，B機種が46＋89＋31＝166台，C機種が58＋55＋42＝155台である。よって，合計が最も多いのはA機種である。

4 × 対前月増加率が大きくなるのは，折れ線の傾きが大きいときである。そして，**傾きがほぼ同じならば，前月の数値が小さいほど増加率は大きくなる**。いま，B機種についてみると，7月の対前月増加率は $\frac{89-46}{46}=\frac{43}{46}<1$ である。一方，折れ線の傾きはほぼ同じだが，前月の数値の小さい9月のそれは $\frac{66-31}{31}=\frac{35}{31}>1$ となっている。

よって，対前月増加率が最大なのは7月のB機種ではない。

5 ◎ 正しい。4月以降の**累積販売台数**を機種ごとに求めてみると次のようになる。このことから，最も早く250台に達したのはC機種であることがわかる。

	4月	5月	6月	7月	8月
A	30	70	102	153	244
B	39	74	120	209	240
C	70	117	175	230	**272**

確認しよう ➡折れ線グラフと増加率，累積度数

正答 5

テーマ5 グラフ—指数・構成比

重要問題

図は，ある国における音楽ソフトの売上額の推移を，アナログディスク，カセットテープ，CD，配信の四つの媒体別に示したものである。これから確実にいえるのはどれか。

なお，1988年及び1998年には配信の売上額はなく，1998年，2008年のアナログディスク及び2018年のカセットテープの売上額が四つの媒体の合計売上額に占める割合は，いずれも0.5%未満である。

【国家一般職／税務／社会人・令和２年度】

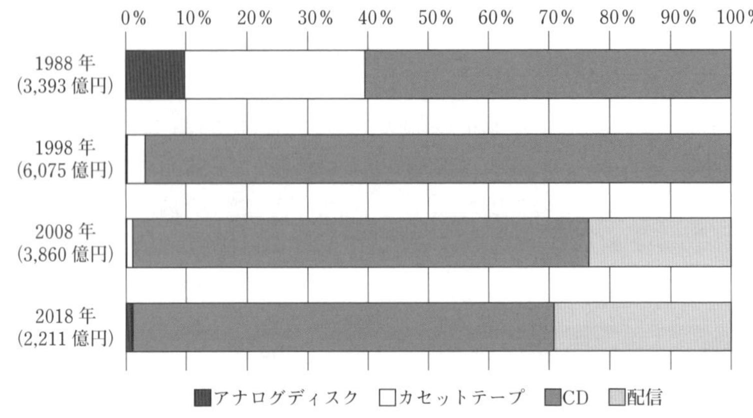

1　1988年におけるカセットテープの売上額は，1,500億円を上回っている。

2　1998年におけるCDの売上額は，2018年のそれの5倍を上回っている。

3　2008年に，音楽ソフトの配信での販売が始まった。

4　2008年におけるCDの売上額は，1988年におけるアナログディスクの売上額の10倍を上回っている。

5　2018年における配信の売上額は，2008年のそれを下回っている。

解説

グラフを用いた構成比の問題である。構成比は実数ではないので単純な大小関係はいえない。しかし，本題のように構成比に対して実数も与えられている場合，各項目の構成比を乗じて実数にすることができる。

1 × 誤り。1988年において，カセットテープ売上額は3393億円×0.30＝1017.9億円で，1500億円を上回ることはない。

2 × 誤り。2018年におけるCD売上額は2211億円×0.7＝1547.7億円となる。この5倍は7500億円を上回るが，1998年において，音楽ソフト売上げの総額でも6075億円なので5倍を上回るということはない。

3 × 誤り。たとえば2007年に音楽ソフトの配信での販売があったかどうかは，この資料からはわからない。

4 × 誤り。1988年のアナログディスク売上額は3393億円×0.1＝339.3億円である一方で，2008年のCD売上額は3860億円×0.75＝2895億円となり，339.3億円の10倍には満たない。

5 ◎ 正しい。2008年における配信の売上額は3860億円×0.23＝887.8億円となる。一方，2018年では2211億円×0.3＝663.3億円となる。これより，2018年における配信の売上額が2008年のそれを下回っているというのは正しい。

確認しよう ➡概算方法，割合棒グラフ

正答 5

構成比の問題も，実数が与えられている場合には各項目の構成比を乗じて実数にできる。実数にできれば大小比較が可能となる。

要点のまとめ

重要ポイント1 棒グラフ（帯グラフ）

構成比をグラフで表現する場合，通常は帯グラフが用いられる。

帯グラフは棒グラフの発展形態であり，複数の棒が並置される場合，各棒の長さ，幅はすべて同じに描かれる。棒全体を100％に対応させ，各項目の構成比に応じて棒の内部を仕切って構成比を視覚的に表現する。ただし，全体量の変化も同時に表現したい場合などには，構成比であっても通常の棒グラフが用いられることもある。なお，構成比を表す棒グラフや帯グラフでは構成比の値がグラフの中に記入されているのが普通である。

構成比とともに全体量や指数が与えられている場合，各項目の実数の推移傾向や複数項目間での実数の比較が問題とされることが多いので，どのような計算をすればそれらを判断できるのか素早く見抜くことが大切である。

重要ポイント2 円グラフ

円グラフはもっぱら構成比を表現するためにだけ用いられるグラフと考えてよい。各項目の構成比に応じて中心角が決められ，中心角360°が100%に対応する。したがって，各項目について，

$\text{構成比} = \dfrac{\text{中心角}}{360^\circ}$が成り立つ。

円グラフでは通常，構成比の値がグラフの中に記入されているが，これを実数と混同しないよう注意しなければならない。構成比とともに全体量が実数で与えられている場合には，簡単な計算で各項目の構成比に対応する実数を知ることができる。

重要ポイント3 折れ線グラフ

指数をグラフで表現する場合，折れ線グラフを用いることが多い。特にある変量の経年的変化を指数によって表現したい場合には，折れ線グラフが最も適している。この場合，通常は，縦軸に指数，横軸に時間をとる。

指数の経年的変化を表現した折れ線グラフでは，折れ線の形状から，実数

の増減傾向を視覚的に判断できる。ただし，折れ線で表現された項目ごとに指数の基準値が異なる場合は，複数項目間での実数の比較には注意が必要である（→テーマ2の要点のまとめを参照）。

重要ポイント 4 三角図表

三角図表では，グラフの見方，読み取り方に慣れることがすべてである。そのためには，三角図表の原理を正しく理解し，「辺の目盛は垂線の長さに対応している」ということを常に意識して読み取り作業を進めることが大切。

三角図表というのは，正三角形の幾何学的性質を利用して3種類の数量の全体に対する構成比を正三角形内部の点で表現したものである。三角図表が成り立つ根拠は，**「正三角形においては，その内部の任意の1点から各辺に下ろした3本の垂線の長さの和は常に一定で，正三角形の高さに等しい」**という定理である。この定理のおかげで3種類の数量の全体に対する構成比を3本の垂線の長さに対応させることができる。この場合，正三角形の高さが全体すなわち100％に対応することになる。

三角図表では1点から各辺に下ろした3つの垂線の長さが構成比に対応しているが，実際にこの図表から構成比を読み取ろうとするとき，垂線の長さを直接測るのでは不便である。そこで，三角図表の各辺には0～100％の目盛りがつけられており，実際にはこの目盛りを利用して構成比を読み取るようになっている。右図において，点Pの構成比は次のようにして読み取る。

数量1の構成比→点Aの目盛り
数量2の構成比→点Bの目盛り
数量3の構成比→点Cの目盛り

当然のことながら，これら3つの目盛りの数値の和は100になっている。

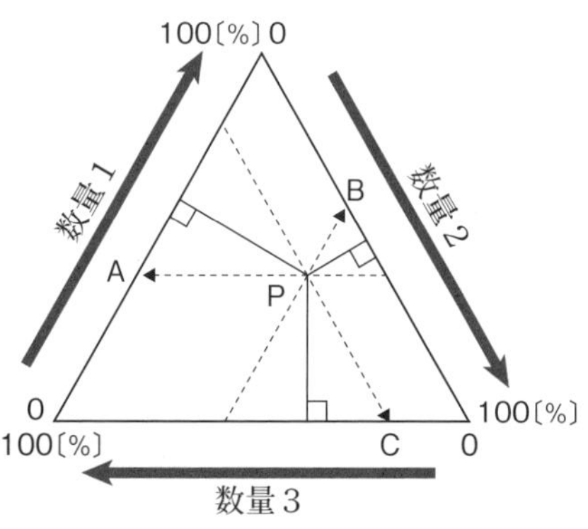

実戦問題

1 次の図から正しくいえるのはどれか。

【東京都・平成28年度】

機械設計業の業務種目別の売上高の構成比の推移

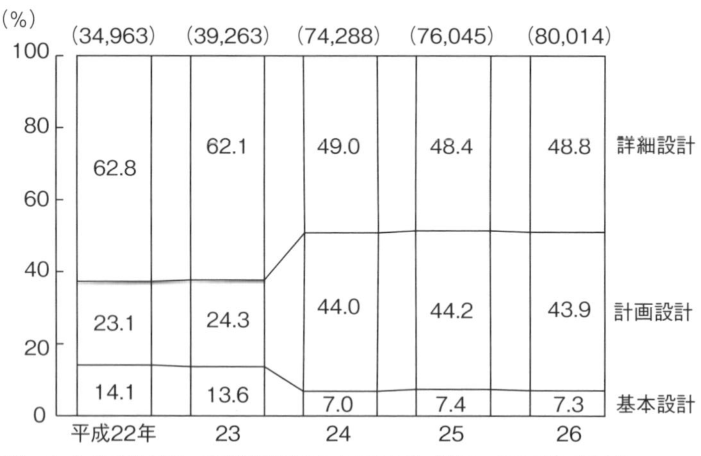

（注）（　）内の数値は，業務種類別の売上高の合計（単位：百万円）を示す。

1　平成22年から24年までの3か年の計画設計の売上高の平均は，80億円を下回っている。

2　平成22年から25年までのうち，詳細設計の売上高が最も多いのは23年であり，次に多いのは24年である。

3　平成23年における基本設計の売上高を100としたとき，26年における基本設定の売上高の指数は120を上回っている。

4　平成23年についてみると，計画設計の売上高は基本設計の売上高を30億円以上，上回っている。

5　平成24年における各業務種類別の売上高についてみると，基本設計および詳細設計はそれぞれ前年に比べて減少し，計画設計は前年に比べて増加している。

次の図から確実にいえるのはどれか。

【特別区・平成28年度】

一次エネルギー供給量およびそのエネルギー源別構成比の推移

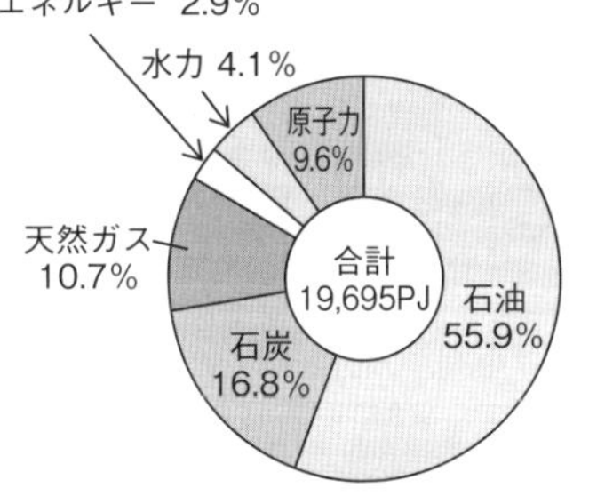

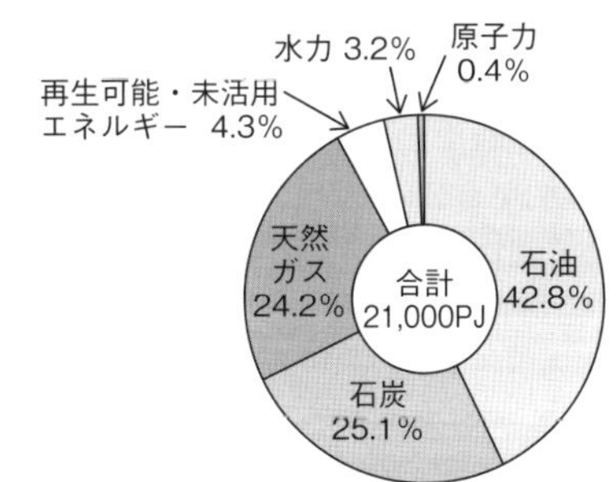

(注) 一次エネルギー供給量の単位 PJ=10^{15}J

1 「天然ガス」の一次エネルギー供給量の1990年度に対する2013年度の増加率は,「石炭」の一次エネルギー供給量のそれの3倍より大きい。

2 一次エネルギー供給量の「合計」の1990年度に対する2013年度の増加量に占める「再生可能・未活用エネルギー」のそれの割合は,40%を超えている。

3 2013年度における「原子力」の一次エネルギー供給量に対する「水力」の一次エネルギー供給量の比率は,1990年度におけるそれを下回っている。

4 1990年度の「石油」の一次エネルギー供給量を100としたときの2013年度のそれの指数は,70を上回っている。

5 図中の両年度のうち,「水力」の一次エネルギー供給量が800PJを下回っているのは,1990年度である。

3 次の図は，ある地域における災害による建物被害発生数と災害別の構成比の推移を示したものであるが，この図から正しくいえるものはどれか。

【警察官・平成22年度】

ある地域の災害による建物被害発生数と災害別構成比の推移

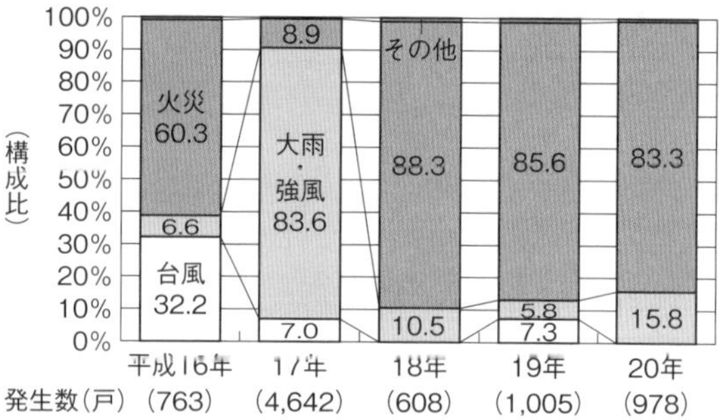

1　平成16年に発生した火災による建物被害発生数は，平成17年に発生したそれを上回る。

2　平成16年から20年で台風による建物被害発生数が最も多いのは平成16年である。

3　平成16年から20年で火災による建物被害発生数が最も多いのは平成18年である。

4　平成16年から20年で大雨・強風による建物被害発生数をみると，最多であった年の件数は，最少であった年の件数の100倍を超えている。

5　平成17年に発生した火災と台風による建物被害発生数の和は，これ以外の年のそれと比べて大きい。

4 次の図から確実にいえるのはどれか。

【特別区・令和2年度】

地域別訪日外客数の構成比の推移

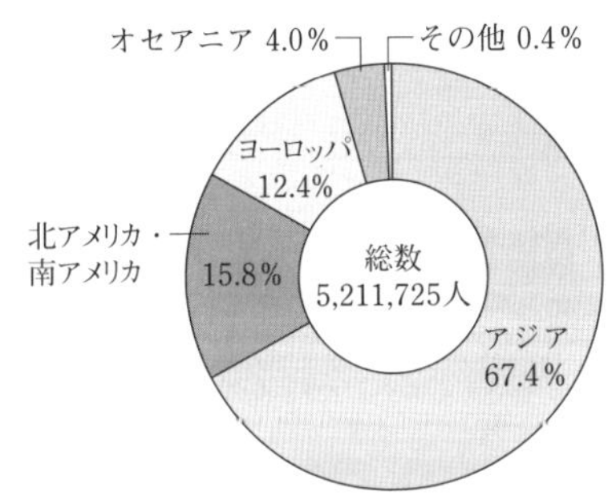

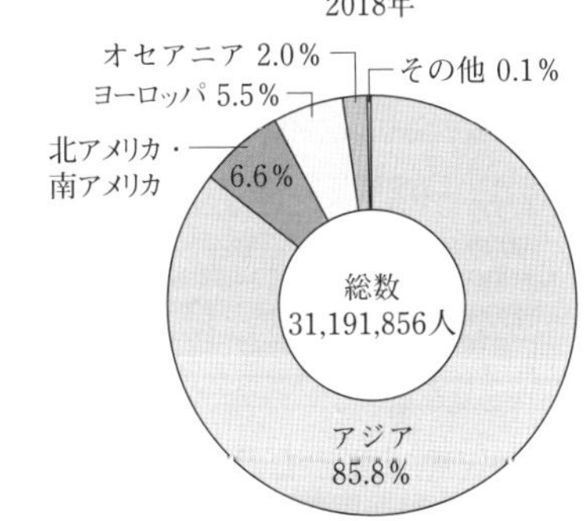

1 「アジア」の訪日外客数の2003年に対する2018年の増加数は，2018年の「北アメリカ・南アメリカ」の訪日外客数の10倍を下回っている。

2 訪日外客数の総数の2003年に対する2018年の増加数に占める「アジア」のそれの割合は，80%を超えている。

3 「北アメリカ・南アメリカ」の訪日外客数の2003年に対する2018年の増加率は，「オセアニア」の訪日外客数のそれより大きい。

4 2003年及び2018年の両年とも，「ヨーロッパ」の訪日外客数は，「オセアニア」のそれの3倍を下回っている。

5 2003年の「ヨーロッパ」の訪日外客数を100としたときの2018年のそれの指数は，300を上回っている。

5 ある国の主要工業製品4製品の輸出額について，図Ⅰは2004年の輸出額を，図Ⅱは2004～8年のこれらの4製品の輸出額指数（2004年＝100）の推移を示したものである。これから確実にいえるのはどれか。

【中途採用者・平成21年度】

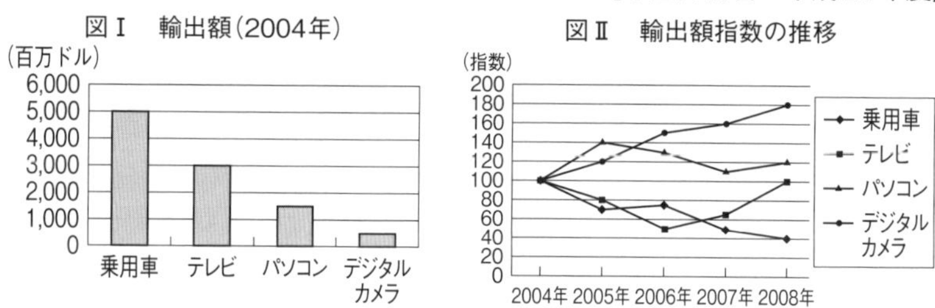

1　4製品の輸出額の合計額は，年々増加している。

2　テレビの輸出額は，2005年に初めて乗用車のそれを上回った。

3　2008年をみると，パソコンの輸出額は，テレビのそれよりも多い。

4　乗用車の輸出額が30億ドルを下回った年はない。

5　デジタルカメラの輸出額がパソコンのそれを上回った年はない。

次の図から確実にいえるのはどれか。

【特別区・平成16年度】

平成14年の６農業地域における販売農家が経営する耕地面積の種類別構成比

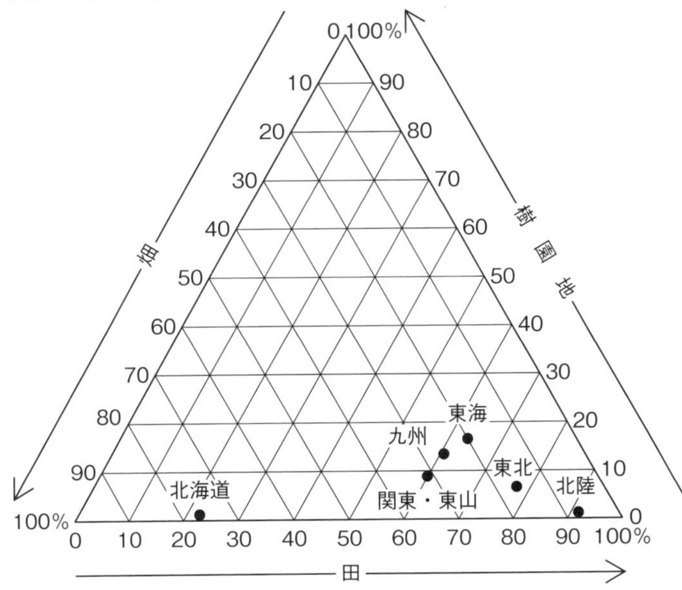

（注）1　販売農家とは，経営耕地面積が30アール以上または農産物販売金額が50万円以上の農家をいう。
2　畑には，樹園地は含まない。

1　「関東・東山」の田の耕地面積の構成比と畑の耕地面積のそれとの合計は，90％より小さい。

2　「北陸」の樹園地の耕地面積の構成比は，「北海道」の田の耕地面積のそれを上回っている。

3　図中の各農業地域のうち，樹園地の耕地面積の構成比が10％を上回っているのは，「九州」と「東海」だけである。

4　「東海」の樹園地の耕地面積は，「東北」の樹園地のそれの2倍を上回っている。

5　「九州」の田の耕地面積の構成比は，「九州」の畑の耕地面積のそれの2倍を下回っている。

実戦問題●解説

1 グラフによる構成比の問題である。構成比の数値は実数の大小関係とは異なるので注意を要する。各年の全体の売上高が与えられているので，その値と構成比から各項目の実数値がわかる。

1 × 誤り。平成22年から24年までの計画設計の売上高を小さめに見積もって，平成22年は340億円の20％＝68億円，23年は390億円の20％＝78億円，24年は700億円の40％＝280億円となり，平均は明らかに80億円を上回っている。

2 × 誤り。平成23年は多めに見積もっても400億円の65％＝260億円，24年は少なめに見積もっても700億円の45％＝315億円となり，24年のほうが売上高が多い。

3 × 誤り。平成23年基本設計を少なめに見積もると390億円の13％＝50.7億円，26年は多めに見積もって800億円×7.5％＝60億円である。50億円の1.2倍が60億円なので，26年の基本設計の売上高の指数は120を下回っている。

4 ◎ 正しい。平成23年の計画設計と基本設計の構成比の違いは10.7%と，10％を上回る。少なめに見積もり390億円の10％としても39億円の違いがあり，30億円を上回るというのは正しい。

5 × 誤り。平成23年の詳細設計は多めに見積もって400億円×65％＝260億円，24年詳細設計は少なめに見積もっても700億円×49％＝343億円となり，詳細設計は23年に比べ24年が減少しているということはない。

☞確認しよう ➡構成比の取り扱い　　　　**正答 4**

2 円グラフによる典型的問題である。円グラフの中心に記載された合計の実数と円グラフの構成比から実数が出せる。ただし，選択肢**1**のように，実数の増加率を問われていても実数を計算する必要がない場合がある。

1 × 誤り。1990年における1次エネルギー供給量の合計をC，2013年におけるそれをDとする。天然ガスの増加率は$\frac{0.242\times D}{0.107\times C}-1=\frac{0.242}{0.107}$

$\times\frac{D}{C}-1=\frac{2.26D}{C}-1$。石炭の増加率は$\frac{0.251\times D}{0.168\times C}-1=\frac{0.251}{0.168}\times\frac{D}{C}-1=\frac{1.49D}{C}-1$となる。$\frac{D}{C}$が1だったとしても天然ガスの増加率1.26に対し，石炭の増加率は0.49であり，3倍に満たない。$\frac{D}{C}$が1より大きい時はますます3倍に満たない。

2 × 誤り。再生可能・未活用エネルギーの増加量は21000×0.043−19695×0.029＝903−571＝329〔PJ〕である。合計の増加量は21000−19695＝1305〔PJ〕となる。合計の増加量に対する再生可能・未活用エネルギーの増加量は$\frac{329}{1305}<0.4$より40％を超えているということはない。

3 × 誤り。2013年における原子力の一次エネルギー供給量に対する水力の供給量の比率は単純に構成比の比をとればよいので，$\frac{3.2}{0.4}=8$となる。一方，1990年度における比率は，$\frac{4.1}{9.6}<1$より，明らかに1990年度における原子力の一次エネルギー供給量に対する水力の供給量の比率のほうが下回っている。

4 ◎ 正しい。1990年に対する2013年の石油の構成比の比をみただけでも$\frac{42.8}{55.9}>0.76$となっている。実際には，合計において，2013年のほうが多いので供給量の比は0.76を上回る。したがって，1990年度の石油の一次エネルギー供給量を100としたときの2013年度の指数は70を上回っているというのは正しい。

5 × 誤り。19695×0.041＝807〔PJ〕となり，1990年度において800PJを下回っているというのは誤り。

確認しよう ➡円グラフ　　　　正答 4

3 棒グラフが構成比を表す場合は，棒の長さと実数が対応することは少ないので注意が必要である。2つ以上の実数を比較するときには，その値を概算で求めることに加えて，不等式を利用する方法もあることを覚えておこう。たとえば，$a>c$ かつ $b>d$ ならば，$ab>cd$ である。また，a が c の r 倍よりも大きく，b が d の r 分の1よりも大きいならば，$a>rc$ と $b>\frac{d}{r}$ より $ab>(rc)(\frac{d}{r})=cd$ となる。

1 ◎ 正しい。グラフの中の数値は構成比である。**一般に，実数の大小を構成比の大小で比較することはできないが**，建物被害発生の全体数が平成16年と平成17年で大きく異なるので，さらに注意が必要である。平成16年に発生した火災による建物被害発生数は763×0.603≒763×0.6≒458〔戸〕で，平成17年のそれは4642×0.089≒4642×0.09≒418〔戸〕である。平成16年の戸数は低く見積もった数で，平成17年の数値は多く見積もった数になっていることから，平成16年の発生数が平成17年を上回るのは確実である。

2 × 平成16年の台風による建物被害発生数は763×0.322で，平成17年のそれは4642×0.07である。4642は763の5倍以上で，0.07は0.332の5分の1よりも大きい。よって，平成17年は平成16年よりも多いことがわかり，平成16年が最多というのは誤りである。

3 × 火災による発生数の構成比が平成18年に近い平成19年と比べてみる。平成18年に発生した火災による建物被害発生数は608×0.883〔戸〕で，平成19年のそれは1005×0.856〔戸〕である。1005が608の1.5倍以上になっていることから，1005×0.856>608×1.5×0.856>608×0.883となる。このことは，平成19年のほうが平成18年よりも多いことを示し，平成18年が最多というのは誤りとわかる。

4 × 大雨・強風による建物被害発生数が最多なのは，構成比と建物被害発生総数ともに最大となる平成17年である。一方，概算をすると，大雨・強風による建物被害発生数が最小なのは，平成16年とわかる。平成17年の大雨・強風による建物被害発生数は4642×0.836で，平成16年のそれは763×0.066である。実際に計算すると763×0.066≒50となり，この100倍は5000である。これは平成17年の建物被害発生総数(4,642)を超えているので，平成17年の大雨・強風による建物被害発生数が平成16年のそれの100倍を超えることはありえない。

5 × 平成17年に発生した火災と台風による建物被害発生数の和は4642×0.159＜5000×0.16＝800である。一方，平成19年のそれは1005×0.929で，明らかに900よりも大きい。よって，平成17年の値がそれ以外の年に比べて大きいというのは誤り。

確認しよう ➡構成比と実数，概算による計算　**正答 1**

4 構成比の大きさがそのまま実数の大きさではないことに注意する。大小比較の際には総数に各構成比をかければよい。本題のような2つの年の比較の際には2つの年の総数の比をあらかじめ計算しておき，その係数を一方に乗じることで構成比を用いて比較ができるようになる。本題はそのような典型的な問題である。

1 × 誤り。2003年，2018年の訪日外客数総数はそれぞれおよそ52（十万人），312（十万人）であり312÷52＝6となる。したがって，2018年の構成比に6をかけて比較すればよい。2003年アジアの訪日外客数は67.4に対し，2018年は85.8×6＝514.8であるので，増加数は514.8－67.4＝447.4となる。一方，2018年の北アメリカ・南アメリカの訪日外客数は6.6×6＝39.6となる。447.4は39.6の10倍を上回る。

2 ◎ 正しい。訪日外客数の総数について2003年が100に対し，2018年は100×6＝600となるので，増加数は500となる。一方，アジアのそれの割合は2003年が67.4に対し，2018年は85.8×6＝514.8となり，増加数は514.8－67.4＝447.4である。訪日外客数総数の増加数に対するアジアのそれの割合は$\frac{447.4}{500}$≒0.89となり80％を超えているといえる。

3 × 誤り。北アメリカ・南アメリカの訪日外客数は2003年では15.8，2018年は6.6×6＝39.6より，2003年に対する2018年の増加率は$\frac{39.6}{15.8}$≒2.5となる。同様に計算するとオセアニアでは2003年は4.0，2018年は2.0×6＝12となり，増加率は$\frac{12}{4.0}$＝3.0となる。したがって，オセアニアより北アメリカ・南アメリカのほうが訪日外客数の2003年に対する2018年の増加率が大きいということはない。

4 × 誤り。2003年では$\frac{12.4}{4.0}>3$と3倍を上回っている。

5 × 誤り。2003年のヨーロッパの訪日外客数12.4に対し，2018年では$5.5\times6=33$となる。その比は$\frac{33}{12.4}\fallingdotseq2.7$より，2003年の指数を100としたとき，2018年の指数は270となり300を下回る。

確認しよう ➡円グラフ

正答 2

5 図Ⅱのグラフは，各製品の2004年度の輸出額を基準とした指数であることに注意しよう。指数の大小と実数の大小は必ずしも一致しない。

1 × 各製品の2004年の実数が与えられており，乗用車5,000，テレビ3,000，パソコン1,500，デジタルカメラ500である。$a=500$〔百万ドル〕とおくと，乗用車$10a$，テレビ$6a$，パソコン$3a$，デジタルカメラaと表せる（10，6，3，1とおいてもよいが，実数と間違うといけないのでaを用いた）。すると，2004年の4製品の輸出額の合計は$10a+6a+3a+a=20a$である。図Ⅱの指数を用いると，2005年のそれぞれの製品の輸出額は，乗用車$10a\times0.7=7a$，テレビ$6a\times0.8=4.8a$，パソコン$3a\times1.4=4.2a$，デジタルカメラ$a\times1.2=1.2a$となる。その合計は$7a+4.8a+4.2a+1.2a=17.2a$である。これは2004年の$20a$よりも小さい。よって，4製品の輸出額の合計額が年々増加しているのは誤り。

2 × 2004年は乗用車がテレビを上回っている。選択肢**1**でみたように，2005年の乗用車は$7a$，テレビは$4.8a$であり，依然乗用車がテレビを上回っている。

3 × 図Ⅱの数値は2004年を100とした指数であって，対前年度増加率とは違うことに注意する。選択肢**1**の設定を用いると，2008年のパソコンの輸出額は$3a\times1.2=3.6a$，テレビの輸出額は$6a\times1=6a$である。よって，テレビのほうが多い。

4 × 30億ドル＝3,000百万ドル＝$6a$となる。乗用車の輸出額は，2004年が$10a$で，指数の最も小さい2008年をみると$10a×0.4=4a$である。これは$6a$を下回っているので，この年の乗用車の輸出額は30億ドルを下回っている。

5 ◎ 正しい。選択肢**1**と同様にaを使って表すと，2004年のパソコンは$3a$，デジタルカメラはaなので，パソコンのほうが上である。2005年もパソコンの指数が上なので，実数も上となる。2006年は，パソコンが$3a×1.3=3.9a$，デジタルカメラが$a×1.5=1.5a$なので，パソコンが上である。2007年は，パソコンが$3a×1.1=3.3a$，デジタルカメラが$a×1.6=1.6a$なので，パソコンが上である。2008年も，パソコンが$3a×1.2=3.6a$，デジタルカメラが$a×1.8=1.8a$なので，パソコンが上とわかる。以上より，デジタルカメラの輸出額がパソコンを上回った年はない。

確認しよう ➡指数と実数　　**正答 5**

6 三角図表の読み方さえわかっていれば易しい問題である。各地域において，田，畑，樹園地それぞれの構成比の和は必ず100%になることに注意する。

1 × 「関東・東山」の樹園地の構成比は9%であるから，他の2つ（田，畑）の構成比の合計は100−9=91〔%〕となり，90%を超えている。

2 × 「北陸」の樹園地の構成比は2%，「北海道」の田の構成比は23%であるから，前者のほうが少ない。

3 ◎ 正しい。「九州」と「東海」は，樹園地の目盛の10%の位置を通って底辺に平行な直線の上側に位置するから，どちらも樹園地の構成比が10%を上回っている。他の地域はこの直線の下側に位置するから，10%を下回っている。

4 × どの地域についても耕地面積の全体量は与えられていないので，各地域の種類別耕地面積の実数を知ることはできない。したがって，このようなことを構成比だけに基づいて判断することはできない。

5 × 「九州」の田の構成比は62%，畑の構成比は26%となっており，$62>26×2$であるから，前者は後者の2倍を上回っている。

確認しよう ➡三角図表　　**正答 3**

テーマ6 グラフ―増減率

重要問題

次の図から正しくいえるのはどれか。

【東京都・令和2年度】

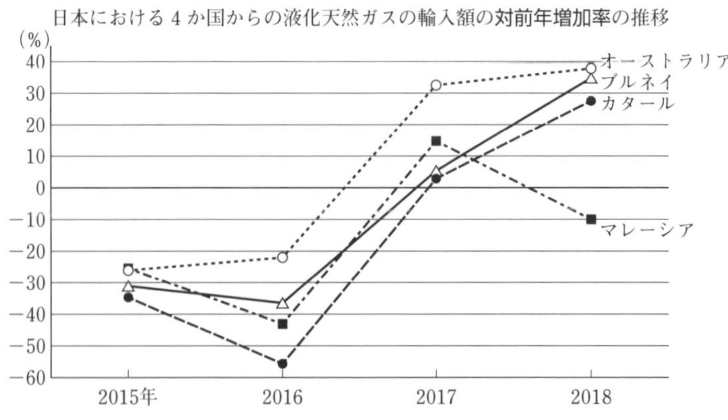

1　2015年から2017年までの各年についてみると，オーストラリアからの液化天然ガスの輸入額は，いずれの年も前年に比べて増加している。

2　2015年から2017年までのうち，マレーシアからの液化天然ガスの輸入額が最も多いのは2017年であり，最も少ないのは2016年である。

3　2015年におけるブルネイからの液化天然ガスの輸入額は，2016年から2018年までの3か年におけるブルネイからの液化天然ガスの輸入額の年平均を下回っている。

4　2016年におけるカタールからの液化天然ガスの輸入額を100としたとき，2018年のカタールからの液化天然ガスの輸入額の指数は120を上回っている。

5　2018年における4か国からの液化天然ガスの輸入額についてみると，液化天然ガスの輸入額が2016年と比べて減少したのは，マレーシアだけである。

解説

増減率についてのグラフの問題である。グラフが右肩上がりだから増加しているなどと早合点してはいけない。増減率のグラフではあくまで，グラフの値が正ならば増加しており，負ならば減少していることを表す。

1 × 誤り。オーストラリアからの液化天然ガス輸入額について，2016年における対前年増加率が－22％と負の値なので液化天然ガスの輸入額は減少している。

2 × 誤り。2015年のマレーシアからの液化天然ガス輸入額を100とすると，2016年は100（1－0.43）＝57，2017年は57×(1＋0.14)＝65となる。したがって，2015年から2017年において，輸入額が最も多いのは2015年となり2017年ではない。ちなみに最も少ないのは2016年で正しい。

3 × 誤り。2015年のブルネイからの液化天然ガス輸入額を100とすると，2016年は100×(1－0.37)＝63，2017年は63×(1＋0.05)＝66，2018年は66×(1＋0.34)＝88となる。2016年から2018年の平均で，$\frac{(63+66+88)}{3}$＝72となり，2015年のほうが上回っている。

4 ◎ 正しい。2016年のカタールからの液化天然ガス輸入額を100とすると，2018年は100×(1＋0.03)×(1＋0.27)＝130であり，120を上回っている。

5 × 誤り。2016年のマレーシアからの液化天然ガス輸入額を100とすると，2018年は100×(1＋0.14)×(1－0.1)＝103となり増加している。他の国は2017年，2018年ともに対前年増加率が正なので，2016年に対して2018年の液化天然ガスの輸入額が増加しているのは明らかである。以上より，4か国すべてが増加していることになる。

確認しよう ➡増加率，折れ線グラフ　　**正答 4**

増減率のグラフでは，右肩上がりかどうかで増減を判断するわけではない。あくまでグラフの値を読み取り増加しているのか減少しているのか判断しよう。

要点のまとめ

重要ポイント 1 折れ線グラフ

増加率の経年変化を表した折れ線グラフでは，実数や指数の推移傾向を判断するとき折れ線の形状に惑わされないことが大切である。実数や指数の推移傾向は，増加率の値そのものに基づいて判断しなければならない。

増加率の経年変化をグラフで表すには，多くの場合，折れ線グラフが用いられ（例外的には棒グラフが用いられることもある），通常は縦軸に増加率，横軸に時間がとられる。ただし，まれに縦横両軸に増加率がとられる場合もある。こうしたグラフを読むときは，グラフの形状から視覚的に判断できるのはあくまでも増加率の推移傾向であり，実数や指数のそれではないことを意識する必要がある。実数や指数の推移傾向を判断する手がかりは，増加率の値の正負，すなわち折れ線がグラフのどの領域に存在するかにある。

増加率の値が正 → 折れ線の形状によらず実数は増加
増加率の値が0 → 折れ線の形状によらず実数は変化なし
増加率の値が負 → 折れ線の形状によらず実数は減少

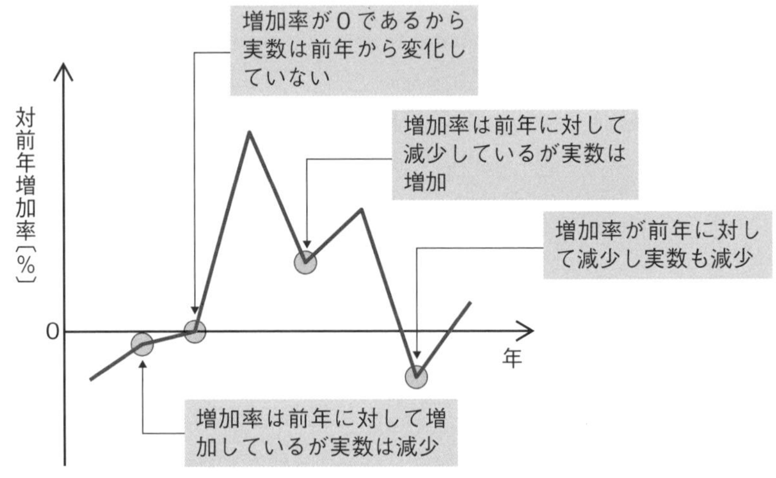

実戦問題

1 次の図から正しくいえるのはどれか。　【東京都・平成28年度】

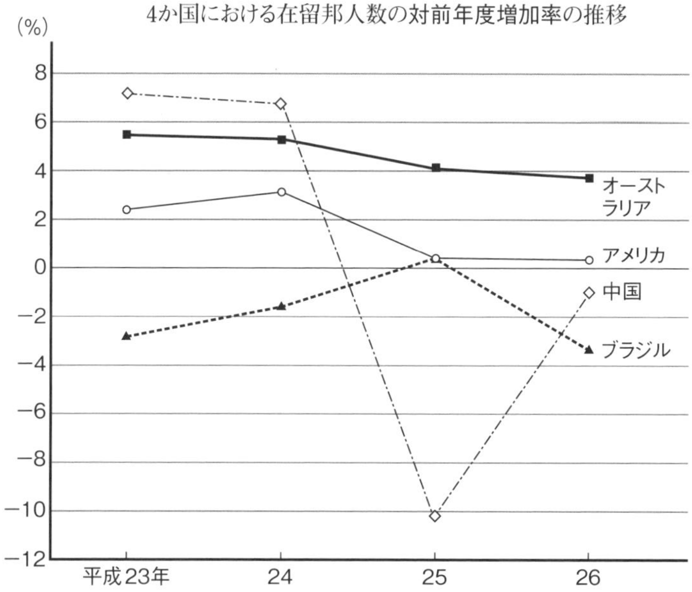

1　平成23年から26年までのうち，中国の在留邦人数が最も多いのは23年であり，最も少ないのは25年である。

2　平成25年についてみると，4か国のうち在留邦人数が前年に比べて増加したのはブラジルだけである。

3　アメリカの在留邦人数についてみると，平成24年から26年までの3か年の年平均の在留邦人数は23年の在留邦人数を下回っている。

4　オーストラリアの在留邦人数の対前年増加数についてみると，平成25年は24年を下回っている。

5　ブラジルの在留邦人数についてみると，平成23年を100としたとき，25年の指数は102を上回っている。

2 次の図から正しくいえるのはどれか。

【東京都・平成26年度】

我が国における4か国からのコーヒー生豆の輸入量の対前年増加率の推移

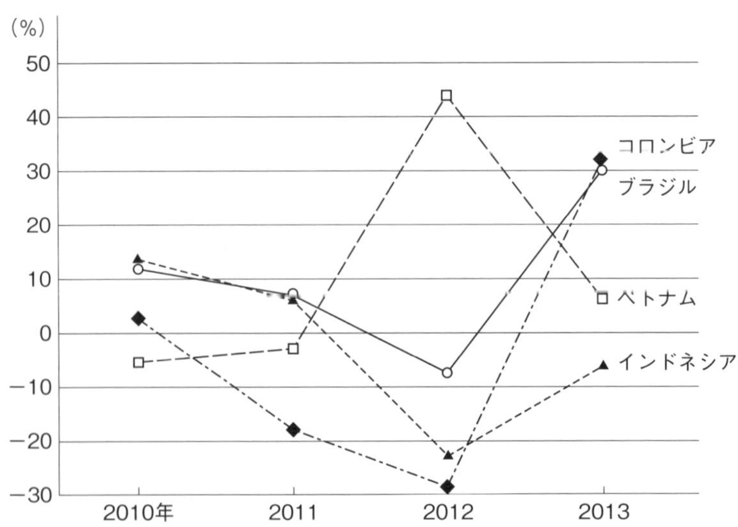

1 2011年から2013年までのうち，ベトナムからの輸入量が最も多いのは2012年であり，最も少ないのは2011年である。

2 2011年についてみると，4か国のうち輸入量が前年に比べて減少した国はコロンビアとベトナムだけである。

3 ブラジルからの輸入量についてみると，2010年から2012年までの3か年の1年当たりの平均輸入量は2013年の輸入量を上回っている。

4 インドネシアからの輸入量についてみると，2010年を100としたとき，2013年の指数は80を上回っている。

5 コロンビアからの輸入量の対前年増加量についてみると，2013年は2010年を下回っている。

3 図Ⅰは，2000年におけるA県の公共スポーツ施設利用者数の対前年伸び率と，同年の利用者数に対する施設利用希望者数の比率を，図Ⅱは，1999年および2000年における同県の公共スポーツ施設利用者数の性別割合を示したものである。これらの図から確実にいえるのはどれか。

【国家Ⅲ種・平成13年度】

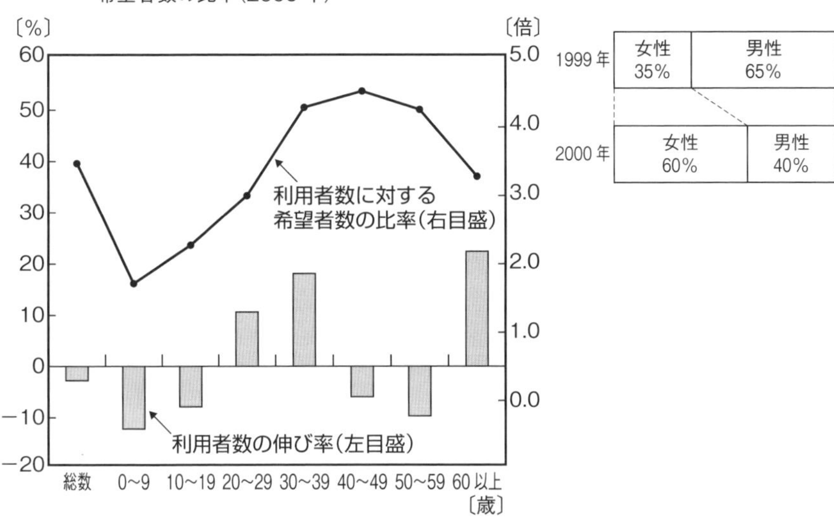

1 2000年の希望者数が最も少ない年齢層は0～9歳層である。

2 2000年の10～19歳層では，希望者のうち利用できた者より利用できなかった者のほうが多い。

3 2000年の希望者数，利用者数とも前年より増加したのは30～39歳層と50～59歳層である。

4 2000年の利用者数が最も多い年齢層は60歳以上層である。

5 2000年の利用者数の総数が前年のそれより減少したのは，男性の希望者数が減少したためである。

4 図は，わが国における宿泊旅行について，延べ宿泊者数（全体），日本人延べ宿泊者数，外国人延べ宿泊者数の対前年増減率の推移を示したものである。これから確実にいえるのはどれか。

ただし，延べ宿泊者数（全体）は，日本人延べ宿泊者数と外国人延べ宿泊者数の合計である。　【国家一般職／税務／社会人・平成29年度】

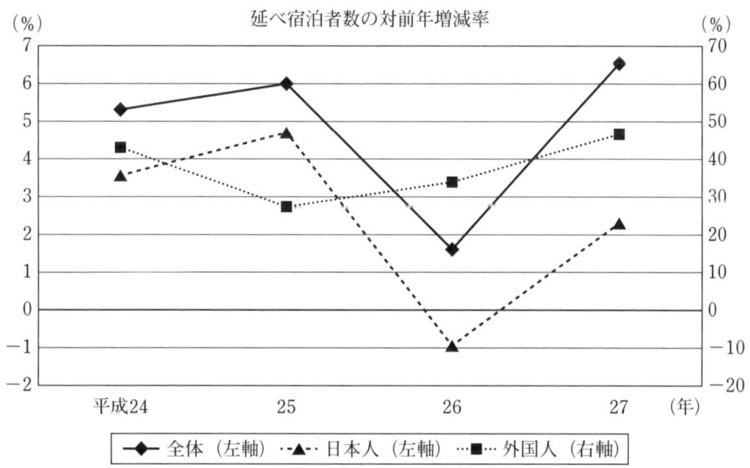

1　平成24～27年のうち，外国人延べ宿泊者数が前年を下回った年は，平成25年だけである。

2　平成25年についてみると，日本人延べ宿泊者数は外国人延べ宿泊者数を下回っている。

3　平成26年についてみると，外国人延べ宿泊者数の前年からの増加数は，日本人延べ宿泊者数の前年からの減少数を上回っている。

4　平成27年の延べ宿泊者数（全体）に占める外国人延べ宿泊者数の割合は，前年のそれを下回っている。

5　平成27年の日本人延べ宿泊者数は，平成23年のそれを下回っている。

5 次のグラフは，平成12年から平成18年にかけてのわが国の男性と女性の人口の対前年増加率の推移を示したものである。このグラフから判断できることとして，最も妥当なのはどれか。　【東京消防庁・平成21年度】

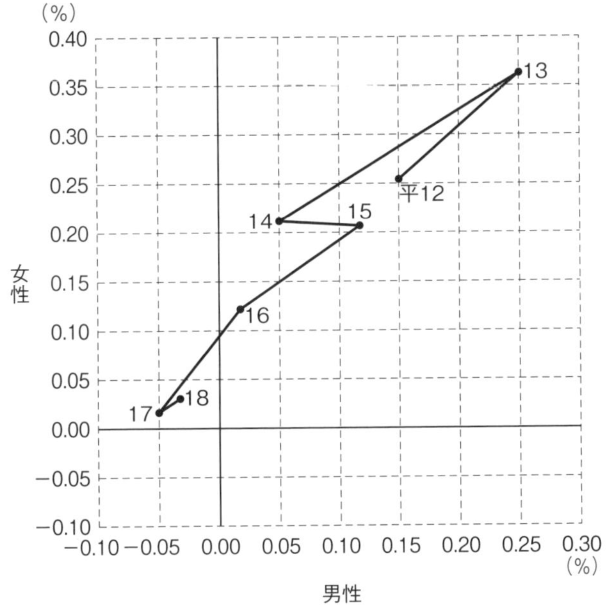

1 平成12年から平成18年の間で男性の人口が最も多かったのは平成13年である。

2 平成11年から平成18年の間で女性の人口が最も少なかったのは平成12年である。

3 平成13年と平成14年を比較すると男性に対する女性の比率は平成14年のほうが高い。

4 平成12年から平成18年の間で男性の対前年増加率が最も小さかったのは平成14年である。

5 平成12年から平成18年で男女の人口増加率の差が最も大きかったのは平成15年である。

6 折れ線グラフは，ある和菓子店における，大福の売上げ個数の対前月増加率の推移を表したものである。このとき，1月から12月までの売上げ個数の推移を表した図として最も妥当なのはどれか。　【国家Ⅲ種・平成20年度】

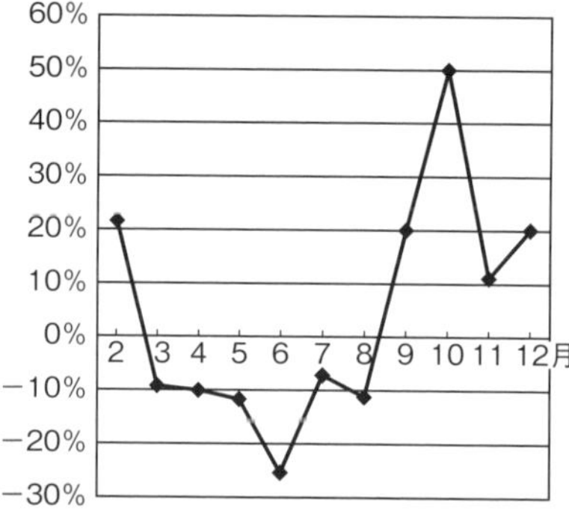

1

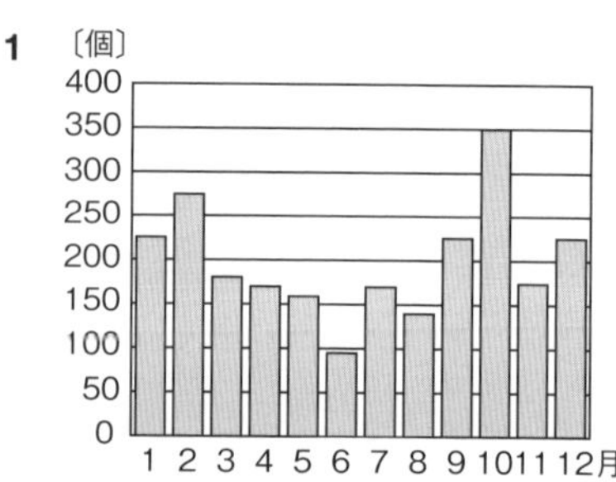

2

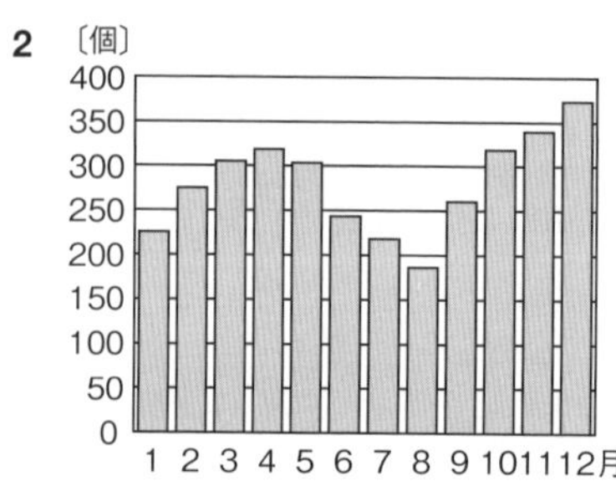

3

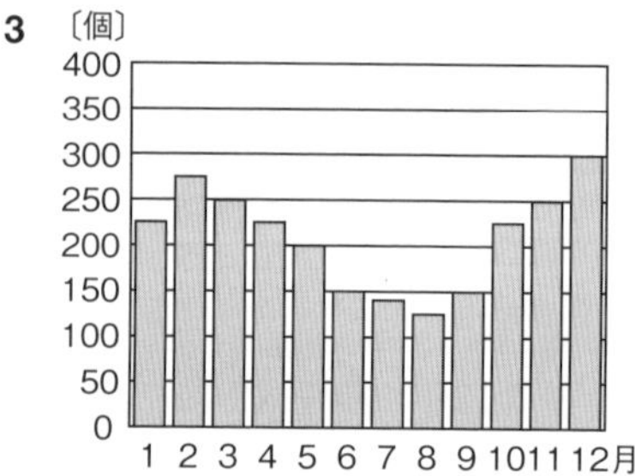

4

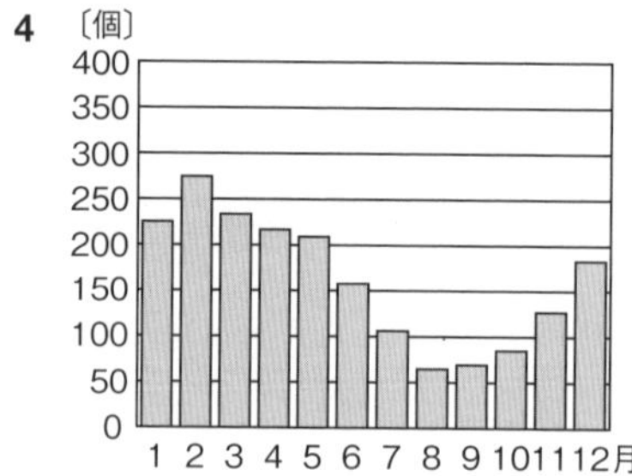

5

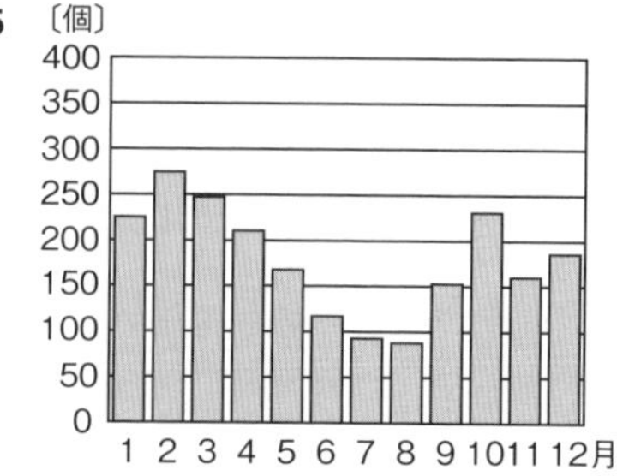

7 次のグラフと表は，ある地域のA店，B店，C店の3つのスーパーマーケットの各月の総売上高に関するものである。グラフはある年の2月から5月までの対前月増加率を表し，表は3月における各店の総売上高をA店を100とした指数で示したものである。このグラフと表から判断できることとして，最も妥当なのはどれか。【東京消防庁・平成19年度】

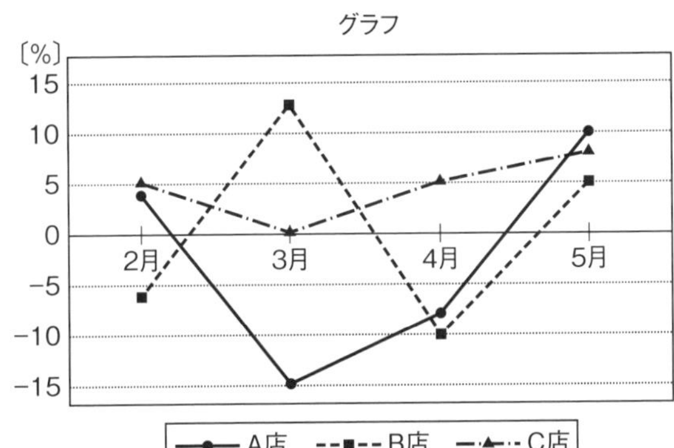

表

A店	B店	C店
100	105	90

1 3月の総売上高が，前月と比べて減少しなかったのはB店だけである。
2 4月のA店の総売上高は，C店のそれと比べ約13%少ない。
3 5月の総売上高が，一番多いのはB店である。
4 3月から5月における総売上高の伸び率が最も多いのはA店である。
5 2月の総売上高が，最も多いのはA店である。

実戦問題●解説

1 増減率を表したグラフによる問題である。基本的には実数はわからない。縦軸はあくまで増加率であり，実数値ではないことに注意する。すなわち，たとえばグラフの傾きが負で下降していたとしても，値が正であれば，実数値が増加していることを理解しているかはほぼ必ず問われる。

1 × 誤り。平成24年の中国の在留邦人数の対前年増加率が正なので，23年度より24年度のほうが多い。また，26年度の対前年増加率が負なので，25年より26年のほうが少ない。

2 × 誤り。中国以外すべて正の値なので，オーストラリア，アメリカ，ブラジルは増加している。もちろん，平成24年から25年におけるグラフの傾きは関係ない。

3 × 誤り。アメリカにおいて，対前年増加率はすべて正なので増加し続けている。したがって，平成24年から26年までの3か年の在留邦人数の平均が23年の在留邦人数を下回ることはない。

4 ◎ 正しい。平成24年オーストラリアの対前年増加率は5％なので，23年度の在留邦人数をNとすると増加量は$N \times 0.05$となる。平成25年の対前年増加率は4％であり，増加量は$N \times (1+0.05) \times 0.04$となる。$0.05 > 1.05 \times 0.04$なので，増加量は25年度が24年度を下回るというのは正しい。

5 × 誤り。平成23年を100とすると，24年はおよそ98となる。したがって，25年は大きく見積もっても99にしかならない。したがって，102を上回るというのは誤り。

確認しよう ➡対前年増加率

正答 4

2 対前年増加率のグラフから実数値がどう対応しているのかが問われている。実数値の増減をグラフの傾きと勘違いしないようにする。異なる年度の実数値の比を求める際には各年の増加率の値を用いて計算する必要がある。

1 × 誤り。2013年においても対前年増加率は正の値であるから，2012年より2013年のほうがベトナムからの輸入量は多い。したがって，最も多いのは2012年というのは誤り。ちなみに最も少ないのが2011年というのは正しい。

2 ◎ 正しい。2011年において対前年増加率が負の値を持つのはコロンビアとベトナムなので，輸入量が前年に比べて減少した国がコロンビアとベトナムというのは正しい。

3 × 誤り。2010年を1とした場合，2011年は8％増なので1.08，2012年は8％減であり，およそ1となる。2013年はそこから30％増となりおよそ1.3となる。したがって計算するまでもなく2010年から2012年までの3か年の1年当たり平均輸入量は2013年を上回っているとはいえない。

4 × 誤り。$100\times(1+0.06)\times(1-0.22)\times(1-0.07)\fallingdotseq100\times(1+0.06-0.22-0.07)=77$であり，80を上回るとはいえない。ちなみに10％を超える増減がある場合，近似式は精度が落ちるが，ここでの計算の場合（他の項が1に近いので）実際に計算してもやはり77程度となる。

5 × 誤り。対前年増加率は2010年において3％で，2013年では31％となり，2013年は2010年の対前年増加率の10倍以上である。対前年増加量において2010年が2013年を上回るためには，2009年の輸入量が2012年の輸入量の10倍以上なくてはならないが，2009年の輸入量を1とした場合，2012年は少なく見積もっても$1\times0.8\times0.7=0.56$で10分の1である0.1を大きく上回る。したがって，2013年は2010年を下回っているとはいえない。

確認しよう ➡折れ線グラフ　　**正答 2**

3 資料が複合グラフと帯グラフの組合せになっており，一見複雑そうに見えるが，問われている内容は単純である。このような問題は，多くのデータの中から特定の事柄を判断するのに必要なものを素早く見抜く能力が問われている。資料をよく観察して落ち着いて取り組みたい。

1 × 図Ⅰより，2000年において0～9歳層は，利用者数の対前年伸び率，利用者数に対する希望者数の比率ともに最も低くなっているが，利用者数の年齢層別の構成比や実数に関してまったく情報が与えられていないので，希望者数そのものについてはこのようなことを判断することはできない。

2 ◎ 正しい。図Ⅰより，2000年において10～19歳層は，利用者数に対する希望者数の比率が2倍を超えている。希望者数が利用者数の2倍を超えているということは，希望者のうち利用できなかった者の人数が利用できた者の人数を上回っていることを意味する。

3 × 図Ⅰより，2000年における利用者数の対前年伸び率は50～59歳層ではマイナスになっているので，この年齢層では利用者数が前年より減少している。また，希望者数については前年の情報が与えられていないのでこのようなことは判断できない。

4 × 図Ⅰ，Ⅱには利用者数の年齢層別の構成比や実数に関する情報が与えられていないので，このようなことは判断できない。

5 × 図Ⅰ，Ⅱには前年の希望者数に関する情報は含まれていないので，男性の希望者数が前年より減少したかどうかを判断することはできない。また，利用者数の増減と希望者数の増減との間の関係もこれらの資料から判断できる事柄ではない。

確認しよう ➡複数のグラフの取扱い

正答 2

4 増減率を表すグラフの問題である。縦軸の値が正であれば増加を表し，負であれば減少を示すということを押さえておく。また，本グラフは縦軸左右に目盛りがあり，注意を要する問題である。その点に気が付き注意深く対応すれば正答を出すことができる。

1 × 誤り。平成25年における対前年増加率は28％と正の値（外国人延べ宿泊者数についてはグラフの右の軸を参照）なので，前年より増加している。

2 × 誤り。平成25年において，外国人延べ宿泊者数の対前年増減率は28％であるのに対し，日本人延べ宿泊者数の対前年増減率は4.7％である。一方，日本人と外国人の合計である全体で，延べ宿泊者数の対前年増減率は6％である。外国人延べ宿泊者数の対前年増減率が28％と大きな値にもかかわらず全体の延べ宿泊者数の対前年増減率は6％と，日本人延べ宿泊者数の対前年増減率4.7％に近いということは，日本人に比べて外国人の割合が非常に小さいことを示す。したがって，日本人延べ宿泊者数は外国人延べ宿泊者数を下回っているというのは誤り。

3 ◎ 正しい。平成26年の外国人延べ宿泊者数は34％と正の値をもち，増加している。一方，日本人延べ宿泊者数の対前年増減率は−1％と負の値をもち，減少している。全体の延べ宿泊者数の対前年増減率をみると1.6％と増加しているので，外国人の増加数は日本人の減少数を上回っているというのは正しい。

4 × 誤り。平成27年において，全体の延べ宿泊者数の対前年増減率が6.6％であるのに対し，外国人延べ宿泊者数の対前年増減率が47％と外国人延べ宿泊者数のほうが対前年増減率が大きいので，全体の延べ宿泊者数に対する外国人延べ宿泊者数の割合は前年よりも上回っている。

5 × 誤り。平成23年を100とすると，平成27年は$100\times(1+0.035)\times(1+0.047)\times(1-0.010)\times(1+0.022)\fallingdotseq100\times(1+0.035+0.047-0.010+0.022)=100\times1.094=109.4$より平成27年の日本人延べ宿泊者数は平成23年のそれを上回っている。

確認しよう ➡増加率　　　　**正答 3**

5 対前年増加率は実数とは異なることに注意しよう。折れ線の傾きや形状に関係なく，対前年増加率がプラスである限り人口は増加しており，増加率がマイナスである間は人口が減少している。

1 × 男性の人口の対前年増加率は横軸の数値で表される。平成14年の数値もプラスの値なので，平成13年から14年にかけても人口は増加している。つまり，平成13年が最多というのは誤りである。

2 × 女性の人口の対前年増加率は縦軸で表されている。平成12年以降の対前年増加率はどの年もプラスの値なので，平成11年から18年まで女性の人口は増加を続けていたことがわかる。それゆえ，最少なのは平成12年ではなく平成11年である。

3 ◎ 正しい。平成13年の男性の人口をm，女性の人口をfとおくと，男性に対する女性の比率は$\frac{f}{m}$である。平成14年の人口の対前年増加率は，男性が0.05〔%〕，女性が0.21〔%〕なので，平成14年の男性に対する女性の比率は$\frac{1.0021f}{1.0005m}$となる。$\frac{1.0021}{1.0005}$は1よりも大きいので，男性に対する女性の比率は，平成13年よりも平成14年のほうが高いことがわかる。

4 × グラフの横軸の数値をそのまま読み取ればよい。男性の対前年増加率が最も小さかったのは平成17年である。

5 × ある年の人口増加率の差は，(縦軸の値)－(横軸の値)の絶対値で求められる。これは，グラフ上のその年の点を通り，傾き1の直線を引くときの縦軸との交点（x-y座標でいうとy切片）の座標の絶対値に等しい。実際に直線を引いてみると，平成14年の点を通る直線のy切片が最も大きいことがわかる。よって，男女の人口増加率の差が最大だったのは，平成15年でなく平成14年である。

確認しよう ➡対前年増加率と実数の増減，折れ線グラフ

正答 3

6 正しいグラフを選ぶ問題では，グラフの違いが顕著になるような箇所をいくつか選び，数値を計算してみるとよい。

選択肢に挙げられたグラフをみると，1月の値は225で統一されているが，2～4月にかけてすでに違いが目立つようになっている。そこで，1月の値を（225ではなく）100として，各月の指数を計算してみる。

2月＝(1月の指数)×(1＋対前月増加率)＝100×(1＋0.22)＝122

3月＝(2月の指数)×(1＋対前月増加率)＝122×(1－0.09)≒111

4月＝(3月の指数)×(1＋対前月増加率)＝111×(1－0.1)≒100

この時点で，2月から4月にかけて指数が減少していること，各2か月間の減少量が11で等しいことなどがわかる。このことは，2月から4月にかけて棒グラフの下がり方が一定であることを示す。このような特徴を持ったグラフは**3**のみである。

確認しよう ➡増加率と実数の関係，グラフの比較　　**正答 3**

7 一般に，増加率がわかっただけでは実数の比較はできない。しかし本問の場合，3月における総売上高の実数が指数の形で与えられているので，各月における3店の売上高の比較が可能となる。また，3月の指数と3月の対前月増加率から2月の指数がわかることに注意する。

1 × たとえ折れ線の傾きが負であっても，増加率の値が負でなければ売上高は減少していない。C店の3月の対前月増加率は0以上なので，C店の総売上高も前月と比べて減少していない。

2 × 表に与えられた3月の指数をもとに計算すると，4月のA店の総売上高の指数は100×(1－0.08)＝92，C店のそれは90×(1＋0.05)＝94.5である。C店の13％に当たる指数は約94×0.13＝12であるが，A店とC店の差は3に満たない。

3 × 選択肢**2**で計算した結果を利用しつつ，各店の5月の総売上高の指数を計算すると，A店は100×(1－0.08)×(1＋0.1)≒101，B店は105×(1－0.1)×(1＋0.05)≒99，C店は90×(1＋0.05)×(1＋0.08)≒102となる。よって，総売上高が一番多いのはC店である。

4 × 選択肢**3**の計算結果をみると，3月から5月にかけてA店の総売上高は100から101に伸び，C店のそれは90から102に伸びている。よって，計算するまでもなく，伸び率が最も多いのはA店ではなくC店であることがわかる。

5 ◎ 正しい。3月の対前月増加率$=\frac{3月の総売上高}{2月の総売上高}-1$となっているので，2月の総売上高は，(3月の総売上高)÷(3月の対前月増加率+1)で求めることができる。これを計算するとA店，B店，C店の2月の総売上高の指数はそれぞれ$\frac{100}{1-0.15}\fallingdotseq 118$，$\frac{105}{1+0.13}\fallingdotseq 93$，$\frac{90}{1+0}=90$となる。よって，2月の総売上高が最も多いのはA店である。

確認しよう ➡増加率と指数・実数との関係 **正答 5**

その他

重要問題

次の図から正しくいえるのはどれか。

【東京都・令和２年度】

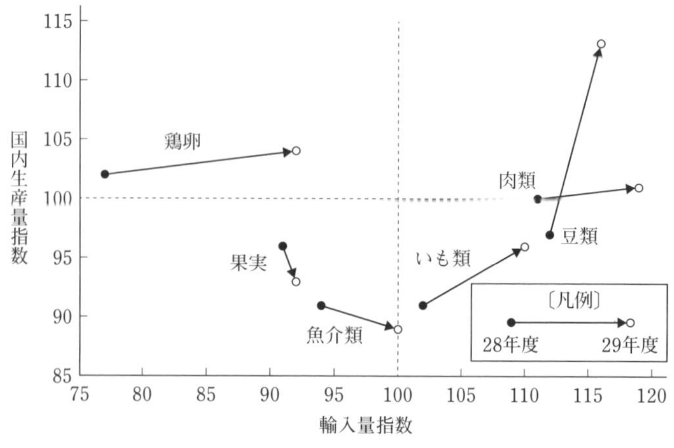

（注） 輸入量指数及び国内生産量指数は，それぞれ平成25年度における輸入量及び国内生産量を100としたものである。

1　平成25年度に対する28年度の輸入量の増加率を農畜産物別にみると，最も大きいのは鶏卵であり，最も小さいのは果実である。

2　平成29年度における魚介類の輸入量に対する肉類の輸入量の比率は，25年度における魚介類の輸入量に対する肉類の輸入量の比率を下回っている。

3　平成29年度におけるいも類の国内生産量は，25年度におけるいも類の国内生産量に比べ増加している。

4　平成29年度における豆類の国内生産量は，28年度における豆類の国内生産量の1.1倍を上回っている。

5　平成29年度における果実は，28年度に比べて輸入量，国内生産量ともに減少している。

解説

典型的ではない目新しいグラフが出てきた場合，グラフの各軸が何を表しているのかを正確に理解し，問われた値についてグラフから丁寧に読み取ればよい。

1 × 誤り。平成25年度に対する平成28年度の輸入量の増加率は28年度（黒丸）の横軸の指数を見ればよい。最も大きいのは豆類（112）である。最も小さいのは鶏卵（77）である。

2 × 誤り。平成29年度の魚介類の輸入量の指数は100，肉類の輸入量の指数は120となる。平成25年度はすべて指数100であるので，平成29年度の魚介類の輸入量に対する肉類の輸入量の比率は1.2となり平成25年度の比率1から上回っている。

3 × 誤り。平成29年度のいも類の国内生産量は指数で96であり，平成25年度での指数100から減少している。

4 ◎ 正しい。平成29年度における豆類の国内生産量は指数で114，平成28年度では97なので，$\frac{114}{97}>1.14>1$となり，平成29年度における豆類の国内生産量は平成28年度のそれの1.1倍を上回っている。

5 × 誤り。平成28年度における果実の輸入量は92で，平成29年度のそれは93となり輸入量においては増加している。

確認しよう ➡散布図

正答 4

目新しいグラフが出てきた場合には，与えられたグラフの各軸が何を表しているのかを正確に理解すれば，問われた値についてはグラフから読み取ることができる。

要点のまとめ

重要ポイント❶ 散布図

散布図を題材とした問題では，単にグラフから数値を読み取るだけでなく，各点と均等線との位置関係や各点と原点を結んだ直線の傾きなどにも着目して解答作業を進めることが大切である。

散布図は，2種類の変量の組に対応する点を座標平面上にプロットしたものである。散布図の本来の用途は座標平面上での点のバラツキ具合から2種類の変量間の**相関関係**を把握することにあるが，それ以外の用途で用いられることも多い。特に資料解釈で題材とされるときには相関関係が問題とされることはむしろ少ない。

散布図では，縦横両軸に示された変量の数量的属性が同じである場合と異なる場合とで対処のしかたが変わってくる。数量的属性が同じである場合は，**均等線**（原点を通る傾き45度の直線）が特別な意味を持ち，ある点が均等線の左上側にあるか右下側にあるか，均等線からどれだけ離れているかがポイントになることが多い。

一方，数量的属性が異なる場合には，**ある点と原点とを結んだ直線の傾き**が重要な意味を持つことが多い。いずれにせよ，散布図を題材とした問題では，両軸に示された変量間の数量的関係を正しく把握することが大切。

重要ポイント❷ 度数分布と累積度数分布曲線

累積度数分布曲線を題材とした問題では，もとになっている度数分布がどのようなものであるかを意識して問題に取り組もう。

■度数分布と累積度数分布

度数分布というのは，統計の対象となっている個々の事物を，その数量的属性に基づいて一定の分布階級別に整理した結果のことであり，各分布階級に属する事物の個数を**度数**という。一方，各階級の度数を事物の数量的属性が小さいほうから順に加えていったとき，ある階級までの累積の度数を**累積度数**という。この累積度数を分布階級別に整理した結果が**累積度数分布**である。

■度数分布曲線と累積度数分布曲線

度数分布や累積度数分布は，表の形でみるよりはグラフの形でみるほうがその特徴を把握しやすい。度数分布や累積度数分布を表すグラフとしては**度数分布曲線**と**累積度数分布曲線**が代表的である。累積度数分布曲線の性質を理解するためには，もとになっている度数分布との関係をしっかり把握する必要がある。すなわち，「**累積度数分布曲線の接線の傾きは，度数の大きい階級で大きく，度数の小さい階級で小さい**」という基本を押さえておくことが大切である（下図参照）。

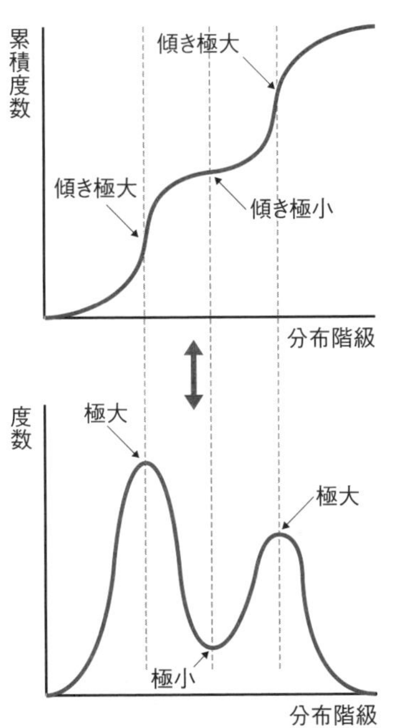

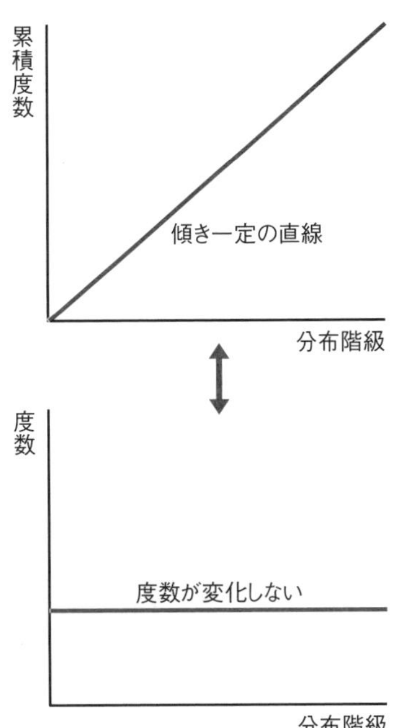

■累積度数分布曲線と中位数（メジアン），四分位数

度数分布において，対象となっている事物をその数量的属性に基づいて小さいほうから大きいほうへ順に並べたとき，先頭から数えて$\frac{1}{4}$(25％)の位置，$\frac{1}{2}$(50％)の位置，$\frac{3}{4}$(75％)の位置にある事物の属性値のことを，それぞれ第

１四分位数，中位数（メジアン），第３四分位数という。これらの指標と累積度数分布曲線との関係を示すと次図のようになる。ここで，Q_1が第１四分位数，Meが中位数，Q_3が第３四分位数である。ただし，縦軸には累積度数そのものではなく累積相対度数（累積度数全体を100としたときの割合）をとっていることに注意する。

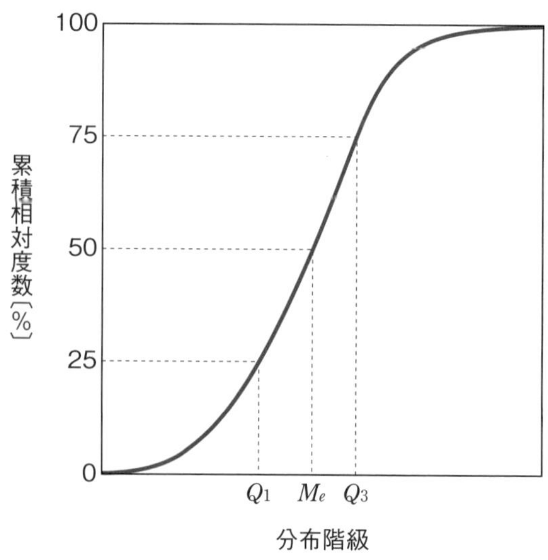

重要ポイント３ フロー図

フロー図は物の流れを矢印で示し，物が分岐したり合流したりしながら流れていく様子をわかりやすく表現することができる。

資料解釈で題材とされるフロー図には，矢印とともにそこを流れる物の量が実数で示されていることが多い。したがって，この実数に基づいて通常の数表と同じように増加率や構成比などを計算することもできる。ただ，フロー図では矢印が複雑に分岐したり交差したりしていることも多いので，慌てずにじっくり取り組まないと思わぬ勘違いを招く危険性があるので注意しなければならない。

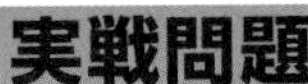

実戦問題

1 図は，土産店における，ある年の1月～12月の間の購入者数と土産物の売上個数を示したものであるが，これから確実にいえるのはどれか。

【国家一般職／税務・平成28年度】

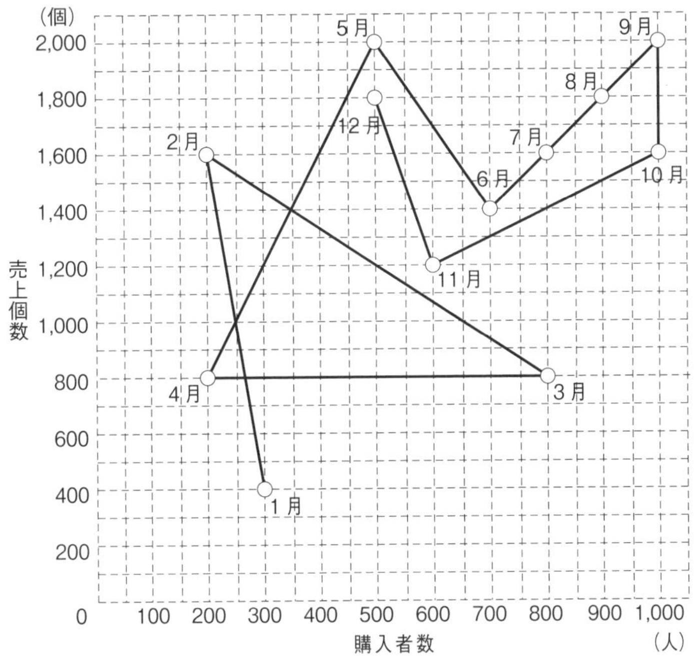

1 2月～12月のうち，前月からの売上個数の増加率が最も大きいのは5月であった。

2 2月～12月のうち，購入者数が前月より減少したのは3回であった。

3 7月，8月，9月は，購入者1人当たりの売上個数が，いずれも前月より増加していた。

4 売上個数が連続して1,600個以上となっていた期間は，最長で5か月間であった。

5 11月および12月は，購入者1人当たりの売上個数が，いずれも前月より増加していた。

2 ある地域において，1,000人の生徒に数学，物理，化学の3教科の試験を実施した。図Ⅰ，Ⅱは，この結果を2種類のグラフで表したものである。図Ⅰは，得点を10点ごとにまとめた度数分布図であり，図Ⅱは，得点ごとの累積度数*図であるが，図ⅡのA，B，Cに該当する教科名の組合せとして最も妥当なのはどれか。　　　　【国家Ⅲ種・平成22年度】

（注）*累積度数：得点ごとに，それ以下の度数（人数）の合計を示したもの

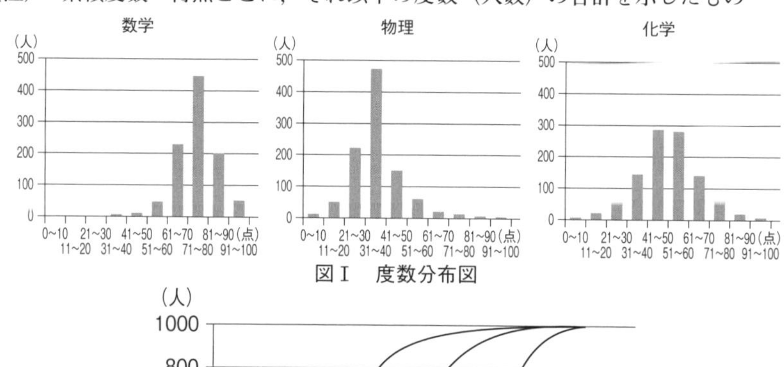

図Ⅰ　度数分布図

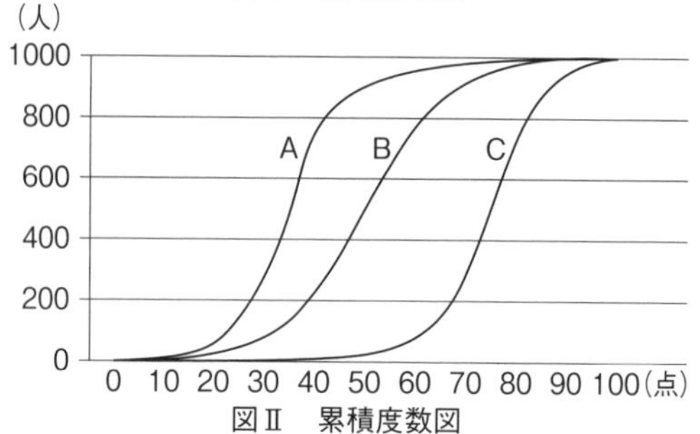

図Ⅱ　累積度数図

	A	B	C
1	数学	物理	化学
2	数学	化学	物理
3	物理	数学	化学
4	物理	化学	数学
5	化学	数学	物理

3 図は，昭和40年と平成7年における全国の主要都市A～Gの人口移動を示したものであるが，これから確実にいえるのはどれか。

【国家Ⅲ種・平成12年度】

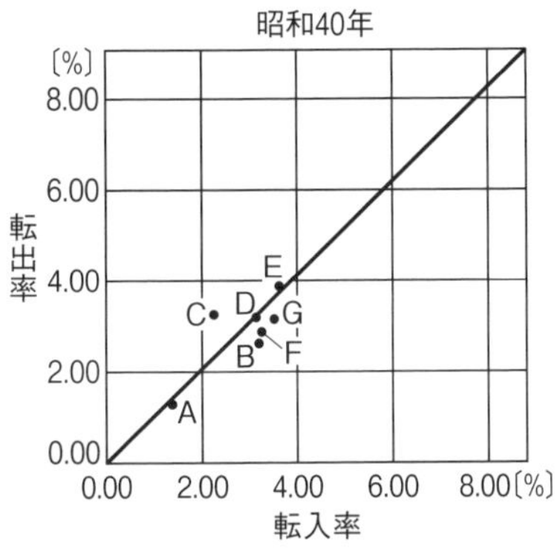

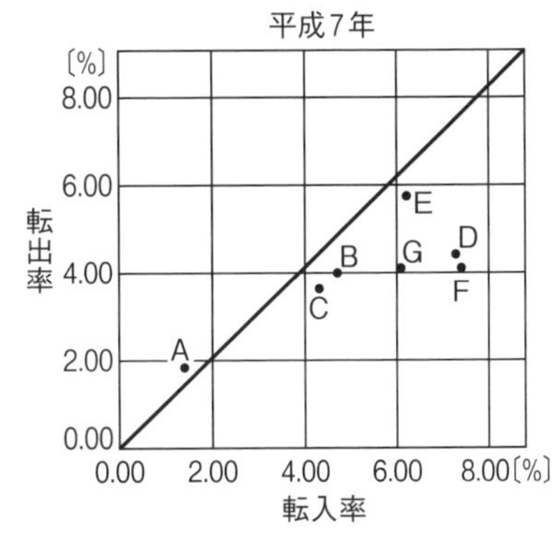

1 昭和40年のA～G市の総人口は前年より増加している。

2 昭和40年のB市の転出者数は，D市のそれより少ない。

3 昭和40年と比べて平成7年の人口が減少しているのはC市だけである。

4 平成7年におけるF市の人口の対前年増加率は，昭和40年のそれより大きい。

5 平成7年のG市の転入者数は，昭和40年のそれの約1.5倍である。

次の図は，1994年の各国1人当たりのGNPと自動車保有台数を表したものである。この図から正しくいえるのはどれか。　【地方初級・平成9年度】

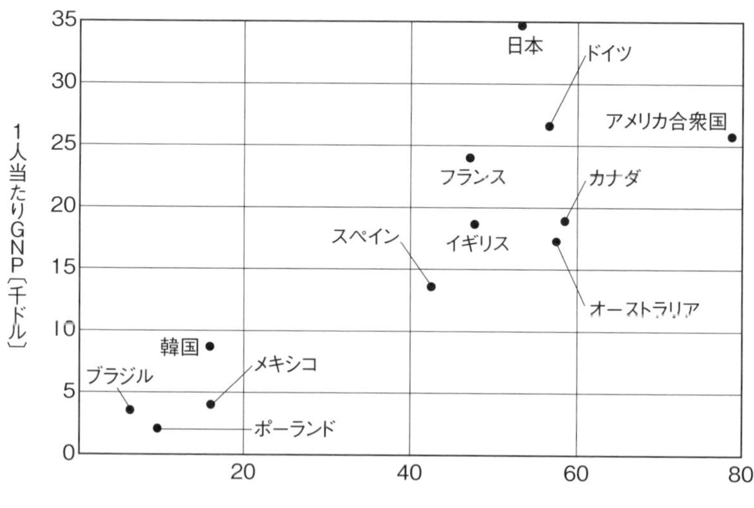

1　1人当たりのGNPが最も多いのは日本であり，100人当たりの自動車保有台数が最も多いのはアメリカ合衆国で，いずれも2番目に多いのはドイツである。

2　日本の1人当たりのGNPは，メキシコの10倍を上回っているが，オーストラリアの2倍を下回っている。

3　アメリカ合衆国の100人当たりの自動車保有台数は，ブラジルの8倍を上回っているが，韓国の4倍を下回っている。

4　ドイツ，フランス，スペインのうち，1人当たりのGNPに対する100人当たりの自動車保有台数が最も多いのはドイツであり，次いで多いのはフランスである。

5　1人当たりのGNPに対する，100人当たりの自動車保有台数が最も少ないのは日本であり，最も多いのはポーランドである。

5 下の資料はA社とB社の株式価格などについてまとめたものである。この資料から判断できることとして最も妥当なのはどれか。

【東京消防庁・令和元年度】

	株式価格	1株当たりの利益	1株当たりの株主資本
A社	6,270円	420円	3,260円
B社	1,237円	120円	750円

$$\text{PER（株価収益率）} = \frac{\text{株式価格}}{\text{1株当たりの利益}}$$

$$\text{PBR（株価純資産倍率）} = \frac{\text{株式価格}}{\text{1株当たりの株主資本}}$$

$$\text{ROE（株主資本利益率）} = \frac{\text{1株当たりの利益}}{\text{1株当たりの株主資本}}$$

1 A社のPERは20を超える。
2 PERは，B社がA社を上回る。
3 B社のPBRは2を超える。
4 PBRは，A社がB社を下回る。
5 ROEは，B社がA社を上回る。

6 図は，1,000人の生徒に実施した，国語，数学，英語3教科の試験の結果を，累積度数分布図で表したものである。これからいえることとして最も妥当なのはどれか。

ただし，これらの試験は，いずれも100点満点であった。

【国家Ⅲ種・平成18年度】

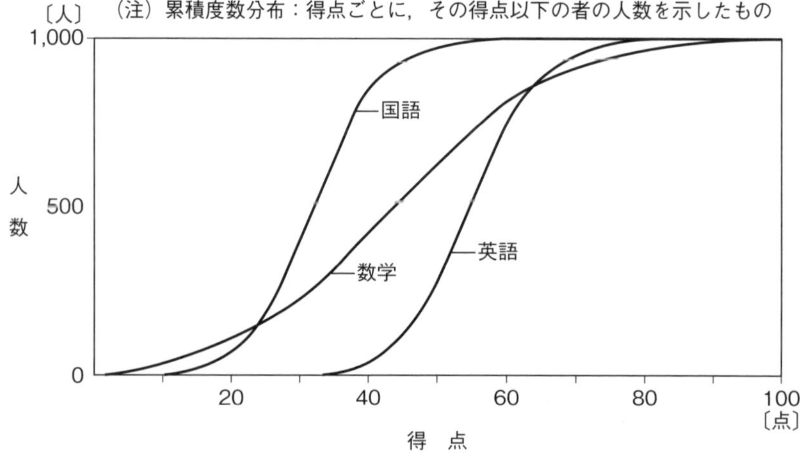

1　各科目の平均点は，国語が最も高く，次いで数学，英語の順である。

2　各科目で順位がちょうど真ん中の者の得点を比較すると，国語が最も高く，次いで英語，数学の順である。

3　各科目70点以下の者の割合を比較すると，国語が最も多く，次いで英語，数学の順である。

4　合格点をとることができなかった者が最も多かった科目は，数学である。

5　各科目別に5点きざみで人数を集計した棒グラフを作った場合，山の形が最もなだらかになるのは，国語である。

実戦問題●解説

1 初めてみるグラフでも縦軸，横軸の内容を正確に理解すれば，問題なく対処できる。グラフ上でどのように変化すれば購入者1人当たりの売上個数が多くなるのかを理解することが本問題のカギとなる。

1 × 誤り。売上個数について問われているので縦軸にのみ着目する。2月の売上個数の対前年度増加率は$\frac{1600}{400}-1=4-1$，5月は$\frac{2000}{800}=2.5-1$なので，5月より2月のほうが大きい。したがって，最も大きいのが5月というのは誤り。

2 × 誤り。購入者数は横軸なので前月より左にある月を数える。2月，4月，11月，12月が該当し，前月より減少したのは4回なので3回というのは誤り。

3 × 誤り。一人当たりの売上個数は（$\frac{売上個数}{購入者数}$）で計算されるので，該当する点と原点を結ぶ直線のグラフ上での傾きに相当する。7月，8月，9月は同じ傾きなので，購入者1人当たりの売上個数は同じであり，増加したということはない。

4 × 誤り。売上個数が最も連続しているのは7月から10月であり，4か月である。したがって，最長5か月というのは誤り。

5 ◎ 正しい。選択肢**3**と同様に一人当たりの売上個数は（$\frac{売上個数}{購入者数}$）で計算されるので，該当する点と原点を結ぶ直線のグラフ上での傾きに相当する。12月の傾き＞11月の傾き＞10月の傾きより，11月も12月も前月より傾きが増加し，1人当たりの売上個数は増加している。

確認しよう ➡特殊なグラフ

正答 5

2 度数分布図と累積度数図の関係性に着目しよう。たとえば，度数が最も多い階級（モード）は，度数分布図においては棒が最も長い階級となり，累積度数図においては曲線の傾きが最も急な部分となる。一般に，度数分布図の度数の大小は，累積度数図の傾きの大小と一致する。よって，同じモードを持つ2つの度数分布図がある場合，度数が多いほうがその階級の累積度数図の傾きが急となる。

本問の場合，図Ⅰの度数分布図をみると，数学のモードは71〜80(点)の階級，物理のモードは31〜40(点)の階級，化学のモードは41〜50(点)の階級であることがわかる。一方，図Ⅱの累積度数図において最も傾きが急な階級を探すと，曲線Aでは30〜40(点)，曲線Bでは50点付近，曲線Cでは70〜80(点)となる。そして，対応する階級が同じであるものを結びつけると，曲線Aが物理，曲線Bが化学，曲線Cが数学であるとわかる。

確認しよう ➡度数分布図，累積度数図（累積度数分布曲線） **正答 4**

3 本問のグラフは散布図と呼ばれるタイプのものである。

ここで，転出率$=\dfrac{\text{転出者数}}{\text{前年の人口}}$，転入率$=\dfrac{\text{転入者数}}{\text{前年の人口}}$であり，どちらも前年の人口を基準とした割合である。このとき，転入率－転出率$=\dfrac{\text{転入者数}}{\text{前年の人口}}-\dfrac{\text{転出者数}}{\text{前年の人口}}=\dfrac{\text{人口増加数}}{\text{前年の人口}}=$人口の対前年増加率という関係式が成り立っている。また，選択肢を検討するうえで原点（0，0）を通る傾き45°の直線（均等線）が重要な意味を持っている。すなわち，この直線の上では転入率＝転出率であるから人口の対前年増加率は0%，この直線の左上側では転入率＜転出率であるから人口の対前年増加率はマイナス，この直線の右下側では転入率＞転出率であるから人口の対前年増加率はプラスとなっている。

1 × 昭和40年においては，人口の対前年増加率がプラスの市（C，E），人口の対前年増加率が0％の市（D），人口の対前年増加率がマイナスの市（A，B，F，G）が存在するので，前年における各市の人口またはその比についての情報が与えられないと，総人口が前年より増加しているかどうかまでは判断できない。

2 × 昭和40年の前年における各市の人口またはその比についての情報が与えられていないので，転出率がわかっても転出者数の大小までは判断できない。

3 × 昭和40年，平成7年それぞれの前年における人口またはその比についての情報が与えられていないので，昭和40年と平成7年とで人口を比較することはできない。

4 ◎ 正しい。**転入率－転出率＝人口の対前年増加率**であるから，F市における**転入率－転出率**の値を昭和40年と平成7年とで比較すると，明らかに平成7年のほうがこの値は大きい。したがって，人口の対前年増加率も平成7年のほうが大きい。

5 × **3**と同様の理由で，昭和40年と平成7年とで転入者数を比較することはできない。

確認しよう ➡散布図，転入率・転出率と人口増加率　　**正答 4**

4 **4と5で問題とされている1人当たりのGNPに対する100人当たりの自動車保有台数の比率は，原点（0，0）と各国の点とを結ぶ直線の傾きで判断すればよい。すなわち，この直線の傾きが小さいほどこの比率は大きいといえる。**

1 × 1人当たりのGNPが2番目に多いのはドイツであるが，100人当たりの自動車保有台数が2番目に多いのはカナダである。

2 × 日本の1人当たりのGNPは35千ドル，メキシコのそれは4千ドルであり，4×10＞35であるから，10倍を上回っているとはいえない。

3 × アメリカ合衆国の100人当たりの自動車保有台数は78台，ブラジルのそれは7台，韓国のそれは16台となっている。ここで，16×4＝64＜78であるから，アメリカ合衆国は韓国の4倍を上回っている。

4 × 原点とドイツ，フランス，スペインの各点を結んだ直線の傾きは，小さい順にスペイン，ドイツ，フランスとなっているので，1人当たりのGNPに対する100人当たりの自動車保有台数の比率はスペインが最も多い。

5 ◎ 正しい。原点と各国の点とを結んだ直線の傾きは日本が最も大きく，ポーランドが最も小さい。したがって，1人当たりのGNPに対する100人当たりの自動車保有台数の比率は日本が最も少なく，ポーランドが最も多い。

確認しよう ➡散布図　　**正答 5**

5 目新しい問題であり一見対応に困りそうに思えるが，与えられた定義通りに求められた数値を一つ一つ丁寧に導き出していけば問題なく正答にたどり着ける問題である。

1 × 誤り。与えられた式に従い丁寧に計算すればよい。A社において，

PER$=\dfrac{6270\text{円}}{420\text{円}}=14.9$より20を超えることはない。

2 × 誤り。B社において，PER$=\dfrac{1237\text{円}}{120\text{円}}=10.3$よりA社のPBR$=14.9$を下回っている。

3 × 誤り。B社において，PBR$=\dfrac{1237\text{円}}{750\text{円}}<\dfrac{1500\text{円}}{750\text{円}}=2$より2を下回る。(PBR$=1.6$)

4 × 誤り。A社においてPBR$=\dfrac{6270\text{円}}{3260\text{円}}=1.9$となり，A社のPBRがB社を上回る。

5 ◎ 正しい。A社のROE$=\dfrac{420\text{円}}{3260\text{円}}=0.13$，B社のROE$=\dfrac{120\text{円}}{750\text{円}}=0.16$となり，B社がA社を上回るというのは妥当である。

確認しよう ➡概算方法

正答 5

6 累積度数分布曲線と度数分布曲線は性質が異なる。曲線の傾きや全体的な形状から何が判断できるのかよく理解しておくことが必要である。

1 × 累積度数分布曲線の形状が似ているときは，曲線が右にあるほど平均値は高くなる。いま，国語と英語の曲線は形状がほぼ同じであり，英語のほうが右にある。よって，国語よりも英語のほうが平均点が高い。

2 × 順位がちょうど真ん中の者の得点を調べるには，縦軸の500人のところで横に線を引き，各曲線との交点の座標を見ればよい。すると，英語＞数学＞国語の順になっていることがわかる。

3 ◎ 正しい。横軸の70点のところで縦の線を引き，各曲線との交点の座標を調べればよい。国語は約1000人，英語は約950人，数学は約900人が70点以下であることがわかる。よって，70点以下の者の割合も

この順番である。

4 × 各教科の合格点が不明なので，選択肢に述べられたことの判断はできない。

5 × 累積度数分布曲線の傾きが一定値に近いほど（つまり，曲線が直線に近いほど）度数分布曲線は平坦になる（**重要ポイント②**を参照）。国語と英語の累積度数分布曲線は傾きの変化が大きく，数学が最も小さい。よって，度数分布を表す棒グラフを作った場合，山の形が最もなだらかになるのは数学である。

確認しよう ➡累積度数分布曲線，度数分布曲線　　**正答 3**

●本書の内容に関するお問合せについて

本書の内容に誤りと思われるところがありましたら，まずは小社ブックスサイト（jitsumu.hondana.jp）中の本書ページ内にある正誤表・訂正表をご確認ください。正誤表・訂正表がない場合や，正誤表・訂正表に該当箇所が掲載されていない場合は，書名，発行年月日，お客様のお名前・連絡先，該当箇所のページ番号と具体的な誤りの内容·理由等をご記入のうえ，郵便，FAX，メールにてお問合せください。

〒163-8671　東京都新宿区新宿 1-1-12　実務教育出版　第二編集部問合せ窓口

FAX：03-5369-2237　　E-mail：jitsumu_2hen@jitsumu.co.jp

【ご注意】

※**電話でのお問合せは，一切受け付けておりません。**

※**内容の正誤以外のお問合せ（詳しい解説·受験指導のご要望等）には対応できません。**

公務員試験［高卒程度・社会人］

初級スーパー過去問ゼミ　**文章理解・資料解釈**

2021年3月25日　初版第1刷発行　〈検印省略〉

2024年4月5日　初版第4刷発行

編　者　資格試験研究会

発行者　淺井 亨

発行所　株式会社 実務教育出版

〒163-8671　東京都新宿区新宿1-1-12

☎編集　03-3355-1812　　販売　03-3355-1951

振替　00160-0-78270

印　刷　精興社

製　本　東京美術紙工

ISBN 978-4-7889-7267-4 C0030　Printed in Japan